李美皆散文集

爱你备受摧残的容颜

李美皆 著

高等教育出版社·北京

① 在大昭寺
② 与儿子
③ 水　中
④ 海　风
⑤ 草原之上
⑥ 喜爱藏装
⑦ 与闺蜜

西藏，去纳木错途中

散文如闺蜜

散文如闺蜜，都是最好的体己。

朋友有通财之义，对于一个写作者来说，不同文体之间也有“通财”之义，都是内心财富的自然分配。虽然被视为评论家，但我最钟情的，其实是散文（包括随笔）的写作。散文的写作是一件奢侈的事情，我常常是作为对自己的奖赏来对待的。貌似前者是我的主业，后者不过是“之余”，但就内心的分量而言，二者其实是颠倒的。散文意味着想写什么就写什么，想怎么写就怎么写，与论文和评论不同。两者相比，前者是软写作，后者是硬写作。我喜欢的就是这种软性。不柔软，何以触摸内心？我已经被硬性写作虐得太久了，无比渴望放纵一把，在自由自在的散文里。

写散文的我是水性的，所以从流飘荡任意西东，那种生命的流动感让我愉悦。有一股内心的活水流动在这一部分文字里，是欣慰，是熨帖，是感恩。写散文，你只需要面对自己的内心，不用考虑外在，也不用考虑逻辑的限制，可以自我肯定，也可以自我怀疑。散文是一种治愈，走火入魔，抑或把自己撕碎了揉进去，全凭你愿意；然后，你发现自己平静了，干净了，好了。

散文是日常的，带着形而下的体温。随笔是思想的，带着形而上的努力。梭罗说：“从今以后，我要毫无保留地度过一生。”写作者的“度过一生”，包含着“写出一生”，否则不能算完成。散文的写作更紧贴生命，是把人生的内涵与外延用文字来固化。

近几年，我钟情的阅读也是散文类，因为散文通常属于非虚构，实在，靠谱，少了虚构的间离。我已经没有心绪去看别人如何虚构了，如同没兴趣跟着不够信任的人行走。

散文是一种独处，意味着自由和无需从众。写散文的我是自我的，更是女性的——从肉体到灵魂。相对于精神层面，我其实更愿意在散文中辐射出女性的身体感。经由肉身而表达自己、确定自己，是我所看重的。

散文是一种闲散，也是一种散心，当你的心拧得太紧了，就需要这种散；如同被生活裹挟太久，你需要闺蜜的倾听与陪伴。

面对无法超拔的外部生活，我只能守着自己内心的秘密暗自微笑：我强大，因为我写作。

李美皆

散文集

目录

“女神”的家务事儿

艾丽丝·门罗小说集的腰封上写着：“她们的生活细节，世上女人天天都在经历；细节背后的情绪，无数女人一生都不曾留意。”而我恰恰相反，至少在家务问题上。对于家务，也许大多数女人是：什么都不想，干吧！而我是太认真太投入以至于有股学究气了。对于家务有着深刻而广阔的内省的结果，是它使我心比身还累。

一方面，我对自己在家务方面的低能煞是不服，绝不认为人生会为做饭之类的事情毁掉；另一方面，对于家务我又的确有着女神经质的恐惧，家务的纠缠远甚于三千烦恼丝，使我深切感受到活着之累。再没有什么，比家务更能激发我的“女神”本质，比如今天早上，我去找饼干时，看见了置物架上的两个吸尘器，这两个吸尘器搬家之后没再用过，我已经完全忘记了它们。看见吸尘器之后，我就看见了地上的灰尘。因为过节，钟点工快两周没来了，地上的灰尘已经集结，如鬼魂一样游荡。我不正该用用吸尘器吗？但这两个吸尘器都不适合用在地上。随即我又想起家里还有个清扫地面的机器人，它在阳台上，也被我熟视无睹已久。一想起家里有这么多清洁电器，地板上却这么脏，我简直懊恼到痛心疾首。但是，我马上要出门，没有时间去对付机器人了，我先把一个吸尘器拎到了客厅显眼的地方，好在中午回家时能一眼看到，提示自己去找机器人。光雾霾就够受的了，别再让满屋灰尘弄毁我们的肺了。这一想，我就觉得那些灰尘直接贴到了我的肺壁上。

吸尘器一走，置物架上就空出一个地儿来，吸尘器旁边是两箱碟片，我得把它们挪过来。箱子是塑料整理箱，一碰，其中一个的箱沿与箱盖结合处就碎了，可能已经风化到极点。那无法合拢的碎口，就张在我的心里。灰尘会从那里进去的，也进到我的心里。我不甘心地试了几次，终究是合不上，于是我的心里只好张着口子了。本来我已留意到箱子上的灰尘，这下更觉灰尘之厚了，它们正列队从裂口处进到箱子，侵犯我的碟片。我对灰尘之所以敏感到神经质，是缘于一次搬家。那一次，眼看着每挪走一件家具，地上就是一摊灰尘，如厚厚的棉絮，我才明白自己的家有多脏。我们就在这灰絮中过了几年吗？尤其想想孩子那幼嫩的肺，我简直难以呼吸！后怕，我不敢回头看了。我被击打到失魂落魄，搬家的人却见怪不怪地说，家家都这样。我愈发感到无处逃遁的窒息。想想当然是的，我们本来就生活在尘世嘛。可是，我却多么乐意忽视这个事实。也许有人会觉得不可思议：不就是灰尘吗？拿块抹布抹抹不就行了吗？可是，这世上我最想逃离的就是抹布！我每用一下抹布就要洗一次手，我不抹灰就是害怕灰尘弄脏我的手。所以，拿块抹布对我绝非举手之劳那么简单，如果我轻易去拿抹布，就会永远处在洗手中。我有洗手癖，如果感觉手上沾染了灰尘细菌，我就什么都不能放心去碰，什么都不能踏实去做，我就好像在踮着脚尖生活，直到用洗手液洗过手，我才能回到应有的状态。自从逃也似的离开那个旧家，我就幻想着一个没有灰尘死角的新家。可是，没有灰尘死角的新家在哪儿呢？也许永远都不存在，任何光亮的新家，终会变成一个充斥灰尘的旧家。我觉得这简直就是人生的象征。我渴望一尘不染的生活，可生活的定律却是：越想目下无尘的人，越容易看见灰尘。

写到这里，我意识到，毫无疑问，我对家务的神经质的恐惧，是由于我本来的神经质，与家务没有多大关系。可即便这样想过，已成过去的那种缠绕感依然不能消失。人的很多感觉，是不能被内心说服的。

总算转身离开，不再跟置物架死磕。打开冰箱，又闻到一股腥甜的异味，直感是细菌扑面而来。拿出一样样东西凑在鼻子上，想闻出其中罪魁祸首，都似乎是，又似乎不是。

保鲜袋里的肉已流出血水，呈黏液状附在袋下，但拎出来闻闻，并无异味。先到厨房去把粥热上，再回来连头带鼻子伸进冰箱，终于确定是保鲜袋下的黏液，粘在袋底的比较少，所以刚才拿出来没闻到。等钟点工来清理还是……？关于冰箱致癌的种种，本来就盘踞在脑子里，此时又把我的心电了一遍，引起瞬间痉挛。一秒都不能等待，就近抄起餐桌上的抹布伸向那滩黏液。心里又添了一处不妥帖，抹布本来不该用那块的，家里的抹布分了生熟和有无油污等。清理完冰箱，把本来属于餐桌的抹布留在了厨房，它已经不宜再上餐桌了。粥热好了，先关了火去卫生间洗手。厨房里忙完了我总要去卫生间洗手，为了用洗手液，也为了用擦手擦脸的毛巾，用洗涤剂洗手和厨房毛巾擦手，于我是不作数的。每次即便我在厨房洗过手，也一定要去卫生间再洗一下，厨事才算了结并被抛在了身后。洗手，就是跟厨房划清界限的一个必要步骤。我从不愿意亲近厨房，洗杯子都宁愿去卫生间，在我的感觉中，厨房总是与油污和烂菜叶相连，而在更遥远处禁绝我的，是蟑螂。不是“君子远庖厨”的问题，是我对厨房有着神经质的拒斥。每次看见有人拆洗油烟机，我都感觉是在拆洗一个烟民患癌的肺，那粘腻的一层油垢，让我想到香烟的焦油，死死地扒在肺壁上。那被抽出去的油，又到哪里去了呢？它们只要不从地球上消失，就会黑漆麻糊地粘在我心上。我受不了西餐，同时又受不了中国厨房，无论多么高档的厨房，终究要面对油污。可能有人会说，那你就不该吃饭！是的，我一直在想，人能不吃饭活着该多好。再彻底点，像我这么麻烦的人，也许就不配活着。

洗完手再回来看粥，还在沸腾，这得什么时候才能凉呢？我要出门了呀。可是，白热了一顿吗？而且，晚上再热会不会让亚硝酸盐增高？亚硝酸盐，这个词又在我脑子里画了个惊叹号。因为健康知识过多，我的心理极不健康了，一听我说吃这不好吃那不好，儿子就要怒斥我。前几天身体异样，我正怀疑自己是不是吃腊肉导致的呢，要百度一下还忘了。想起身体的异样，又跟癌两点一线连了起来。癌是一个定点，身体的任何风吹草动都会被我画上一个箭头，射向它，它已经变成一个稠密的箭镞了。

所以，你知道，当我出门的时候，已经带着灰尘、细菌、油污、亚硝酸盐、癌这些关键词，它们变成了我心里的灰尘、细菌、油污、亚硝酸盐、癌。那破了的碟片箱怎么办呢？还有那些灰尘那些油污，最终能让它们到哪里去呢？灰尘是永远打扫不完的，油污也是永远消失不掉的。灰尘油污何时了？心力耗多少！还有比西西弗斯推石上山一般的灰尘油污大战更令人绝望的吗？无论多么金碧辉煌的屋子，我都会首先想到保洁的问题，都会立即看到清洁死角，我对一切华丽都持警惕怀疑态度，那些繁复的镂刻和复杂的吊灯，在我眼里只是灰尘积存体。我家装修的时候，我对设计师只有一个要求：便于保洁。不留死角的生活是不存在的，我注定是灰尘油污的手下败将，毫无还手之力。一上午，我心里壅塞雾乱，没有半刻清爽，那些关键词时隐时现，真是玉户帘中卷不去，捣衣砧上拂还来。

我羡慕对灰尘油污等闲视之的女人，她们才是真正强大的人，她们面对灰尘油污的那种放松永远令我望尘莫及。我是如老鼠一样紧张兮兮哆里哆嗦，每一个细胞都在焦虑中，还没做什么先把自己放倒了。我由衷钦佩那些抹布不离手的女人，她们与灰尘油污的亲和，就是与这世界的亲和。世界是她们的，而我只能别过脸去，眼不见为净。家务上的悲观使我崇拜钟点工，并受制于钟点工。她们面对家务的那种大无畏使我膜拜，她们是日常生活的大智大勇者，而我毫无疑问是败将。

据说慈禧用膳是吃一看二观三，我做家务同理，做一挂二焦虑三。当我做一件事时，后面还簇拥着几件事，能不心累吗？远望着那些想读想写的，我恨不得立马趟过去，可是，我的脚却深陷世俗事物的沼泽，超拔不出来。形而上的瞩望，抵不过形而下的羁绊。总是想，等我忙完了手头的各种事，就去做自己真正想做的。可是，那些不想做的事消灭了一件又冒出两件，没完没了地挡在前面，它们是N，而想做的事总是在排在N+1的位置。

和家务相处，就是和世界相处。没有什么比家务更能使我看清：我是一个活得捉襟见肘的人。我永远不可能爱上炊事与清扫工作。我还能追忆起上一次炊事的情形，那是前天晚上，我处理的是羊肉片。总觉得不把血冲洗一下不行，而放到盆里冲洗又要洗油盆，于是我直接把水灌在袋子里，来回撞了几下，再把水放出去。放水必须把袋口开得很小，否则羊肉片就滑出去了。血水溅到脸上，我用袖子去擦；胳膊又把眼镜碰歪了，挽得很高的袖子又滑了下来；我满手都是羊油，只能试图用另一只胳膊把袖子推上去，皮肤滑，怎么推都无济于事。这时候，水开了，我喊十二岁的儿子来倒水，儿子却急着去写他的小说。我只好先用洗洁精洗了手，自己去倒水。我做饭的时间，大概有五分之一是在洗手擦手，如果要碰生肉，那就要增加到四分之一，从较脏到较净的事情的转场，我总是要洗手。在这个过程中，我还不断惦记着，我动过生肉的手碰过勺子柄，洗生肉的水还流经过水池，饭后必须分层次清洗，先把与生肉有关的清洗好，再放心清洗其他的。生熟的界限，我是严格到刻板，每一次生熟的转换，从手到刀板，都必须经过清洗。饭馆后厨是如何处理这一问题的？我不敢想，一想就如蚂蚁上身。这就是我的血水四溅毛刺满身的做饭过程。在我满手羊油、忙到快要五马分尸之时，脑子里居然瞬间闪过了波伏娃，这个从不起火做饭的、在咖啡馆写作的女人。

清扫也差不多。我常常是在洗脏衣服时，感觉新换的衣服又被弄脏了，洗完的结果是跟没洗差不多。肥皂沫或脏水溅到脸上，我也是用袖子或没被污染的胳膊去擦的，同样像对付血水那般顾此失彼狼狈不堪。衣服丢进洗衣机后，还有一系列善后的人工洗，洗盆洗水池洗所有参与过洗涤活动的器具，然后是洗自己，擦眼镜。洗自己包含了洗手、洗手腕及至小臂的大部分、洗一直惦记着飞上了泡沫有异样感的局部的脸。

鲁迅说，人类的血战前行的历史，正如煤的形成，当时用大量的木材，结果却只是一小块。我的做家务，就是这样的血战前行。家务张着血盆大口，吞没我大把时间，却只给我落一个活下来了的勉强及格的结果，连良好都算不上。芸芸众生一辈子最壮烈的，莫过于柴米油盐的日常生活。我们做过的那些可圈可点可资纪念的事情，其实只是冰山一角。而冰山的大部分，则暗沉无声地呆在看不见的水下，我们的时间，就为它所吞吸，骨头都不吐。时间都去哪儿了？应唯它是问。也许，那些有司机秘书助理保姆的人是例外。一上午的家务事儿，就给了我这么一个感想。有男性朋友说，贤良女士都是如此吧？可我并不以贤良为自豪。惯常的价值追问告诉我，做家务是没有价值的，我该做的是读和写。可是，当我为家务击倒时，面对写作同样会无能为力。像陈寅恪、季羡林这样的大师，好像一辈子都不过问家事的，他们超越了世俗生活，他们把普通人走的两条道简化成了一条道，所以他们走得远。当然，并非不问事务就能成为大师，但大师通常是不问事务的，不问事务是成为大师的必要条件，这也是不可否认的。家务的问题，不光看手上干不干，还要看心里有没有。心里有活儿的人，不干也永远不能解脱；心里没活儿的人，永远干着也是超脱。活儿是永远干不完的，所以，有位大爷说：要让活儿来找你，不要你去找活儿。这大爷真是明白人。我有个疑问，是不是你不干，它就永远在那儿，不增不减呢？确乎有些活儿一直拖着没干，后来发现它已经不是活儿了。比如，一直拖延着要洗没洗的，后来发现没必要洗了，直接扔掉得了。拖延的过程中，思想发生了质变，之前觉得扔掉可惜的，后来发现不可惜了。全球人都在自责的拖延症，却也有这般好处。

看整体的人生态度，我算是一个洒脱的人，可一到灰尘油污下水道这样的事上，我就成了蜗蜒型人格，层层叠叠的无尽的负重。男人通常是吩咐啥做啥，做完就完。当然可以请钟点工，但钟点工跟男人一样，只会做你吩咐的活儿，不会为你操心的。对于男人和孩子，家只是意味着生活场所；而对于女人，家就是生活本身。家，其实就是女人的家。它是男人和孩子的身外之物，却是女人的身体本身。家庭主妇为家所操的心、所做的事，无人可以替代。女人的一生，就是跟家务纠缠的一生；女人的历史，就是在家务中披荆斩棘左冲右突的历史。

维特根斯坦曾经独自在农舍居住，“他对那儿的生活方式的最大抱怨是必须自己做一切家务活。他觉得这事麻烦得要死，但照他写给马尔科姆妻子李的话说，‘无疑这事也是一大恩赐，因为它令我保持神智健全，强迫我过规律的生活，大体上这事对我有好处，虽然我每天都诅咒它。’”哲学家的“抱怨”和“诅咒”，代表的正是一般男人对于家务的态度。哲学家只是负责自己的生活，男人对于家务也绝不会投入，尚且如此，想想那些不得不投入无限家务的女人呢？如果有些人可以接受生命是拿来如此消耗的，这当然不成问题；如果有些人不甘心这种消耗呢？她们用什么来保持平静？

有人用做家务来保持生活的规律性和正常的形式感，也许行之有效，但这有个前提，就是他们如维特根斯坦一样，时间都是自己的。那么，他们就可以把家务当调剂，用家务把漫漫无尽的自由时间分割成适宜的条块，家务实际上成了他们时间文本中的标点符号。如果一个人可供自由支配的时间很少，规划又很多，那就麻烦了。林语堂说：“那个没有养成读书习惯的人，以时间和空间而言，是受着他眼前的世界所禁锢的。”诚然。但是，如果无法满足自己的读书习惯，眼前的世界是不是又会成为你无法翻越的大山呢？那么，读书习惯同样也囚禁了你。精神生活与世俗生活常常是对立的，追随精神生活，同时又与世俗生活保持着亲和，需要极深的定力，凡人不易为。因为，每一样都需要时间，而人的时间就那么多。

木心在《文学回忆录》中写道：“福楼拜的好友布耶早死，福楼拜难过，乔治桑写信劝他：现在我看清他为什么死得那么年轻，他的死是因为过分重视精神生活，我求你别那么太专心文学，致志学问。换换地方，活动活动，弄些情妇，随便你。蜡烛不应两头点，然而你却要点点这头，又点点那头。”是的，创造性的精神活动是很累人的，所以有时我也庆幸许多杂事把自己占住，可以免于在神经上奔跑。只要能确认这是客观上不得不做的，我就心安理得地被占着去了。但需要成就感来喂养的时候，我又会焦虑起来。

短暂平和状态下的劳作使我体会到，做家务对修炼心态和状态很有好处，能使自己找到掌控了生活大局的笃定，找到生活主人的感觉，找到按部就班的心境。对我来说，家务修炼的标准之一就是任何地方面对灰尘油污都不皱眉，任何时候找东西都不抓狂。有的女作家同时又是良好的家庭主妇，用家务中挤出来的时间，一样可以不急不躁地写作，那实在是修炼到家了。我的道行太浅，家务之于我多半意味着压迫。作为日常生活的旁观者，一点风吹草动的事务都使我不能写作，这令我沮丧透顶。关于血型星座的解析说，我要克服为小事所绊倒的倾向。是的，正中命门。我的强迫症、洁癖、神经质加在一起，使我足以成为一个精神病患者。洁癖内化到心，就是精神奴役。世俗层面上的为小事所纠缠，到了写作中，就是思路和情绪的无限枝杈横生和缠绕，让我心累心衰心血管堵塞。波普艺术家安迪·沃霍尔说：如果你不沉溺于琐事，你就会多产。不幸的是，我正是那个沉溺者。对自己的无奈与仇恨，有时使我恨不得杀死自己。

茨维塔耶娃有首诗叫《我祝福我们的手头活》。祝福手头活？我只有极少数的时候能不憎恨手头活，因为吞噬时间的就是它们。我充其量是做了手头活之后感到一点解脱的轻松，比如，房间整理后的妥帖，能给我淤堵打通的快感，但祝福是不可能的。钉了一直想钉的几粒扣子，觉得成就感爆棚，并非我贤惠，皆因拖了太久。一件事拖久了，拖成心病，再去做，就有成就感了。这种成就感也只是愉悦，不能转化为我对家务的祝福。偶尔，我也能享受到做家务的快乐，如唱着歌的勤劳的小蜜蜂，飞到西来飞到东，但享受家务能够成为我享受生活的一部分，永远只是偶尔，不具备日常性。

茨维塔耶娃在《我祝福我们的手头活》中写：而这外套，你的外套，我的外套／半落满了灰，半是洞。看起来，对那些灰和洞，她是那么安然、和悦。这种安之若素正是与世界之间的和谐，是我无论如何做不到的。面对灰尘破洞，我只有皱眉，只有心里打结。帕斯捷尔纳克致茨维塔耶娃诗中有一句：而今夜，你是舞曲，世界是错误。茨维塔耶娃视为“舞曲”的，在我，对应的多半是“错误”。女诗人的生活得有多么不堪，才能对灰尘破洞安之若素！是的，它映射的正是茨维塔耶娃颠沛流离几无立身之地的生活，由于政治原因。当俄罗斯的国境线成为她和帕斯捷尔纳克的问题时，那些形而下的碎屑便不会再啮咬他们，它们统统隐遁了，隐遁在大事件的穹顶之下，就像皮隐匿了馅。当非常时期人的生活太成问题时，平常日月的生活问题反而丝毫不是问题了。有时候，我会渴望某些大时代，把人从庸常的琐碎带离，当然，这种叶公好龙是滤去了大时代的荒谬，只图对“小时代”之“小”的突破。比如，红卫兵们激情万丈的大串联就让我艳羡不已，那种超越了形而下的旗帜一样飘扬的生活，令我为生活琐屑所壅塞的胸膛如撕开般豁亮。你可以说我糊涂，但那些靠信仰和理想喂养着的清醒的“信仰控”“理想控”们，一样有着为俗务所围困的失落：“如今，当年轻时的伙伴聚会散场之后……你为什么会陡然生出一点儿向往？……当你咔嚓一声打开房门，走进你那仍然简陋或者不再简陋的家时，又为什么会陡然地生出一丝失落，为你日复一日面临着的琐碎而烦恼？”徐晓在《半生为人》中表达的失落，从另一侧面说明凡俗的琐碎并不比理想和信仰容易超越。

有人总结一个灿烂至极归于平淡、波澜不惊淡定转身、一生完成得很好的名媛：“或许，只有爱自己的女人，才能做一辈子的美人。寻常女子的那点喜怒哀乐不过是拈花弹指……繁杂琐事于她，更是不值一晒的皮毛。”可是，我正是因为太爱自己了，才害怕繁杂琐事的皮毛，才会为皮毛所打倒，从我身上，为什么得不出爱自己而不屑皮毛的结论呢？

从网上看到一段话：“喜欢做的事情就安安静静去做好了，真的不需要一遍一遍地强调，实现这些有多难。一部电影，不管投入了多少人力物力财力，烂片，就是烂片。一部小说，不管作者身世有多么坎坷，际遇多么悲惨，差评，就是差评。总之，我还是喜欢那个简单粗暴的世界，实力就是一切。”我喧嚣的内心，蓦然静止了。

心理师说：“野犬”一直存在，情绪也无法铲除，只能控制自己的身体和行为。行为对精神的影响很大，比我们想象得还要大，尤其是当它变成习惯之后。平时不会觉得习惯有什么用，但当情绪崩溃或者焦虑不堪时，它就像半空中伸出的一只手，一点一点把你拉出沼泽。只要不去理会自己的情绪和想法，专心做之前习惯的事情，用不了多久就能恢复。

我一向排斥心理师的口吻和理性态度，但不得不承认，这个疏导很有效。对于解决具体的心理问题，心理学比文学有用，文学是搅浑水的，心理学是负责澄清的。

只管安静去做，不要理会情绪，做久了，形成习惯，情绪自然会被消融。心理师强调习惯的正能量时，还说了一句：朋友都没有这样的作用。这句话对于我是关键。我为什么焦虑家务做不完？因为我想快点去阅读写作。做家务是为了扫清周边，然后好奔主题。确实，写作不是机械劳动，有时家务费去太多精力，周边扫清时，心力已经衰竭，认为该做的已经做不了了。耗去我心力的只是客观劳动吗？不，必须承认，我对付自己的情绪消耗了太多，其中包括对家人的发泄，焦虑和委屈的内耗，而构成直接消耗的，是对朋友的诉说。毋庸置疑，情绪已经成为我心理的癌。我本能地以为，诉说可以调整情绪，我要有个好情绪，是为了去写作。可我更应该意识到，诉说也是一种消耗，是对自己内心的聒噪，当我“排泄”完情绪，再把自己安抚好的时候，往往也没有情绪写作了。更有甚者，诉说有时是一种负面情绪的发酵，在诉说的过程中，负面情绪被聚结和放大，形成一个巨大的负面磁场，把我牢牢地吸附在里面，使我想像逃避瘟疫一样地逃离自己。这还不算我把情绪垃圾倾倒给朋友时，对他们造成的毒害。——虽然，我从来认为朋友必备不时之需的功能，友情绑架是朋友的题中之意，无耻一点亦无妨，他们对我也是一样。

那位心理师还说，需要注意的是，这习惯当中最好有一些不需要精神活动的事情，比如打扫房间等简单家务。心理师所说的状况，如维特根斯坦一样，时间都是自己的，理论上都是可以用来写作的，写作为主，其他为辅。而我的状况是相反。但我没必要再为自己辩解了。写作者都惯于把写作视为创造价值的有效生命，其他则视为无效生命，我的无需辩解在于，既然有效生命那么有限，更不能用于对付情绪和诉说了，我们应该做的，是无视那些垃圾情绪，安然去做自己认为有价值的。不管风动还是幡动，只要你心不动，你的世界就稳定。对于一个写作者，内心的维稳非常重要，无论激情怎样汹涌澎湃，你都需要一个稳定的状态去把它转化为文字，激情自己是无法变为文字的。其实，我的诉说只是偶尔为之，因为我诉说的对象和时间都非常有限，但我还是希望自己从来没有诉说过。当然，诉说有时也拉近了距离，心理上的共同担当使你们站在同一片专属的天空下。

多数时候，诉说的结果并非使我卸下什么、轻装上阵，而是使我的心境沦为一团又一团打结的头发，心中的野犬愈发狂吠，那么，我为什么还要诉说？潜意识中，诉说一是为了让别人给自己一个合理的肯定，你已经可以了，不必自责了；二是为了让别人给自己的焦虑一个出口，你确实不容易，确实很委屈，你的坏脾气是可以原谅的。你第一个目的达到了吗？你获得成就感了吗？不，最重要的是你的自我肯定，越想通过外在的手段自我麻醉，你的内心越清醒，你的警惕性与自我麻痹的企图是成正比的。而你的第二个目的，就算达到了，它有意义吗？诉说也许使你看清了自己，这种看清，有时是宽心，有时却是鄙夷。别说了，去做吧。保持平静，开始行动。我的诉说对象是有选择的，这种选择出自本能。之所以我会向特定的朋友诉说，是因为他们能包容甚至骄纵我，我能得到自己想要的。而有的朋友，坚韧能干，从不抱怨，自我消化，令我自卑，令我暗叹，令我自愧弗如，成为我滚雪球似的坏情绪的反讽，成为我失控时的相形见绌的压抑，总是在我最无成就感支撑最焦灼的时候，她们的果实呈现在我面前，我怎么可能把她们当作诉说对象呢？她们所表现出来的一切，使我开不了口诉说，虽然她们确实是我不错的朋友。我想她们并非从来无恙，我所经历的，她们一样经历过，或正在经历着，但她们已经超越了诉说，她们不对生活撒娇。她们让我看到，不诉说真的是一种美德。

当我从深渊中升华出来，当一个阶段过去，我会明白自己经历了什么，我会释然，然而，不代表下一个阶段不会来临。本文的写作，就是为了展平每一道皱褶，即便把自己都写恶心了，还是要自虐一般地写出来。这是我跟家务之间的一次清算。我跟家务之间的问题，其实是跟自己之间的问题，学会与自己相处，才能更好地与家务相处。我的心太满，心里的家务也太满，内心要廓清，家务要尽量简化，不要执着，有些是可以拒绝、摈弃和得过且过的。事情多，可以分清轻重缓急和主次，只把最急迫和重要的放置于视野，就不会感觉麻乱。我还找到了平定心神的两个具体的小做法：梳头，把差不多该洗的衣服统统丢进洗衣机或者干脆把自己也洗一洗。容易纠结的心，就像容易打结的头发，梳头，是梳理，疏通。而洗衣洗澡，是排污，是顺水流走。然后，我感觉顺爽、干净。

人活着总是要做事，事总是没完，越想去做越瓶颈的状况时有发生，那就宽容自己吧。别再用拖延症来跟自己死磕，有些事一直拖着未做，也许不是主观上的原因，而是客观上它遵循了自身规律，还没到该被做的时候。静静蛰伏，先做点别的吧，有意义的事情不止一件；何况，写作者的时间，必须有一些是用来浪费的。

从《小团圆》看张爱玲的终极身体写作

终于谈到张爱玲的性。

《小团圆》的自传性是没有争议的，由《小团圆》可以看出，张爱玲在性方面开窍是比较早的，一方面来自于对父母和亲戚的性隐私的敏感，另一方面来自于书本——当是父亲的旧书，《小团圆》中提到看过“两本淫书”。

母亲初从国外归来，九莉便不由自主地观察父母是怎么分配房间睡的，母亲跟父亲是分开睡的，但母亲说了一句话：“你不喜欢的人跟你亲热最恶心。”九莉当时就知道是说她父亲。

母亲长期在国外，父亲当然不会守身如玉的，《小团圆》写到父亲跟堂子里的女人在家里追打嬉闹，从九莉面前一闪而过，帘子后面的事她是看不到的，但可以隐约感觉得到。

《小团圆》中母亲蕊秋和姑姑楚娣的那些暧昧情事，都是从字缝里透出来的，惊鸿一瞥皮里阳秋，极省俭的笔墨，反使人看到更多，——因为不见底，所以无穷多。比如，蕊秋忽然笑道："乃德倒是有这一点好，九林这样像外国人，倒不疑心。其实那时候有那教唱歌的意大利人……"她声音低下来，宕远了。乃德是九莉的父亲，九林是九莉的弟弟。就这样不经意间，又布下了一个巨大的疑窦。再比如，有一次提到夏赫特，楚娣有点纳罕地笑道："我同二婶这些事，外头倒是一点都不知道。"言下于侥幸中又有点遗憾，被视为典型的老小姐。"这些事"，也是给人无穷想象的。书中有大量诸如此类的留白。

九莉性意识的发蒙还始自母亲对她的禁忌，九莉的母亲是新派女人，对女儿的调教却有点保守，比如，不许她说"快活"这样的字眼，书中写道：稍后看了《水浒传》，才知道"快活"是性的代名词。"干"字当然也忌。此外还有"坏"字，有时候也忌……也是多年后才猜到大概与处女"坏了身体"有关。再比如，母亲嘲笑当下女孩择偶的标准是"高大"，认为可羞。小说中写道：听她的口气"高大"也秽亵，九莉当时不懂为什么——因为联想到性器官的大小。

姑姑不小心透漏母亲曾经打过胎，九莉说道："我是真的一直不知道。因为二婶总是最反对发生关系。"二婶就是母亲，九莉一直是管母亲叫二婶的。母亲反对女儿发生关系，以为她未成年，自己却又另当别论。禁忌总是更撩人，反而激起九莉了解母亲有没有“发生关系”的欲望，她偷看母亲的信，但看了还是拿不准母亲究竟有没有与通信人发生关系。书中写道：看了也仍旧不得要领。看惯了电影上总是缠绵不休而仍旧没有发生关系，她不知道那是规避电影检查，懂的人看了自然懂的。及至后来，九莉似乎也对邵之雍与别的女人有没有“发生关系”特别关心，甚至直接问出来：“你跟小康小姐有没有发生关系？”得到的回答：“嗯，就是临走的时候。”

在暧昧的熏染下，九莉不可能不早熟。母亲的男人来了，她避到楼顶上去，回来发现床上浴室里暧昧的痕迹。她那么敏感的人，对此不可能没感觉，只是让自己不知道罢了。对于母亲的暧昧，她只能以淡漠来掩饰和抵御尴尬——或许还有一点受伤。母亲的暧昧有时甚至与她纠结到一处，比如，说起母亲的诸多男人，姑姑说某一个免费为九莉治过病的医生其实意在九莉。九莉震动，一直以为那只是母亲的情人，这下明白了自己那次生病期间为什么母亲会发狠地骂她。姑姑的情人也有喜欢九莉的，只是她当时不知道。处在如此暧昧交错的关系中，男女之事，当然在九莉实践之前就已是经验丰富了，性对她来说是呼之欲出的一件事情。

九莉与邵之雍最初的性爱是水到渠成，谈到与小康小姐的“发生关系”，邵之雍说，“大概最后都是要用强的。——当然你不是这样。”原因还在于此前有过太充分的铺垫。比如，“我不喜欢恋爱，我喜欢结婚。”他说。而当时他还没有离婚。她觉得这话有点刺耳，感觉到他所谓结婚是另一回事。“他所谓结婚”，当然是指性关系了，就这么一回事。再比如，“有一天又是这样坐在他身上，忽然又什么东西在座下鞭打她。她无法相信——狮子老虎掸苍蝇的尾巴，包着绒布的警棍。看过的两本淫书上也没有，而且意识也联系不起来。”这个胡兰成！九莉可是毫无性经验的女孩子呀。后来，他从南京写信给她，打了一个鱼的比喻，“她不怎么喜欢这比喻，也许朦胧地联想到那只赶苍蝇的老虎尾巴。”那样的惊动，接着又分开两地，可谓神光离合，乍阴乍阳。引而不发的序曲悠长有致，什么女人经得起这般撩拨？两人“好”时怎么能不水到渠成！

不好意思，我窥隐一般地试图确定九莉的小乔初嫁之时，我想看看张爱玲对此会怎么写，最终却仍然云里雾里。——事关张爱玲，太非同寻常了，谁没有好奇呢？而所有对张爱玲的关心，都是因为她是一个优秀的作家，归根结底，都是向文学致敬的一种方式。——张爱玲用的是暗示手法，站在门楣上的木雕的鸟就是他们之间性爱的暗示。《倾城之恋》中写到这一时刻是借助了黑暗中的镜子，是磷火闪烁的神秘热情。以张胡之恋为原型创作的电影《滚滚红尘》中，交换婚书之后，韶华俯下身去，为能才脱鞋，问他饿不饿……那一刻，她是女人，不再是女孩。一个女人把自己交给一个男人的时候，表现得令人泪下——也许是为女孩儿的热爱而凄凉。

去年元旦到上海，曾经去寻访张爱玲故居，结果未得其门而入，只从街上仰望了一下《滚滚红尘》中那个感伤的阳台——把电影中的阳台想象成眼前这个，其实是很穿凿的，再说，也不能确定所见是否为张爱玲的阳台。胡兰成初次拜访张爱玲时，也是未得其门而入，只从门缝里塞了名片进去。我来到这里，只为张爱玲那条门缝。我想面对那道开启了一场旷世之恋的门缝，想象一下当时的场景。这是一次写入文学史的往访，它改变了很多东西。以前所知的只有这道门缝，现在，《小团圆》又提供了更多的想象依据，如果再去，并能够进得门，我会闭上眼睛，想象一下胡兰成当时坐在哪里，与张爱玲是一个怎样的格局，我想感受那个气场。胡兰成坐在那儿的侧脸已经在《小团圆》中定格成一个剪影。我还想看看门楣上那只木雕的鸟是否还在。——窥隐就窥隐罢，我的一位好朋友告诉我：人民有低俗的权力。

对于自己的身体，九莉似乎并不自信。母亲和姑姑曾以鸨母一般的眼光，对九莉进行过非常内行的身体评估。书中写到，九莉有次洗澡，给母亲和姑姑撞见，姑姑笑道：“细高细高的——！”母亲便说，美术俱乐部也有那种没成年的模特儿。母亲当然是卫护九莉的身材或者说性感指数，致使九莉很感动。拿到现在，那倒真是很棒的身材了。不过，对于自己并不丰满的胸部，九莉是坦然自愧的，并不虚假虚荣或盲目自恋。

曾经有男人这样欣赏女人：你的身体很聪明，你的头脑很性感。九莉可能也属于这种头脑比身体性感的女人。胡兰成在《今生今世》中写道，牵牛织女鹊桥相会，私语未完，忽又天晓，连欢娱亦成了草草。我与爱玲却是桐花万里路，连朝语不息。二人是“私语”大于“欢娱”，灵大于性，可见，胡兰成对张爱玲的身体是不那么迫切的，因为在身体方面，可替代的人太多了，只有张爱玲的头脑是无可替代的。也许男人的兴趣在于通过占有聪明女人的身体来占有她的头脑。女人太聪明，就容易使男人忽略她的身体，如果这个身体不性感，就更容易被忽略掉，许多天才的女人都输在这一点上。

对于性，九莉完全是一个生手。“食色一样，九莉对于性也总是若无其事，每次都仿佛很意外，不好意思预先有什么准备，因此除了脱下的一条三角裤，从来手边什么也没有。次日自己洗裤子，闻见一股米汤的气味，想起她小时候病中的米汤。”但调情的才华她肯定是有的，他回南京去了，木雕的鸟仍旧站在门头上，她写信给他说：“我真高兴有你太太在那里。”她想起好朋友比比说的，跟女朋友出去之后需要去找妓女的话。这是典型的张爱玲语言，说出来的远比未说出来的多。欲望没有得到发挥？还是欲火一旦燃起，一次扑不灭，需要再扑一次？

张爱玲极少写性，即便映射到，也是极隐晦的，也就是写到女人白天从房里出来头发毛毛的被婆婆骂这个份上。《红玫瑰与白玫瑰》行文那么暧昧，却也仅止于暧昧，并没直写出来。只有《色戒》中稍微显豁一点，突兀地提到了阴道。然而，在《小团圆》中，她是明目张胆地写性了。《红楼梦》也极少直接写性，但偶露峥嵘，便直抵极处，比如，王熙凤捉弄贾蔷一出中的某些话。《小团圆》亦然。

“有些白马额前拖着一撮黑鬃毛，有秽亵感，也许因为使人联想到阴毛。”在《小团圆》中陡然看到这样的语言，会感到太不张爱玲了，然而，如果此前看过《同学少年都不贱》，就不会觉得生猛和陡峭了。实际上，《同学少年都不贱》的写作在《小团圆》之后，所以，涉性的笔调尽管比《小团圆》隐晦，却秽亵低级得多了。读前者时，我曾惊讶：张爱玲的眼睛怎么如此不典雅了！看女人接近于看雌性动物，与之相邻的性爱当然就接近于动物交媾了——如果写出来的话。《小团圆》只是写得明目张胆，却未见得秽亵龌龊，总体上还是清爽干净的。从《同学少年都不贱》写性的笔调，可以想见张爱玲在美国的生存质量，寒促的生活使人伧俗，身段也降低了，再也不端着。《小团圆》中有一句话“人穷了就随便说句话都要找铺保”，可能就是自身境地的折射。《同学少年都不贱》增加了不少的通俗元素：同性恋、乳房、性等等，想必是张爱玲为了生存所做的从俗的努力。可是，正如作家格非所言，纯文学跟俗文学写作并没有难易之分，并非一个纯文学作家想俗就俗得了，也许你努力放低身架，结果却写不过一个通俗作家。

张爱玲如此写性，可能也是受了美国式的直白的性爱态度的影响。在美国，性不是神秘的事，张爱玲曾经拉着丈夫赖雅去看脱衣舞呢。赖雅年轻时是有名的花花公子，曾经沧海，脱衣舞其实根本不要看了，去看只是为了陪张爱玲。

性的神秘一旦消失，是很无趣的事情，甚至意味着生命中某种神圣境界的整体消失。一位曾经很有影响的先锋作家写的一部小说里（我甚至不愿提到这部小说的名字），使用频率最高的一个词是“打炮”。跟妓女是打炮，跟非妓女也是打炮，管她什么女人，拉来打一炮，无非如此。最后跟年轻时的梦中情人也打了一炮，结果是梦萦魂牵几十载，打一炮也不过如此，未见得比妓女好。这部小说令我读到害怕，太灰了，可说是万念俱灰，看似洒脱，实际上是颓废到骨子里去了。它把一切神圣都消解了，活着便成了如此无枝可栖的一件事情，生命如一件破衣服，随时都可以一丢手不要了。在作者看来，什么爱情什么神圣，统统都不存在，贾宝玉把林黛玉拉来打一炮，也无非如此；甚至，贾府里尊贵的老太太或半老太太们，也都可以拉来打一炮，结果当然也是无非如此。活得懈怠至此，你无法确定作者是由于下作还是抑郁症。

张爱玲写性，是一鳞半爪便足够旖旎了。比如，下午两点，一睡一两个钟头，她屡次诧笑道："怎么还不完？"又道："嗳，嗳，又要疼起来了。"《红楼梦》里贾琏跟王熙凤调情：我昨晚不过变换个姿势……也是给人无尽的遐想。"睡"一两个钟头还不完，这就是后来九莉查出来曾经宫颈折断的原因，也是"疼"的由来。曾经有人在文章中由胡兰成的形体不显赫来推断其能力不怎么样，恐怕未必科学，也许还有点好笑。这个推断倒是跟九莉的母亲认为女孩择偶的标准是"高大"很可羞一样的原理。

别以为胡兰成只是绵软小男人。关于在武汉跟小康小姐的"发生关系"，邵之雍说，"大概最后都是要用强的。"曾经有一次，邵之雍从九莉住处离开得晚，看门的不高兴开门，骂脏话，邵之雍便打了他。邵之雍虽然个子不高，但练太极拳，有力道，那门警虽然个子高，却不是他的对手。书中写道，“也不知怎么，自从之雍打了那门警，九莉觉得对他不同了，这才没有假想的成分了。”九莉最终情定邵之雍，正是看到了他的雄风，排除了他是绵软小男人的可能。女人似乎千差万别，若论被男人征服，无论强的弱的却都差不多的因素。

张爱玲写性无论明写或暗示，都很入骨，用胡兰成的话说是“直见性命”。张爱玲写性再怎么露骨，都不用激情的写法，一直保持冷静和克制。《小团圆》中曾写到“性的姿势滑稽”，后面就有了爱到山穷水尽处的一次性爱：一只黄泥坛子有节奏地撞击。泥坛子机械性地一下一下撞上来，没完。这是无爱的性，因为九莉已经不能投入，灵魂跳出来，看着肉身的机械运动，便觉得滑稽可笑。这一刻的九莉对性很冷漠，因为那些爱中的凄然，用性是暖不过来的。

只有一次，张爱玲突破了自己的冷静和克制。那也是唯一的一次，在邵之雍的家里。但是不疼了。“今天怎么不痛了？因为是你的生日？”她说。平常她总叫他不要关灯，因为要看见他的脸，不然不知道是什么人。——这种时候都要看着脸才肯相信的人，内心是怎样地没有安全感。这一次，灯关了，他给了她更加新奇魅惑的经验，“兽在幽暗的岩洞里的一线黄泉就饮，汩汩的舌头卷起来。她是洞口倒挂着的蝙蝠，深山中藏匿的遗民，被侵犯了，被发现了，无助，无告的，有只动物在小口小口地啜着她的核心。暴露的恐怖糅合在难忍的欲望里：要他回来，马上回来——回到她的怀抱里，回到她眼底——”

我不知道张爱玲写到此处内心是怎样的一番景象，我是几乎落泪了——虽然九莉正在性爱的现场沐浴着战栗的快感，离爱的悲怆尚远。“要他回来，马上回来——回到她的怀抱里，回到她眼底——”仿佛这一声就响彻在她的生命里，是魂灵迸出的永恒的哭喊，是一个女人生命的巅峰。在爱里，在性里，女人的身与心达到最高度的一致；或者身走得更远，而女人的心是跟着身体走的，所以有了两个我，互相撕扯，一个要前行，一个要回来。男人在女人身体上刻下的记忆比情感更深刻，比文身更难以去除。我仿佛还看见小康小姐躺在床上哭泣，已经哭了千年，那是爱过的女人宿命的场面。邵之雍告诉九莉，他离开时，小康小姐躺在床上哭。他是她的第一个男人，她刚刚把自己交给他，便是诀别了……可以想见她内心的滋味。女人的心是跟着身体走的，把身体交出去，就是把一切都交出去了。离开这个男人，她的生活就是鸿荒。而他离开她之后，马上就会到别的女人那里去了，新的慰藉永远在等着他。这就是女人，爱。

有许多流泪，是从幸福圆满的时候开始的。看电影《滚滚红尘》，我也是从韶华和能才在阳台上跳舞的时候开始哭的，猝不及防地泪流满面。音乐在天地间响起来，韶华站在能才的脚尖上，身影似在渺渺天空里，奇特地舞着，世界随舞漫转，时空隐到天外。泪水将人淹没又浮起，承托着一片迷蒙中那份地老天荒的爱，心里竟有一阵空空荡荡的寒凉，使人不能自禁地战栗。沧桑的红尘，感伤的乱世，凄绝的痴迷……他们太沉浸了，那种没有明天的乱世中的沉浸，那种对过眼云烟的忘情投入，令人肝肠寸断。我是心疼张爱玲，才这么心疼韶华。我知道《滚滚红尘》美化了胡兰成以及他们的爱情，但我宁愿相信就是那样子的。在苍茫的曼舞中，韶华说，我们结婚吧。《滚滚红尘》的苍茫感表现得最好，那种黄旧的色调、感伤迷离的眼神，都是乱世苍茫投下的影子。许多表现战乱年代的作品，不乏逃难的大场景，那种乱世苍茫感却表现不出来。看电视剧《红楼梦》，我也是从宝玉和黛玉最好的时候开始哭的。他们在树影下握着手，刚刚说出心里的爱，黛玉脸上流着泪……他们那么好，怎么能让他们分开呢？这样的爱情就像信念一样，是不能从生命中拿走的。

圆满的时候开始哭泣，是因为，作为旁观者我们知道，这一切都会消失的，可是他们尚不知道。幸福挂在他们脸上，如苹果挂在枝头的时候，我们就已经在为他们伤怀了。

总有一些消逝，让我们解不开放不下。想想其实是必然，如果解得开放得下，我们还怎么可能为之柔肠九转低徊不已呢？这解不开放不下，竟是艺术和情感的至境。

张爱玲写得何等含蓄蕴藉，可是，有人粗暴地批评张爱玲写“口交”，低级下流。“口交”，这是一个多么讨厌的词汇。相爱的人在激情之中无论怎样做都是身心的自然表达，无可厚非，如果别人非要用上“口交”这样的词汇，则不啻为一种语言的暴力。我觉得这样的人根本就不该看《小团圆》，张爱玲这本书不是写给这样的人看的。

我看《小团圆》，直感就是张爱玲终于要写自己的隐私了，而身体经验是女性隐私的核心，很难忽略。“我们都是被压抑了这么久／我们的悔恨与绝望重于泰山／朋友，我要告诉你／你的一切渴望都是天经地义的”（伊蕾《给我的读者》）。

女人身体上的记忆是最难磨灭的，所以张爱玲在《色戒》中说，“到女人心里的路通过阴道。”这是张爱玲的亲身感受，也是张爱玲的自嘲。这与欲望无关，与女人的感性有关。女人比男人活得感性，对于女人来说，身体几乎就是一切，身体的隐秘感觉重于泰山、无与伦比，一个写作的女人，往往是不甘心让它不见天日的。一个女作家如果一生没有写到自己身体的隐秘，那将是一个巨大的遗憾，极端点也可以说，她从来没有为自己写作过，或者，她离诚实写作很远。对自己身体都不诚实的人，对自己内心会诚实吗？更遑论对他人、对世界。“我要你为人所知”，这是许多女性的本能反应，即便那些不写作的女人，也会以倾诉、密语等方式放射出来。女性的所谓自曝隐私，绝不是为了满足他人的窥隐欲，而是自我生命的一个必然释放，意味着生命的完成，如同一个圆圈终于画拢。女性是用身体来思考的，女性的隐秘经验不是写在身体上，而是写在心上，女人写身体其实就是写心灵。

女性的身体是最真实的，承载着最无法逾越的生命体悟，在最隐秘的细节上，张爱玲不会虚构，绝对是来源于自己的身体经验，是真正狭义上的身体写作，否则便没有写作此书的隐秘冲动了，出版的问题上也没有如此顾忌了。尽管女作家的所谓身体写作甚嚣尘上，但真正有档次的女作家，对于写身体和性都是非常郑重的，一个现成的证明就是：张爱玲没有正面直接地写过其他女性的身体和性，可能因为不屑罢；她只写自己的。《小团圆》因为用了小说的形式，反而比堂而皇之的自传更真实。在小说这张皮的遮蔽下，可以更彻底更坦然地暴露自我，而又不必为赤裸害羞。

张爱玲特别具有个体的历史意识，许多东西都是刻意为历史留的，以至于她还在世的时候，似乎就已经活在历史中了。关于张爱玲，我们了解得够多了，唯独性是最后一个缺。通过《小团圆》，张爱玲为自己补了一个缺，为历史留下了一个完整的备案。同时也提醒了读者：别以为我这辈子活得那么寡淡。

但是，就这样罢

自1995年师从李新宇教授读中国当代文学研究生开始，我就没打算做学问，而且旗帜鲜明毫无愧色地向老师宣告自己不做学问的决心。在自己也有了老师当年年纪的今天，才明白这有多么僭越和忤逆，想起来尚且发窘。然而当年却一点不觉得，也不明白老师为什么对我不以为然——不知老师以为然否？他曾问我，那你为什么要读研究生？我理直气壮地回答，为了改变现状。那时觉得自己是一个被生活侮辱与损害的人，这些侮辱与损害使所有改变生活的所作所为都变得理直气壮，并理所当然地不加掩饰。虽然已经明白当年的宣告之不妥，然而，不做学问的决心却并未改变。因此，应邀来写一份所谓当代女学人学术自传和学术感言，似乎又遭遇了当年的尴尬。然而，今天的我却很坦然。至少，我没有自欺和欺人。不得不承认，多少年过去了，我，依然故我，依然由着自己的性情来做人和为文，学术永远无法成为我自觉的追求，如果偶尔“学术”了，也只是被迫或不小心而已。

虽然“不做学问”，硕士毕业论文却是必须写的。凭着一点朦胧的感觉，我选择了“后新时期女性文学的自恋倾向”这一题目。待要着手时却发现，要把一种隐约、游走的微观心理客观地放大出来，实在太困难了。很想换个题目，被老师果断地切断了退路，于是，只好硬着头皮扎进去。在此之前的读研两年，我是没有为论文和“学术”做过任何准备的，读研时我已结婚了（早得令自己不好意思），具备一个少妇的全部慵懒。那个冬天，在回家探亲的师兄留下的单身公寓里，我拿着放大镜，吹毛求疵地寻找着女作家们自恋的蛛丝马迹。为了别人的自恋，我变成了一个自虐的人。快放寒假了，我还没把任何文字拿给老师看。老师说，如果拿不出来，你将不能回家过年。——差不多，我是被老师连吓唬带威胁地完成毕业论文的。放寒假的前一天，我终于把一堆东西拿给了老师。那些东西，真的是只能论堆的，什么都不成，只是五六万字的素材。老师看了，神情似乎略微放松了一些，说，有这些东西在，我就放心了，你回家过年吧。他终于不再说“写不出论文来，你将不能毕业”的话了。他的不再否定，在我看来就是肯定了。然而这肯定却更加让我不安。我暗自发窘地想，只要您细看，就会发现那些东西什么都不是的，只能算垃圾。我感觉自己蒙了他，所以，在他反应过来之前，赶快逃回了家，回家之后还有点后怕，仿佛一个侥幸的骗子。

过了年开学以后，我就在一台别人淘汰的286电脑上整理我那一堆“东西”，所幸在此之前，已经有人帮我打出来了。用电脑跟写论文一样，在我都是头一次，小心得近乎迂腐。一坐一整天，有时有虚脱的感觉。四月初，我把整成几块的“东西”拿给老师，然后忐忑地等待着。有一天，他召见我了。粗疏的我那时总是把握不住他的作息规律，到了他家里，他还在午睡。师母接待我，居然对我说，昨晚李老师一面在看一面说，写得好，没想到。我窘迫地打量着师母的表情，以确认她是不是在调侃我。同时心里想，就算我写得不好，您也不要这么没有同情心呀。老师醒了，来跟我谈论文。他先问我整体思路，我开始出汗，说，没有。那一刻我觉得自己写的真不是东西。出乎我意料，他说，没有不要紧，我们一块块儿地过吧。然后他就问我，为什么要把这一些作为一部分？我就陈述我并不确定的思维。他每一听完，总是能比我更准确地抽象出我那一部分的核心思想，我是那种需要别人来告诉我“你写的是什么”的人。我感觉，我的这堆东西是被他说着说着就说成论文了，就像丑小鸭变白天鹅。导师到底是导师，不服不行！我的这堆东西，在此之前也给另一个人看过，但她也无法帮我理出个头绪，因为，太感性太缠绕了。只有我的导师，把手伸进那一堆乱草，然后一拎，一副骨架就出来了，真是点石成金，真是化腐朽为神奇！那时候我才真正明白了什么叫导师，那时候我就想，我是永远不可能给别人当导师的。我把那些女作家的自恋分成了几个类型，但这几个类型之间有交叉，所以分得并不清明。我还把三个女作家单独拿出来进行了研究。曾经想把她们打碎了揉进几个类型去，但那就要牺牲一些东西，因为总有揉不进去的，我又不舍得。我其实是把我的矛盾芜杂合盘端给老师的。他说，那就分成两部分，一部分是个案研究，一部分是整体研究。整体研究里面，他也重新帮我进行了归类。好了，所有的矛盾芜杂缠绕，在他经手之后变得河清海晏了。我奔突麻乱的大脑，经他点拨之后也变得河清海晏了。也许从那一刻开始，他才真正成了我的导师。也许在那一刻，我才真正体会到了写论文是怎么回事。

如果必须承认自己做过学问，那就是我的开始。研究生三年，真正锤炼人的，其实就是一篇硕士论文。这篇论文出来，你会感觉自己真的不一样了。这篇论文在八年之后，成就了我在《小说评论》一年的女性文学研究专栏。

研究生毕业之后，我来到现在的单位。生活开始了！首要任务是投入生活，而在此之前的生活，我认为都不算生活。那在我的生命当中算一个休整期。优哉游哉了一两年，感觉不能那么过了，在生孩子与考博之间犹豫了一下，我选择了生孩子。其实这两件事都不是我所情愿的。我和我的几个境遇相同的好友都是在三十二岁上生的孩子，于是我们总结了一下：我们这样的女人，为学业为前途为成家为内心莫名的期冀、犹疑和焦灼……忙完了大概就是三十二岁了，所以只能在三十二岁上生孩子。生完孩子之后，紧迫感空前地强烈起来，就在寻求突围，看自己能干点什么。但生孩子的必然后果就是：孩子使你很想发奋做点什么，但又给你一个什么都做不成的借口。不知道自己究竟应该做什么，但有一点可以肯定：在妈妈们中间，我过得还算充实，几乎每天，我都要读点什么写点什么，虽然并不见成绩。这使我真的像奥斯特洛夫斯基说的，在多少年之后回首往事时，不必为虚度年华而悔恨了。当然，它同时也使我偶尔会为自己当年没有扑下身子投入育儿事业而略感愧疚。

那几年，我为译林出版社写过一些小书评，那是当时较多为周围人所见的小成绩。还写过一些关于萧红、王朔等的小评论，主要发表在《太原日报》“双塔文学周刊”上。2000年，生孩子之前，我已在《文学自由谈》发过两篇文章，其中关于鲁迅和朱安的一篇还引起一点小反响，算偶露峥嵘。2004年，孩子三岁多的时候，我又信笔写出了关于余秋雨和苏童的文章，发在《文学自由谈》当年六期上，颇引起一些反响。虽然自己仍不觉得已经开始做评论了，但还是鲁迅那句话：其实世上本没有路，走的人多了，也便成了路。走上评论之路后再回头反观，才觉得要感谢那几年的沉淀，虽然当时并不知道那是在沉淀，只是要过得充实一点而已。蝉在出土之前并不知道自己一直在为那一刻而辛苦，它以为那个艰辛的出土过程就是最地道最恒常的生活，那样的状态永远不会结束。译林书评和《太原日报》的文章其实都是应约写的，某种程度上，正是这个“约”构成了“写”的动力。由此我想，如果早一点找到《文学自由谈》这块阵地，也许我早就“出道”了吧？

《文学自由谈》对于我的最大意义就在于它使我找到了一种适合自己的表达方式，如果没有它的肯定，也许我永远不会发现自己在这一表达方式下的潜能。它使我不再考虑语言的华美，只想把意思坐实了充满了，实打实的明白如话。它把我带到了一种从文风到内心的几近练达的境界。它为我找到了一口能够出水的井。它使我成了一个被命名为“评论家”的人。2005年，是我最兢兢业业地为《文学自由谈》写文章的一年。同时，我的文章也开始在其他刊物发表，并被转载，但是，无论在其他刊物发表多少，人们记住的，似乎还是我在《文学自由谈》上的文章。一本刊物对于一个人的意义，居然可以大到“一手遮天”的程度，对此，我感到既光荣又无奈。但无论如何，它造就了我，我珍惜在这片天空下的自如。

正在评论之路上惶惑又笃定地行走着，我们军队在文学方面的“组织”找到了我，希望我多关注军队文学。这对我来说可真是一个新鲜的任务，一点阅读和思考的准备都没有。说实话，对于进入一个新的研究领域，我感到踌躇和畏难。“组织”的殷切期望终于使我决定赌一把，当时单位正在组织申报国家社科基金课题，我就报了一个“新时期军旅女作家研究”。若拿到，我就没有退路了，必须做军队文学研究；拿不到，正好，我也心安理得地不做了。心不诚则灵，我拿到了。自此，算是一条腿进入了军队文学研究领域。

我的课题申报是在2006年底，批下来是在2007年上半年。与此同时，我还成了苏州大学王尧先生的博士。这两件事几乎是完全同步的。学术，似乎同时挤进了我的生活。评论算不算学术？许多人尚持狐疑态度。可是，国家课题和博士论文，却毋庸置疑是学术。在我没有做好学术准备的时候，“学术”们一齐来了。我曾经想把自己的课题作为博士论文选题，导师不同意，我只好另作选择。与导师的一次不经意的谈话，决定了我的博士论文选题——丁玲。王尧先生在中国二十世纪知识分子研究方面卓有成效，我对女性文学较为熟悉，选择丁玲，可以使这两个方面有所对接和交集，便于我的发挥，也便于他对我的指导。

第一次王尧先生指导我，就是一篇关于丁玲的文章，因为要参加江苏省博士生学术论坛，所以请他指导一下。那是一篇一万三千多字的文章，我一气下来，从没想到要分出个层次。王尧先生在我文章的电子稿上做了严谨的批注，这个批注稿我至今保留着。他对我的字句改动不多，但每一处改动，都让我折服，比如，他把我的“左倾”改为“左翼”，意思没变，但政治色彩变了。恰恰就是在这些细小处，你可以发现这是一个胸中“有数”的人，他的沉稳与深厚，都体现在这个举重若轻的“有数”上。他对我文章最大的改动是分了三个层次。没有做任何调整，只是断开，但这一断开，感觉就疏朗多了，就让人喘过气来了。就是这简单的断开，我却没想到，我只知道赶着自己的思想和语词拼命往前走，没想到要让自己和别人歇口气。这就是他和我的境界的不同，他比我悠然淡定多了，所以，他是导师，我是学生。就是这简单的断开，让我感觉自己的文章像个文章的样子了，让我明白了我每一部分写的是什么，如李新宇老师当初指导我时一样。是的，至今，我依然是一个需要别人来告诉我“你写的是什么”的人。我的思维永远是只有肉没有骨头，那叫一个柔若无骨，不可救药。按照规定，我2011年毕业，我的博士论文还在写作当中，后面还不知道要怎样辛苦王尧先生呢，我已经预先感觉到抱歉了。对于每一个收我为徒的导师，我都报以深切的同情，因为他们不幸有我这样不省心的学生。我知道自己不是一个很在状态的学生，所以，无论读硕士还是博士，我都不愿意用“攻读”这样的词汇，生怕把它变轻了。但是，我依然期待着一篇博士毕业论文来把我脱胎换骨。

我最适合去写的是什么？我在学术上能够走多远？迄今，我还在犹疑徘徊中拭目以待。我并不认为已经彻底发现了自己，所以，不愿意停止探索和尝试，而希望更多开采自己，真正找到自己的“核心价值”。2008年底开始，我试着写了几篇随笔（《时间流逝了，她依然在这里》《当乳房从身体上消失的时候》《〈简·爱〉的非女权主义解读》等），2009年10月开始，陆续在《作家》上发表。对于发表在《作家》上的文章，我自己比较欣慰，也愿意别人注意到。我希望这是一种新的可能的开端。

不得不提到的一个错位的轮回是：我现在又无比地想生一个孩子。在我发奋地想做“事业”的时候，却勉为其难地生了一个孩子。在我无比地想生孩子的时候，却俨然地在做一种“事业”。如果现在有一个生孩子的机会摆在我面前，我会毫不犹豫地放下手头所有的事情，去专心致力于一个孩子的诞生，去充分体会身为女人的最基本的同时也是最至高无上的创造力。所有的痛苦与欣悦，我都会迎上前去。总觉得自己的生命还没有彻底打开，生活的路还很长很远，尽管，也许它明天就会结束。在结束前的最后一天里，让自己仍然保持着这样的幻觉，不是很好吗？生孩子与写作，其实都是一种诞生，其实都是生命打开的一种方式。

这篇学术自传和感言即将写完的时候，我才发现，自己写的是典型的非学术自传和感言。对于写作的种种、对于导师的崇敬、对于生孩子的拒绝与渴望，被我近似于“无厘头”地熔于一炉了，简直不可原谅。但是，就这样罢。

丁玲的衣服与影像

丁玲和王剑虹离开家乡后，就在上海、南京漂着。在南京，“两人既同些名人来往，照流行解放女子的习气，则是头发剪得极短，衣服穿得十分简便，行动又洒脱不过（出门不穿裙子的时节次数一定也很不少），在住处则一遇哀乐难于制驭时，一定也同男子一般大声地唱且大声地笑。两人既不像什么学生，又不像某一种女人……”因此，还遭到住处某一“同乡”的驱逐，她们自然是毫不客气地反击。“那时节女人若在装扮上极力模仿妓女，家中即不奖励，社会却很同意。但若果行为洒脱一点，来模仿一下男子，这女人便在家中社会皆将为人用稀奇眼光来估计了。两人因为这分经验，增加了对于社会一般见解的轻视，且增加了自己洒脱行为的愉快。”这是青春叛逆期的丁玲形象。

王剑虹去世后，丁玲来到北京，认识了第一个丈夫胡也频及其朋友沈从文。沈从文第一次见到的丁玲：穿了一件灰布衣服，系了一条短短的青色绸类裙子。未曾恋爱过的沈从文对于这个圆脸长眉的女孩子充满迷惑，但并不认为她有多大女性魅力。他写道：她也许比别的女子不同一些，就因为她不知道如何去料理自己，即如女子所不可缺少的穿衣扑粉本行也不会，年轻女子媚人处也没有，故比起旁的女人来，似乎更不足道了。……朋友们所得于丁玲女士的好印象，实不在她那女性意味方面。她能给朋友的是亲切洒脱。她既不习惯使用脂粉，也缺少女性那份做作。她待人只是那么不可形容的爽直，故朋友相熟略久，就似乎极容易忘掉了她是个女人。……她无时髦女人的风韵，也可以说她已无时间去装模作样地学习那种女性风韵。她容易使熟人忘掉她是个女人，不过因为她没有一般二九年华女人那分浮于眼眉形诸动止轻佻风情罢了。这时候丁玲已经是一个“凝静看百样人生”（沈从文）的女孩子。

丁玲写的莎菲像黛玉，而且莎菲有她的自我投射，实际她本人至少外在上并非如此。丁玲年轻时有一张明星照，是去上海电影公司试当演员的产物，这段经历她已写在处女作《梦珂》中。沈从文记述：（导演）为她恳切说明“一个明星所必需的天分与忍耐”，又曾为她换过一套照她自己说来“做梦也不会穿上身”的华丽丝绸明星长袍，在摄影架前扮成人所习见又俗气又轻佻的海上明星姿势，照了一个六寸单身相片。电影梦当然破灭，原因从沈从文说她的“不能如贵妇人那么适宜于在客厅中应对酬酢”可以想见。

这是莎菲时代的少女丁玲。

结婚后，为了生计，胡也频到济南教书，丁玲去找他，胡也频的学生不无艳羡地写道：她穿的是一身外国女人常穿的衣服。当年见过她的人回忆：“她的身材不很高也不很矮，有点肥胖，穿一件宽大的蓝布长衫，但从衣衩中，领口外，可以看出，她里面穿着西式衣裙。她粗眉大眼，圆脸孔，微笑得甜蜜。”可见，初为人妇的丁玲还是洋气的。

胡也频成为左联烈士，1931年4月，新寡的丁玲由沈从文陪同，将几个月大的儿子送回湖南老家，由母亲照料。看这时候丁玲跟母亲和儿子的合影，穿的还是不错的，皮鞋、丝袜、西式连衣裙。七十余年之后，有人在丁玲土改时工作过的温泉屯看见了这张照片，网上发文直言不讳地说：我爱上了1931年的丁玲。“一张并不是显得很消瘦的脸，虽然她刚刚经历了丧夫之痛，痛是痛在心里的，不需要将痛扭曲在脸上，否则就不是革命的丁玲。照片里的她的眼神是那么的幽怨又是那么的矜持。这张照片里的丁玲让我与这个早已成灰、早已成为空气，成为水的丁玲一见钟情。我很意外也很兴奋竟然在这么一张泛黄的照片中发现了自己梦中情人的模样，于是我后悔自己的晚生，倘若我早生八十年，一定追随她在那无法想象与体味的革命的暴风雨中。”

胡也频的去世是瞒着丁玲母亲的，为防露馅，丁玲只在家呆了三天。这三天中，丁玲夜夜咬着被角默默流泪；这三天中，丁玲“为了娱悦那个老年人起见，极力学做一个天真烂漫的女孩子，每天穿了她母亲所欢喜的衣服，把头发分开如中学生样子。”

回到上海的丁玲踏上了胡也频未竟的道路，她参加了左联，除了主编《北斗》，还参加左联的群众活动。1980年，当年的崇拜者孙犁回忆30年代影响力简直到了“万人空巷”“举国若狂”的地步的丁玲：“在照片中，印象最深的，是登在《现代》上的，你去纱厂工作前，对镜梳妆，打扮成一个青年女工模样的那一张，明眸皓腕，庄严肃穆……”

丁玲穿起布旗袍、平底鞋，到工人中开展通讯运动，到旧书摊做社会调查。这是到女中讲课的丁玲：穿着虽然较洋气、时髦，但并不华丽、庸俗。旗袍的颜色素淡，穿高跟皮鞋，外套一件素色秋大衣。这种打扮，跟社会上普通的知识妇女差不多，但她没有搽脂抹粉。之所以比较讲究，是因为这所女中是外国人管理的。

她这天剪着短发，穿短衣长裤，脚穿皮鞋，身体结实，像女工……丁玲向路人发传单，她这天打扮为阔太太，好像烫了头发，穿一件虎皮毛的大衣，穿上高跟鞋、丝袜子。

丁玲打扮为阔太太是为了掩护身份，她参加左联活动的形象应该更贴近女工。

丁玲与冯达生活到了一起。沈从文从外地到上海，丁玲来看他：

有人拍我的门，门开后，一个胖胖的女人，穿了一件淡蓝薄洋纱的长袍，一双黄色方头皮鞋，在门边向我瞅着。如非预先约好，我真想不起就是她。若这人在大街粗粗地一眼瞥过，我是不会认识的。我们还只分手一年，好像变得已太多了。

……看看她那身装扮，我有点儿难过，说了一句笑话："一切记忆还很年轻，人也不应当比印象老得太早！"

她便苦笑着说："我什么时候年轻过？"

丁玲当时虽投身于伟大事业，并不多么注重女性美，但沈从文的反应显然还是令她发窘，她给沈从文的信中剖白说：一个二十五岁以上的人，若还毫不知道羞耻，把男女事看得那么神秘，男的终日只知道如何去媚女人，女的则终日只知道穿穿衣服，涂脂抹粉，在客厅中同一个异性玩点心灵上的小把戏，或读点情诗，写点情诗，消磨一个接连一个而来的日子，实在是种废料！

这是左联时代的丁玲，也是丁玲的少妇形象。

真正成为革命女性是丁玲到陕北红色根据地之后。尽管丁玲的女性意识并未消泯，她的《我在霞村的时候》《“三八”节有感》可以佐证，但从外在上看，她的女性指数正在退化，她已经不再是穿西式裙子的女士形象了。这一变化既是战士化的生活方式所带来的，又是内在精神为革命所“改造”后的外化，她被视为“克服了母性的中国新女子”。

一张1938年春丁玲与萧红、夏革非在西安的合影，令我感慨颇多。萧红还是淑女形象——包括中式棉袍、皮鞋、长筒袜、围巾、齐齐的头发以及表情气质，而丁玲给人的感觉是气质变了，一副乐观的大老粗的表情，着装更不用说，身披黄大衣，头戴棉军帽，大衣不仅过大，而且披得相当随意，软软的棉帽不知是小了戴不进去，还是随便往头上一丢的结果，松懈地扣在头上，看起来很外在于她的样子。看起来，萧红还有女孩子的典雅气息，而那个沈从文笔下“凝静看百样人生”的丁玲完全不见踪影了。

当时的另一见证者、与萧红有亲密关系的端木蕻良也回忆道：丁玲身穿日本军呢大衣，见到萧红，便热烈地拥抱，随即把八路军缴获的战利品，一副皮裹腿，送给萧红作纪念。当时的丁玲就是经常打着裹腿的，陈明回忆他第一次见到丁玲：穿着军装，打着裹腿，系一根皮带，和大家一样，我没有产生什么特别的印象。陈明太年轻了，比丁玲小十三岁，而且与丁玲的过去没有任何交集，没有了解和见识过莎菲时代的丁玲，所以，他只看到丁玲与周围人的一样处，而看不到她与另一些人的不一样处，她与萧红不一样，而萧红代表着过去的丁玲，从萧红身上可以看见丁玲的来处，那个来处是一类人——原本的丁玲萧红们的所在。

裹腿是战士的装束，丁玲把这副裹腿看得弥足珍贵，但萧红却未必以为然，以萧红那样的装束，这副裹腿往哪打呢？

当时见过丁玲的人，很多都提到她的军大衣，她的照片也有多张是穿着或披着军大衣拍的，这件军大衣，似乎是那一时期的丁玲的符号。

她身披黄呢子军大衣，头戴一顶灰毡帽。

她披着一件从战场上缴获来的日本黄呢军大衣。

她是一个穿着一件黄呢日本军大衣、腰间束着皮带的女战士。我后来看到一期美国杂志封面上刊登的就是她穿着这件战利品的头像……

这件大衣是有来历的：1937年11月，西北战地服务团慰问参加过平型关战斗的八路军115师685团时，杨得志团长送给每人一件日军黄呢大衣。

堪称典故的是，林彪也有这样一件大衣：

1938年3月2日，林彪在山西隰县晋绥防区经过，因为身披一件缴获来的日本军官黄呢子大衣，脖子上挂一个望远镜，被国民党晋绥军哨兵误认为是日本军，开枪射击，子弹伤及脊椎神经。在延安治疗一段时间后，又转送苏联医治，仍留下不少后遗症，性情日渐怪僻。

革命的中心在江西时，丁玲就向往到红区去，这是她不变的梦想，到陕北，穿上革命的军装，对她来说意味着梦想的实现，所以她格外看重这身军装。军装，可以使“武将军”的封号更加名副其实，这可能也会强化她对戎装的热情。军装是革命身份的象征，杨得志团缴获的日军黄呢子大衣，不是随便什么人可以得到的，它是革命队伍内部一个较高段位的象征。尽管丁玲在杂文《干部衣服》中反对一些同志追逐“干部衣服”的虚荣，但她未必能够拒绝这件大衣所带来的自豪感。关于干部服，还需要说明一下：当时边区棉布很缺乏，大家都穿土布，外面买来的少量斜纹布做成衣服，主要是给领导、学者穿，这就是当时的“干部服”。作为特别研究员的王实味也享受这一待遇。既然王实味穿的是干部服，地位不在王之下的丁玲穿的应该也是干部服。那么，他们二人反对干部服，并非因为自己穿不上干部服，而是有两个可能：一是为普通一兵们说话，主张普泛的平等；二是针对于更高的干部服及其相关的一切，为自己或同类说话。

丁玲1985年访问延安时回忆说：“那时延安同志们的生活都十分艰苦……穿的是打补丁的灰布军装……”黄呢子大衣与打补丁的灰布军装相比，当然是一件好衣服，而且这件好衣服的象征意味又如此之好，丁玲怎么能不自豪地穿在身上呢？即便不是御寒的需要，也可能不舍得让它离身。

那一身穿着的丁玲在萧红面前，简直像一个村支书，尤其那顶棉帽，让现在的人很容易想起赵本山式的软帽盖。可是，丁玲丝毫没有自惭形秽，相反，她很自豪。固然，当时陕北物质上的匮乏，可能使丁玲顾不上好看不好看了，但从主观上来说，丁玲会觉得这样好看吗？很可能，她真的觉得穿戎装的自己很美。美和好看是两个概念。革命本身就是有底气的，革命美（或曰政治美）胜过一切时尚，所以丁玲自信是美的，这一点，只要想想江青“文革”中的穿着，想想新中国前三十年军装的吃香，就可以了然。丁玲在萧红面前的自信和对自我形象的满不在乎，源于她是革命的主人、革命之地的主人，而萧红是客人；源于革命美超越于一切美之上，一旦拥有它，女性美就是等而下之了。或许，萧红的装束在丁玲看来，是有些资产阶级的，需要嘲讽的，正如资产阶级太太冬妮娅在无产阶级的筑路工人保尔面前一样。《风雨中忆萧红》一文中，对于此时苍白脆弱的萧红，饱满强健的丁玲是隐含悲悯的，她遗憾萧红没有如自己一样加入到革命洪流中来，并含蓄地将其解释为萧红苍白脆弱的原因。丁玲对于历史、对于革命、对于自己和他人，误解实在是太深了。

有人说：延安的物质生活虽然艰苦，但精神生活还是健康愉快的。新的思想还使一些人以贫为荣，甚至故意穿得破烂一些，以表示自己的“无产阶级化”，讲究吃穿反而会被人看不起。这是不是丁玲更深的心理根源呢？

变的不仅是丁玲的形象气质，她的文学感觉同样在变，变得粗糙。是外在带动了内在，还是内在带动了内在？

到了土改的时候，丁玲“和一些老太婆，邋里邋遢的、身上长虱子的，睡在一个炕头上，讲村上的事。”随着自身生活的工农化，丁玲看待女性美也是另一种眼光了。固然，她原本就不喜欢涂脂抹粉，但还没到视为丑恶的地步，而在《太阳照在桑干河上》当中，她写涂脂抹粉的地主的老婆，采用了漫画化手法，将女性美完全写成了丑态，甚至直接用“妖精一样的女人”这样的措辞来将其妖魔化。这个丁玲，已经变得让莎菲认不出来了。如若莎菲和梦珂拿到此时此地，一定会成为她改造的对象。她对长虱子的老太婆越是认同，对涂脂抹粉的地主老婆就越是不以为然，而这两种情感态度对于她来说，都是非常美的阶级感情，她可能很满意自己有这样的审美倾向。

被丁玲尊为师的叶圣陶回忆道：再见面是1949年，我到北平以后。相隔十六个年头，她还是老样子，热情、健谈，只是服装改了，穿的灰布解放装；先前在上海经常穿的是西式裙子。叶圣陶的印象是直接从上海到北京的，缺失了延安的过渡环节，所以会感到一丝突兀和诧异。这可能是国统区文人与解放区文人在1949年的北平照面时的典型感受。这一身灰布解放装会给沈从文这样的文人造成怎样的压抑感，也是可想而知的。这无疑是新中国主人的服装，它在向那些坐享其成的文人们发出这样的强烈暗示：我们，是革命胜利的缔造者。很快，连叶圣陶这样的文人都要自觉并自豪地穿起灰布解放装了。

此时的丁玲对于自己从前所属的小资产阶级面目有着足够的敏感和反感，这种感受与灰布解放装正好合拍。

到了北大荒和山西长治嶂头村，丁玲不单是认同农村老大娘了，干脆自己就变成了一副不折不扣的农村老大娘形象。“这就是那个在文联大楼接受批斗时虽然低首垂目但仍不失知识分子风度的丁玲吗？不，不像了，完全不像了。倒很像是一个肩负着生活负担苍老衰弱的农村老妇人。”痛楚的是，即便改造成这副模样，丁玲仍然得不到农村老大娘们的认同和肯定，群众仍然表示不满意。

谈了丁玲这么多照片，真正让我惊呆的是丁玲1966年“文革”中被揪斗的照片。先是看到丁玲当时住的草棚的照片，心里就像被一堆草塞住，接着又看到这张被揪斗的照片，那令人恐惧的难堪，简直使我内心坍塌。不忍看，每一次看到，眼睛都有一种本能的逃避，都感觉是自己在受辱，如遭痛击，无法承受。照片中的丁玲头上好像扎着白布，也许是造反派做的高帽子，穿着老棉袄，胸前挂着一块牌子，牌子上书：人右派分子丁玲。她的脸被墨水画成了小丑，两颊挂下来，很难看。更难以面对的是她的眼神，那是倒了霉的人的空洞的眼神，显示出内心的颓势和雾数，说明着落难的丑陋。如果莎菲看到这样一个丁玲，该怎样愕然，如何消受？无法想象！

这张照片居然是陈明在文化宫楼上偷拍的！可见大浪淘沙的运动，给他们练就了多么顽强的抵御和消化羞辱的能力，以及多么无厘头的自嘲精神，使他们能够把自我游离出来，变成旁观者，看着自己的肉身受辱，仿佛在看别人受辱。

新时期终于到来了，丁玲终于回到了北京，却又成了“红衣主教”。如延安时期的黄呢子大衣成为丁玲的符号频见记载一样，晚年丁玲的一件红毛衣也成了丁玲的符号。

这件红毛衣最早出现时，丁玲曾穿起来让秘书王增如看，王增如记录：

说心里话，当时我觉得，这两件毛衣（笔者注：包括那件红毛衣）穿在她这位80岁的老太太身上，是太花哨、太鲜艳、太不协调了。但丁玲却非常喜欢这两件毛衣，常穿在身上。后来我看习惯了，觉得老太太穿着这两件毛衣，确实遮去了不少岁月的年轮，显得很潇洒，很有风度。现在我懂了，当她穿着这色彩鲜艳、式样别致的大毛衣去出席国宴时，去见美国总统夫人时，去参加各种聚会时，去看她的亲朋好友时，她心里一定感觉很美，很年轻。

王增如是一个比较正统的人，但她接受老太太出格的穿着，并且佩服老太太“心里始终是年轻的”。丁玲晚年政治思想保守，但在生活观念尤其是穿衣打扮上，却一点都不保守，在1979年第四次文代会上，她就发言说：

那天在小组会议上我讲了：穿喇叭裤有什么要紧，他们觉得穿喇叭裤好看，好看就穿嘛！你不习惯！你要习惯了也会觉得喇叭裤好看，我们都穿一个颜色，不是蓝的就是黑的，再不就是灰的，是不好看！穿个红的穿个绿的，好看嘛，年轻人嘛，穿衣服有他们的个性，愿意穿裙子就穿裙子，对这我觉得无所谓，因为这些就说我们青年表现不好，大概不确切。

丁玲是身体力行的，她的红毛衣俨然铁凝笔下那件没有纽扣的红衬衫，宣言一般存在着，引起周围的喧哗与骚动。这个红色的符号有时衍化为枣红毛衣或红围巾，被频频提起：

报道描述道：“八十高龄的丁玲同志，一头银丝，满面春风，穿着红毛衣、黑背心，显得很是健康。”……丁玲在武汉出现在什么地方，那里的群众一眼便认出来了：“呶！那位穿红毛衣黑背心的老人就是丁玲。”

身着枣红色毛衣，外套一件黑背心。

穿着色彩鲜丽、反差很大的毛线外套衣。

那天，她穿着一件大红毛衣，远远望去，像一团火。

身着红毛线衣的白发老太太……

张炯也提到过丁玲的红毛衣：……穿着色调鲜艳的毛线衣……丁玲同志还穿那件鲜艳的毛衣，戴副茶色眼镜。张炯还提到，丁玲刚回北京不久，某次文学研讨会上，“老太太披了一条鲜红的围巾。颜色耀眼，很能体现她的个性。”可以想象，老太太的红毛衣红围巾对于稳重儒雅注重体统的晚辈张炯那里，会形成怎样的刺激、冲击，乃至引起不安感。

丁玲不会不知道这有多么扎眼，会引起怎样的议论，但她依然“臭美”、张扬，毫不在意。拿到当下，这不算什么，当下的潮流就是越是老太太越穿红着绿，年轻人反而要深沉，但丁玲超前了不止一步。

1984年10月4日中午，朋友们提前为丁玲庆贺八十大寿，丁玲穿了一件枣红色毛衣，外罩黑丝绒马甲。四代会期间，丁玲延续了这一装束，袁静写道：那天，她穿了一件红毛衣，黑背心，显得很精神。这身装束注定要写进历史，据王增如记载：1984年12月29日下午，张光年作《新时期社会主义文学在阔步前进》主题报告。……主席台上寥寥无几，丁玲穿着件枣红色毛衣，格外显眼。

从莎菲女士到老年丁玲，从形象到气质的改变，足以说明丁玲是知识分子与工农结合的最佳范例。丁玲一生的着装，从中式到西式，再到军装、工农装，基本上是一个性别泯灭、文人气质泯灭的过程，最后那件解放思想的红毛衣，也没能使她的形象真正解放出来。延安时期的戎装照，成为丁玲流传最广的照片之一。在丁玲的遗体告别仪式上，礼堂侧门旁，竖立着丁玲的一幅黑白照片，照片上是丁玲在抗战时身穿八路军军装，打着绑腿的英姿。这张照片的选择隐含着革命的强调，说明女作家愿意用“革命女战士”来定位自己、总结一生？当然，这照片可能是别人选定的，那就反映了选定者的意愿。

我喜欢丁玲灵堂使用的那张照片，出自一位法国摄影师之手，它比较恰如其分地反映了丁玲老年的风华，不失女性意味，也不失作家气质。一生左左右右打转，一次次矫枉过正之后，最后是这个正本清源的样子，滤去了一切偏颇与误会，令人感到安适。

衣服和影像里蕴含着历史的玄机，有时甚至是乾坤性符号。看来，今后有必要留意一下那些注定史上留名的人物穿什么衣服，那是替历史多看两眼。

邻居家的男人死了

那天下午，我兴兴头头地带着新买的衣服回来，兴兴头头地剪标签往衣柜里挂，一边挂一边欣赏，仿佛已经看到自己穿上“她们”的样子，好心情又加上了几分自恋。这是我生活中并不常有的不折不扣的快乐时刻，可以感受到生命液汁的充沛丰足，感受到活着是如此幸福的一件事情。漂亮衣服总是给我一种阳光明媚的感觉，照耀我的面容，也照耀我的生命，我喜欢这种浅薄的快乐。

女人对生命的爱恋一向感性而具体，一件漂亮的衣服一句甜蜜的情话就可以使她们持续几天的好心情。这样的爱恋更本质更实在，不像男人，尽为了一些抽象玄虚的东西而苦恼。而男人作为生命主体的东西，比如功业、比如思想，对于女人来说也许只是生命的背景，不能充实她们全部的生命。电影《公爵夫人》中，公爵在新婚之夜脱下夫人的衣服时问了一句：女人的衣服为什么要这么复杂？夫人回答：这是她们表达自己的方式，男人有很多方式可以表达自己，女人只有通过她们的衣帽。这个回答在“公爵夫人”的时代也许是正确的，拿到现在，则至少不能算完全正确。我只承认，漂亮衣服是女人最直感的表达、最贴己的快乐，一如“女儿是妈妈的贴身小棉袄”。我宁愿自己的快乐在浅薄的层次上打住，因为快乐是不能深究的。王安忆说，物欲可以抵抗虚无主义。其实同样是在说快乐是拒绝被深究的。物欲就是浅薄的快乐，虚无主义就是深究的结果，用物欲来抵抗虚无主义，就意味着快乐不能深究。

就在我摆弄衣服的过程中，门外传来女人的声音，有点高，可以算是咋咋呼呼了，它既可以理解为小小不然的吵架，也可以理解为非常相熟的朋友光临家门时的大呼小叫。我倾向于后者，所以没有理会，继续手里的事情。今天，谁也别想破坏我的好心情。骤然，门外传来女人的哭声，是那种毫无顾忌的号啕大哭。我愣了一下，丢下衣服跑出房间，从家门的猫眼往外看。发现保安站在我家门口，我才打开了门。一开门，哭声的方向就很明确了，是我的东邻。再一看，东邻家的门开着，一个人躺在地上，两个女人跪在她身边，好像在劝慰和拉她起来。哭声就是这个躺在地上的人发出的，她的脸和上半身被跪在两边的女人挡住了，看不见，我是从哭声判断那是个女人的，而且是个不年轻的女人。

我问保安：“怎么了？吵架了？”保安说，“不是，好像他家那个男的不行了。”男的？！不行了？！哪个男的？他家有两个男的，父亲和儿子，儿子在国外，前段时间我看见他回来了，现在不知走了没有。不行了又是什么意思？

这时，西邻家的女主人回来了，一出电梯就是满耳哭声，她顿时也满面惶然，问：“谁在哭？”保安说：“那个男的的母亲吧。”可我还没弄清是哪个男的呢。她更摸不着头脑了。地板上的女人拼命扭着身子，两脚在地板上踩得啪啪响，一面嚎哭着，一面口中有词如暴风骤雨：“我的个小乖乖呀，我的个心肝呀，我的个……”哭声惊人，场面更惊人。西邻女主人大惊失色不亚于我，我们俩面面相觑着。东邻家的女主人突然出现在开着的门间，温和地招呼我们，进来吧。她居然那么平静那么温和！停顿了一秒钟，看我们做不出反应，她就把门关上了。

她的出现使我明白是哪个男的了。我刚才迟迟不能确定，与地上的女人哭诉中的称谓有关，我从来不认为，一个中年男人还可以被母亲称为“小乖乖”和“心肝”什么的。现在我明白了，当一个儿子离去时，无论他多大多老，对于母亲来说，都是如婴儿一般小，都是她身上的肉没了，如降生时一样。——现在想起来，我眼潮鼻酸，但在当时，惊恐使我根本做不出任何反应。

西邻家的女主人在问保安是怎么回事，保安含糊作答，然后我们一起确定，是这家的男主人，那个大约有五十岁的、个子高大、老戴着墨镜、手有残疾的男人。然后我们又聚焦下一个问题：他怎么了？保安说，120来了，还在里面。我们又问：很严重吗？什么病？保安说不知道。我说，我看他就是手有点残疾，但身体还是蛮健康的呀。保安说，眼也不太好。西邻女主人说，哦，他戴墨镜就是因为眼睛不好吗？

有个男人从我们中间穿过去，敲他家的门。等待开门时，我还犹豫了一下：我们是不是应该一起走进去，安慰一下哭着的人？女主人刚才还邀请我们了，我们袖手旁观是不是不够意思？门打开接着关上了，我的犹豫也随之消失。地板上女人的哭声停顿了有半分钟，我想，也许是用了镇静剂吧？但接着又响起来了，还是边哭边诉，一口气不停，急骤用力，好像整条命都搭在这个哭里面了，听起来随时都有“短路”的危险。但已经听不清内容了。突然听见东邻女主人明显提高了声音质问：你是什么意思？！我暗暗揣测，这是对婆母说的吗？是不是因为婆母在诉说中对儿媳捎带了什么不合适的话？

一个穿白大褂的出来了，我们赶紧问，还在抢救吗？他说，已经不行了。边说边往电梯走去。我们又追着问，是那个五十岁手有残疾的人吗？他点头。我们再问什么病时，没等他回答，电梯门已合上了。留下我们三个人，面对“不行了”的真实含义。我一直没把“不行了”理解为这个意义，因为很多“不行了”还是可以抢救回来的，还因为，我从不认为人是会随随便便“不行了”的。面对男邻居已逝的事实，无边的茫然使我们意识不到散去了，仿佛我们三个人就应该在一起，承担这个事实。这时候我提出了一直好奇的一个问题：那个人的手是怎么受伤的？我一直想当然地以为是工伤，比如抢救国家财产，或者化学溶液泄漏什么的。他们都给不出答案。

又一个男人从我们中间穿过去，敲他家的门。保安首先反应过来，我们散开了。

关上家门，我在门边呆立了几秒，大脑一片空白。定了定神，我首先想到应该安置孩子，孩子正在楼下写作业，不知听到了哭声没有。下去一看，他趴在作业本上，已经快睡着了。我把他叫起来，以格外的温柔对他说，要睡就到床上去睡吧。他迷迷糊糊往床上一倒，就睡过去了，我放心了。

上楼来看看表，差几分六点。丈夫正在监考，六点才结束。我本能地拨打了一个号码，无人接听。这时候想到的号码，就像飞机失事前想到的号码。然而无人接听。这似乎是一个象征和暗示，给人一种绝望的宿命感。监考有规定，不能打手机，但我已顾不得了，拨打了丈夫的手机，虚弱而急促地告诉他这件事情，叫他快回家。他说，我这边还没结束，完了马上回家。哭声还在继续，我关上房间的门，妄图把哭声和发生的事情关在门外，但无济于事。我立在床前，大脑一片空冥，那空冥苍白而坚硬，好像荒芜的大陆板块。

要做点什么。我下意识地拿起还没处理完的新衣服，试图继续刚才正在做的事情，以暗示自己一切正常。可是，那衣服拿在手里，已经不再是新衣服了！我甚至不敢在脑子里明确映出那衣服给我的感觉。衣服是给人穿的，由穿了这些衣服的身体，我会鬼使神差地联想到隔壁逝者的身体上去……于是，新衣服不再是新衣服了，它们刚刚带给我的明媚的生命感觉已经变色变味；新衣服的主人的身体也不再是身体了，我对于鲜活的身体完全失去了信任。什么都是灰的了：抓什么，什么立马成灰；看什么，什么立马变灰。我甚至感觉嘴巴里塞得满满的都是灰，吐不出的灰。有部电影叫《十分钟年华老去》，我现在是“十分钟世界成灰”。我的手和眼对什么都失去了原有的感觉：过手之处，皆觉嫌恶；四壁之内，满目变色。我不敢去联想儿子以及亲密者的身体，而事实上，我联想的触须已经不幸抵达那里了。在人体与遗体之间，我的意识无法完成自然的转换，无法转换也就意味着无法区分。后来有人告诉我，他其实是跟你一样的人，只是缺了那一口气而已。可是，对我来说，两者绝对不一样的，相关的色彩和感觉，也是绝对不一样的。那不再是一个主体，而是一个客体；不再是他，而是它——为了表示尊重，我还是用“他”吧。

邻居是你的生存环境的一部分，他的存在是日常，是天经地义，与你的存在形成自然而然的互证。可是，有一天，你听见哭声，打开家门，迎面被告知，你的邻居死了。蓦然间，你怀疑自己是不是还活着，你所爱的人是不是也会冷不丁死去。这种平地起雷的惊骇好像你脚下的地板突地沉陷了，你头顶的头皮突地被掀掉了。更不幸的是，你遽然看见了横陈地上的一个人体，虽然不是他，但当你得知确切的死讯时，那个姿势还是带有某种令人骇然的暗示性，牢牢地砸在你的脑子里。你的脑子里无法不反复闪回着几米之外，生命轰然倒下的震骇镜头。还有那些带着强力的涨满的哭声，凌厉逼人，直抵你的死穴。我的心就像一只无处躲藏的老鼠，无论如何逃窜寻觅，都在屋子里找不到一个容身的角落。哭声被恐惧所夸大，如山洪，如呼啸，在我脑子里轰鸣……我神经质地抱住自己的头，捂紧自己的耳朵，在心里莫名地祈求……

为了不让自己像折断的翅膀那样倒下，我扶着床，蹲了下来，用膝头紧紧地顶住胸口。我的胸口难受得生疼，那些哭声，好像从十八层地狱伸出的无数的手，在尖利地抓挠着我的胸壁，躺在地板上的女人一上一下的脚，则狠狠地踩着我的心。我的心脏好像要坠穿我的胸腔，直接掉落到魅影飘摇鬼哭狼嚎的炼狱中去。那些淹没在泥浆中的没有头发没有眉毛的鬼魂的样子，以及哀哀的叫声和吁叹声，充塞着我的心。谁可以救救我？我也被泥浆淹没了，救命一般地想要抓住点什么，可是，除了床单，什么也抓不到。有人告诉过我，濒临崩溃的时候，要深呼吸。可是，我无法深呼吸，我只有一个欲望，就是把身体缩起来，缩到没有一丝缝隙，缩到什么也侵入不了我，包括哭声。我抱住膝盖，使身体紧紧地蜷成一团，来抑制身体的抖动。我知道，这也与我下午在商场的星巴克喝了一大杯红茶有关，我是经不起浓茶的强刺激的。

几乎在我的视线落到电话机上的同时，我的手已经抓起了它。为了遏制自己的崩溃，我必须说点什么，一直说，不能停下。打给谁？我想起了大哥，他是认识逝者的，他来帮我装修房子时，还跟逝者打过交道。打通了，幸好他在！我的声音急促而颤抖，以至于他听不清究竟是谁死了，反而把他吓了一跳。待弄明白是怎么回事，他放心了，非常豁达地安抚着我。我不在意他说什么，我只是不能让那一刻空着，必须用说话声把它填满。

大哥说，“你实在害怕，就去买把刀来，放在床头镇着，害怕了就绕着床划拉几下。弄把剑挂在床头最好，剑辟邪。”我的恐惧本来是不具体的，大哥这一说，反而陡然赋予它一些具体的内容，使我把身子缩得更紧了。我说，“我不是怕鬼。”我突然发现，无法让大哥明白我怕什么。我的恐惧太抽象了，我想没有人能够明白的，连我自己一下都说不清楚。我不是怕鬼，也不是悲痛，而是难受。不是为死者及家属，也不是为自己或哪个人难受，而是为一团说不清的东西难受，也许就是为“死”难受。不是为死的结果，也不是为死的事实，而是为死的前前后后的复杂变异的过程难受，我认为那是最难面对的。我的难受又具体又抽象，一时难以尽述。也许就在那一刻，我决定了要写这篇文章。

房间外传来家门关闭的砰的一声。我知道丈夫回来了，便对大哥说，“好了，挂断电话吧。”

丈夫奔到房间里，问我：“怎么死的？这么突然！”我说，“我什么都不知道，别问我。”但我接着开始滔滔不绝地向丈夫叙述刚才的过程。叙述完了相对叹息。我说，“怎么办？”丈夫说，“什么怎么办？”反而又把我问住了。我也不知道“什么怎么办”，也许是“邻居死了，我们怎么办”？这太抽象了，抽象得好像人类的某种处境。想了想，才使自己的问话落到实处，我说，“我们要不要做点什么？安慰他们，或者帮他们做点事？”我们从来没有遇到过这种事，丈夫也不知能做什么。我说，“要不你问问你们同事，这种事大家都是怎么办的？送花圈送钱还是去帮忙？”丈夫说，“他们恐怕也不知怎么办。”我们决定跟西邻家商量一下。

我打了电话给西邻家，女主人接的，然后他们夫妇就来到了我们家。虽然做邻居已经三年多了，这还是他们第一次到我们家。其实我们三家平时几乎没什么联系，就是见面点个头。可是此时此刻，东邻家的变故突然使我们两家来到了同一只诺亚方舟上，成了同命运肩并肩的人。他们的到来使我感到格外亲切，尤其女主人，给我同病相怜的安慰，使我有了心理依靠。我们俩都哆里哆嗦的，像小老鼠，或惊弓之鸟。我们首先探究第一个问题：怎么死的？因为太突然了，在此之前一点都没有听到他患病的消息。这个问题的实质是排除自杀的可能，这还是男人们想到的。当然目前什么结论都得不出来，众多的揣测只能使心里的疑团更大。然后又转到第二个问题：作为邻居，我们应该做点什么？也拿不出什么行动计划，西邻同样没有经验，最后我们商定看看再说，也许他们会设灵堂发讣告什么的。我们说定，无论如何，两家要统一行动。其实我们也未必是要拿出什么行动方案来，我们就是要一起说说这事，寻求心理上的相互支持。我们还相互留了手机号码。

讨论完这些，我们又在互诉着内心的震惊和恐惧，主要是两个女人在说，男人到底扛得住些。西邻女人说，“这个人经常骑辆黑摩托车，戴着墨镜，从来不说话，我还蛮怕他的。”我说，“我看到他也有点紧张，有时碰到对他笑笑，他都没反应，好像不爱理人。”这是我的一贯做法，用笑来掩饰内心的不自在。我丈夫说，“他不是不理人，大概因为有点残疾，内心自卑，不好意思跟你们女的说话吧，他跟我有时还喜欢聊两句。”丈夫讲述了一件事，前几天，在校门口，看见他骑着摩托车被一辆汽车搞倒了，赶紧去帮他把摩托车扶起来，然后指出汽车主的不对，不料他从地上爬起来，气愤地质问丈夫，“你怎么能这样说话？明明是他拐弯拐得不对，你还向着他！你是什么立场？”丈夫这才知道，他原来视力这么差，根本没认出面前站着的是他的邻居。丈夫赶紧向他解释，不是指责他，是指责汽车主。丈夫说，“他可能到最后都没认出我是谁，就推着摩托车气呼呼地走了。”或许人人心中都藏有不为人知的暗疾，而傲慢还是自卑，我们都只是根据表象去判断罢了。

女主人说，“我就怕吓着我们家女儿，她还不知道呢。”我说，“我儿子也不知道，我怕他听见哭声，赶快让他睡了。”正说着，儿子醒来了。西邻家夫妇告辞了。

我给二楼儿子的同学家打电话，告诉同学的妈妈这件事，打发儿子到她家去吃饭并做作业。我特意嘱咐了同学的妈妈，不要让孩子知道这件事。儿子走了，丈夫要做饭。我说，“别做了，你还有心情在这吃饭啊？”我家的厅离他家更近，离“他”也更近。只是那道门的象征，分开了他家我家而已，其实是何等地近在咫尺，而“他”，也是何等地近在咫尺。在这种状况下做饭吃饭，那太滑稽怪异甚至可鄙了。所有做饭的动作都将变形，切菜会感到心虚，尤其不能切肉。无论给我怎样的美味，都无法张开口，更无法下咽。

不是夸张和搞怪，我是真的很容易走火入魔的人。如果只是夸张和搞怪，那倒好了，轻松了。

我和丈夫出去吃了一顿很勉强的饭。那家饭店的鱼饺已经吃过不止一次，那天却感觉不对头，汤太白了，油星漂得太多了，而馅又太红了，以至于我怀疑是不是不熟。吃着是前所未有的油腻，看着是前所未有的可疑，还没到嘴边，胃就在不由自主地拒绝了。拼命禁止自己多想，尤其是联想，拒绝一切暗示。

我问丈夫，怎么办？家我是没法呆了。丈夫建议我回单位去住。我立刻打电话给住在单位的女同事，她说，这边隔壁小区也死了人，哭丧班子在唱呢。我听了更加颓丧。

我单位的隔壁是一个安置附近拆迁农民的小区，他们的土地被开发了，村庄消失了，于是，他们就住到这个小区里来，由农民变成了市民。可是，农村的风俗依然保留着，最突出的就是死了人要让哭丧班子来唱三天。哭丧班子那种癞母狗一般的唱腔要持续三天，而且把高音喇叭装在阳台上扩音，真个是顶风也要臭四十里，对于一墙之隔的我们，则无疑是一场近乎龌龊的灾难了。每当那时，我就在家里走来走去问丈夫，怎么办？怎么办！丈夫建议我躲到办公室去，可是，到了办公室，那声音依然不绝于耳，那是我这辈子听到的最丑陋最难听的声音！如果是哭丧歌，我倒还怀着敬畏之心，可那恶俗的唱腔并不是哭丧歌，而是流行歌曲，她把流行歌曲唱成了没有任何悲伤意味的哭丧歌！在我的想象中那是一个身材胖大满身横肉的女人，除了扯着一副烂嗓子干号，她还要别出心裁地在两段之间加上一个强有力的"哦！""啊！"之类的，滑稽得令人恶心！一曲唱罢，有时还要涎着脸问一句："我唱得好不好啊？"自我感觉好得令人作呕！晚上十点钟收班，必定要宣告一下，"今天的演出到此结束，晚——安——"

我不反对农村的风俗，如果哭丧班子是在居住比较稀疏的村子里搞这一套，可能不仅不会扰民，还会为过分平静的村野平添几分热闹，可是，这是在居住极为密集的居民小区呀！在高楼的阳台上安装高音喇叭来扩散这种不伦不类恶俗难听的声音，实在不能不算是一种恬不知耻的放肆！以至于一提到这件事，我就无法遏制自己的恶毒。

这样的死亡倒不让我害怕，是哭丧班子消解了死亡的悲伤与庄严，以及可能的恐惧，而只留下了恶心。但这恶心比恐惧更难以承受，所以，我还是不要去单位住了。

丈夫有事，从饭店回来就跟我分开了，我来到楼下儿子的同学家，一直等到丈夫来叫我们。我不知道如果无人陪伴，我还会不会回家，我想我极有可能去住宾馆。在家门口等待丈夫开门时，我越抑制越抑制不住地看了一眼东邻家的门，黑洞洞的，只有猫眼发着光，已经没有哭声传出来了。

总感觉身上落满了一层什么，很想洗个澡，把那种东西冲走，可是，实在无法在距离死亡如此之近的地方赤裸自己的身体，只好作罢。上了床，感觉床也落满了一层什么，不清不爽。躺下时，脑海里又闪回几米之外，生命轰然倒下的镜头。睡着前惴惴地问丈夫，“什么时候会运出去啊？不会是传染病吧？”丈夫说，“别管了，睡吧，睡着就不怕了。”

别管了，睡吧，睡着就不怕了。——这句极其普通的话也突然具有了某种深刻的暗示意味。

第二天早上，我是在邻居家的哭声中醒来的，那件事立刻浮上心头。可能因为这一夜身体太过紧张僵硬，醒来好像腰疼。但并没有像往常一样赖床，而是立刻起身，匆忙洗漱。总算还喝了酸奶吃了点心，这是因为丈夫在客厅里陪我，而酸奶和点心又是比较单纯的饮食。有人告诉我，人死了会产生一些毒素，七窍会排出一些东西，嘴巴会吐出一些气体。他经历过亲人的死亡，所以知道。这一说，使我总感觉某种可疑的气体和气味穿过门和墙，蔓延到我家里来了。我必须借助老公的阳气，才能呆在这与"他"只有咫尺之遥的客厅里。

收拾电脑去咖啡馆。也是在哭声中出门的，好像不是一个女人的哭声了，而是两三个。他家的门开着，有两三个男人在，客厅很空旷，可以看见白色和黄色的菊花篮陈列在那里。我惴惴地想，也许"他"就陈列在菊花那边我看不见的地方吧？用白布蒙着。这么一想，就好像已经真真切切地看见"他"了。幸好有那几个男人在，就感觉不那么害怕了，但心里还是冷飕飕的。逃也似的进了电梯，哭声也跟进来，电梯门一关，那哭声才被关在了外面。丈夫按电梯按钮时，我心里又跳了一下："这是昨天他刚刚按过的吧？是不是还留有他的指纹？"于是就好像看到了他粗壮或残疾的手指出现在按钮上，与丈夫的手指叠加在一起。这些讨厌的联想，避也避不及，赶也赶不走。幸好有丈夫在一起，他要送我去咖啡馆。

在小区门口问保安，看见殡仪馆的车来了吗？保安答没有，并很内行地分析：根据本地风俗，可能要在家停放三天，昨天算一天，今天算一天，应该明天运走。问死因，保安也还不知道。

去咖啡馆的路上，我对丈夫说，好像已经设灵堂了，你买个菊花篮送过去吧。丈夫说，送花干什么？我说，表示关切，总得让人家知道，我们不是漠不关心的。丈夫显然做不来这事。我说，要不你就过去问问，有什么需要帮忙的。丈夫说，没看见他妻子，帮忙的那些人好像都是他家亲戚，不认识，没法说。除此之外，我们还能怎样表示呢？原来要表达一种关切也是如此地不自在，正如我们不习惯像西方人那样见面拥抱一样。很难想象，我会默默拥抱他的妻子，眼含热泪对她说，我们与你同在。但我心里的感情的确是这样的。我不能——实际上是不忍和不敢——面对死亡那么冷漠，仿佛那是对自己的不体贴，因为死亡是人类共同的宿命。人活一世，万象纷纭，但有什么是可以确定的呢？唯一可以确定的，其实就是死。活是变数，死才是常数。

在咖啡馆坐着，总有那么一根线牵扯着神经，使我无法踏实地上网或写文章。就像穿着外套，即便躺在被窝里也无法安睡一样。于是就打电话。有人说，邻居就像你的亲人，要共同分担。我说，我是想分担呀，可是，怎么分担呢？我知道圣经上的教导：爱你的邻人。那么，走进他的家门，与他的亲人一起面对遗体哭泣，才算共同分担吗？我们心里的分担，如何能让他的亲人知道呢？我迟疑着问，他家就算凶宅了吗？有人说，这算什么凶宅！一座房子住几代人，肯定要有人死在里面嘛，凶宅是指发生谋杀案或者自杀的那种。可是，迄今为止，并没有排除他自杀的可能呀。我希望不是。我在自杀问题上的心理是多么矛盾，我肯定自杀，肯定人自由选择死亡的权利，甚至赞美以安乐死为生命终结的美感和善感，可是，当别人的自杀真的摆在面前时，我却又不免要视为“凶”事了。

中午要了一份简餐，没想到里面有几片薄薄的香肠。把香肠小心翼翼地挑出来，仍然吃得很勉强。我原本就不爱吃香肠，现在，不要说吃，就是看着，都觉得难受。

下午两点多，丈夫打电话给我，说运出去了，回来吧。我问几时运出去的，他说一点多钟，刚走没多久。我感到了某种释放，让丈夫来接我回家。在楼门口，看到放鞭炮的痕迹，心里感到一丝轻松，仿佛那瞬间高温积聚下的爆炸声驱除和熔解了一些什么。一出电梯，看见旧床单包着一些衣物，潦草地堆在地上，心里马上又像当胸横放了一些什么，拥堵起来（几天以后，儿子跟我在此等电梯，他要从口袋里找东西，手不够用，就把手里的饮料随手放在了地上——正是此时堆放东西的地方，我立刻让他把饮料扔了。我没有向他解释为什么，但命令他必须这么做）。他家的门开着，上午摆放的菊花等已不在了，但“他”依然横在我的心头，我仿佛还能看见地板上人形的印记，那是一时半会移不走的。儿子小时候经常把一些哈姆太郎之类的贴画粘到玻璃上，时间久了，看厌了，他把贴画除去，玻璃上会留下一个轮廓完整的印迹，当时只有四岁大的他居然会说，那是哈姆太郎的灵魂。我“看见”的是什么？

丈夫说，他上午回来时，在家门口看见他的妻子，对她点了点头，她客气又抱歉地说，麻烦你们了啊。我听了对她充满敬意，同时更为我们的无所作为而感到愧疚。

儿子放学回家了，丈夫也开会去了，我要去健身馆。我要逃离灰色的家，我为把儿子丢在一片阴晦中而抱歉、不忍和自责，但我还是硬着心肠自顾自走了。我渴望阳光，暴烈的阳光，暴晒一切，把细菌统统杀死。我渴望洗澡，洗得彻彻底底干干净净，把内心的一切晦气和灰霾都冲走。那种让我不能安顿的东西究竟是什么呢？我说不具体，但肯定跟晦、秽、讳这三个字有关，那与死亡和遗体相连的一切都在这三个字里，那是一种气息，也是一种感觉，把其他所有的感觉一网打尽。死亡带来的绝不仅仅是恐惧，相比之下，恐惧倒是比较容易面对的了。

看到健身馆里的人，我感觉那么亲切，仿佛他们是我另一个世界里的亲人。我需要看到他们明朗的笑脸、活跃的身姿，看到他们兴兴头头地忘情运动，忙忙活活地投入生活。在他们的世界里，好像死亡根本不存在；在他们的身上，生命看起来是那么地坚实可靠。但我并没有健身，我奄奄一息，已经没力气上跑步机了，我只想洗澡。在更衣室脱衣服时，我不敢看别人的身体，甚至也不敢看自己的身体，不小心看见了，都会赶快把目光收回来。

在办这个健身卡之前，我已经很多年没有进过公共浴室了。我害怕面对赤裸的人体，那些衰老或极不完美的身体总是令我怆恻难堪甚至恶心。当我从去年开始在健身馆更衣或洗澡时，却也没有太过分的压迫感，首先，我没有年轻时那么目下无尘了，尤其是经历过生育之后，我知道女人是怎么回事了；其次，进健身馆的，基本还是一些体面的人，包括老年人在内。最初几次来更衣或洗澡时，我还极力回避那些赤裸的人体，几次之后，便熟视无睹等闲视之了。所以，我那天规避和怯于看见人体，与视觉上的不堪无关，而只与某种我无法禁止的联想有关。死亡的影子，已经笼罩了我全部的目力及心力所及，无法驱除。

我那天用了比平常热的水，在蓬头下，虚脱一般地任水浇着。我没有去桑拿浴室，我裸露的身体不能接触任何东西，除了清水。我希望每一个细胞，每一条骨头缝，都可以为清水所冲洗。如果身体可以像小孩玩具那样拆装，我一定会拆开来，把每一个部件都仔细洗好，然后再组装到一起。

我对自己的身体极度不信任，抚摸着都有异样感，无法阻止自己去发生那种讳嫌的联想。我的联想还波及了亲密者的身体。假如我们听到亲密者的死讯，首先要面对的是什么？遗体。我们将如何面对亲密者的遗体？“他（她）”还是不是他（她）？我们还爱不爱“他（她）”？当我们为“他（她）”擦拭到那些敏感的部位时，心里会想到什么？会闪过那些曾经有过的战栗激荡的时刻吗？我们的心，将怎样为此而折断！

无论多么美丽的身体，只要变成遗体，就完全是另一回事了。把梦露抬出去的人、为梦露做尸检的人，会是什么样的感受？他们还会感觉到那身体的性感迷人，并为之激动吗？

我抚摸着自己，无法相信那依然是美好的身体。我内心的阴气使我看什么都可疑，看人非人也，看自己也是一样。由自己的身体就近推延，你会觉得亲密者的身体随时可能变成遗体，那些亲密似乎也已变成了灰。如果这个人是抑郁质的，老说悲观早逝之类的话，已经在你心里投下巨大的阴影，那么，它与诸如邻居之死这样的事件所衍生出来的死亡气息相连，就演化成了你内心的一种覆灭感。如果你是太容易接受心理暗示的人，那覆灭感就更无以复加。

我曾经看过一部很有名的美国电视连续剧，叫《六英尺下》。英语国家中，死人通常被埋在地下六英尺的深度，《六英尺下》因此得名。该剧讲的是一个开私人殡仪馆的家庭的故事。它让我了解了太多在平常中陡然发生的离奇的死亡。比如，几个美女疯狂地兜风，站在车中激情四溢地扭着屁股，脸跟人行指示灯撞个正着，整个烧煳了。再比如，一个成人电影女星慵懒地躺在浴缸里，猫咪在梳妆台上娇媚地叫唤，女星性感地起身去抱猫咪，猫咪碰到了插在电源上的吹风机，吹风机落到了浴缸里，女星及其性感的结局可想而知了。她们的死都是美的不堪的毁灭，似乎在暗示关于美和死的某种吊诡的关系。然后，她们就被运到这个人家的冷藏屋里来了。无论贫贱美丑，在这里，都扯平了。由这家人的工作，我了解了处理遗体的全过程，要把七窍中除眼睛之外的五窍和排泄口都堵起来，把塌陷的腮填起来，这是指身体完整的；如果是不完整的，还要把身体拼凑缝合，复原成人形，有时甚至要动用斧头锯子，跟做板凳桌椅的木匠活差不多。这家女儿要狠狠地报复一个男同学，就把家中冰柜里一个因车祸而亡的人的断腿拿出来，放到男同学的更衣柜里。死者亲属要看到一个完整的“人”，不得已，这家的儿子把一条羊腿拿过来，接到那具尸体的小腿部位，家属居然什么也没看出来，对他的工作非常满意。基本还原做完之后，就是涂防腐蜡，蜡是比黄油略深的颜色，那涂满防腐剂的脸，简直令人作呕。就在这令人作呕的基础上，他们使用遗体专用的化妆品，最后画出一张供追悼会陈列的白面酡颜的脸。在这个过程中，他们有时还会对着遗体开开玩笑搞搞恶作剧什么的，不乏无厘头情节，典型的美国人的嬉皮精神，尽管他们同时也很敬业，很人道。

这部电视剧共四十集，那段时间我看得不敢吃不敢喝，满腔只剩下作呕的欲望，但还是强迫症似的坚持看完了。看完之后就只想找人说说，告诉他们，我死后决不让人这样摆弄我的身体，决不开追悼会，我太知道追悼会上那些气色不错的脸是怎么制造出来的了，那样的庄严却来自那样粗鄙戏谑的一个制造过程，这太荒诞和滑稽了。活着的尊严需要条件，所以，不敢保证自己一直拥有想要的尊严，那么，至少保证自己死后有点尊严吧，同时也是少麻烦和埋汰别人一点。

我从电影上书本上看到的死是神圣庄严的，死去的人躺在那儿是美的，有着完成了人生的安详，如恩格斯为马克思写的悼词：在安乐椅上，安静地睡着了……这使得死亡变成了抒情格调的诗篇和音乐；还有歌里唱的：把我埋在高高的山冈，再插上一朵美丽的花……这赋予了死亡一种阳光雨露的气息。西方人墓地安葬的镜头也是那么的美，女人出席葬礼的经典行头是可体的黑色套裙，黑色的帽子上垂着黑色的面纱，棺木也有着典雅的款型，抬放棺木的男人带着雪白的手套，整个场面充满肃穆的美感。西方人赋予葬礼这样的仪式感，好像一个严格的审美过程，也许就是为了消解死亡所带来的负面感觉吧？面对这样唯美的死亡仪式，一般人是不会对死产生恐惧或晦气的感觉的。它使死亡得到了升华，拥有了尊严。

日本是一个肃穆的民族，日本人对待死亡仪式的态度是严肃的，我看完电影《入殓师》，心里是一派凝重安详，同时还有点轻松放下的感觉——对于死后的不堪。虽然死亡也会猝不及防地降临，但那毕竟不是日常的事情，一般来说，还是离我们比较遥远的，因此，在我们的意念中，死亡已经被抽象化了。而实际上，从最直接的客观具象来看，死亡，就是身体变成遗体。梦露说，“我找到了死的定义。一个人们要摆脱掉的身体。”所以，所谓面对死亡，其实首先要面对的就是遗体，以及如何处置遗体的问题——自己的遗体如何被他人处置，自己如何来处置他人的遗体。这些“他人”，当然都是自己的亲人或亲密者；而能够到现场具体做什么的，当然只有合法的亲密者，非法的亲密者是只能在遥望和想象中哀悼的，尽管也许他（她）才是你希望最后贴近的那个人，而他（她）也同样希望着。更可悲悯的是，也许他（她）在很久以后才知道你的死讯。一想到这点，我就对某些情感充满哀伤，我就无法不热泪盈眶，在终极的禁止面前，这种情感的脆弱处境就非常可悲地显现出来了。情感真是人生最大的负累，活要为它痛苦，死也要为它痛苦。这个“只能在遥望和想象中哀悼的”人是谁？也许不仅现在是未知，而且整个生前都是未知；也许，只有到了生命的尽头，才能考验出来：你在乎谁，谁在乎你？而在此之前，无论你还是他（她），都无法明白。可是，如果到了最后才明白，那真不如不明白。因为，还有什么意义呢？除了哀切的苦痛。退一步说，即便你在最后的病床上明白过来，也是没有用的，因为他（她）只能是非法的亲密者，在你的最后关头，他（她）的身影没有理由出现。否则，会使亲人对你的感情发生困扰，间离你和他们之间的亲情，这在他们对你的美好回忆即将永久定格之时出现，显然是一个意外的破坏，对他们很残酷，对你也不好——毕竟，谁也不愿意在自己身后亲人对自己的情感更冷。

电视剧《她从海上来》中，张爱玲的母亲为在战乱中死去的男友办完丧事回到上海后，对张爱玲说了一句话：爱一个人，是要有为他料理后事的勇气的。实在是惊心之语！一下子改变了我对这个有自私之嫌的女人的印象。对于如此非凡大气透彻的女性，我深深折服。无论我送别人还是别人送我，与我有关的，我都希望落幕是这样的：平静坦然地为最爱的人净身更衣，送他或我走向天堂。这看似很容易实现，其实不然。试问，有几个人做到了呢？做到的多是那些不问爱与不爱的人，但那不在我的讨论范围之内。你的所谓“最爱”如果不在你的生里安妥，也就不会在你的死里安妥，那样的感情注定只能做游魂野鬼，除了让你遍尝折磨，痛苦难安，什么都不能给你。

《入殓师》体现了日本人对人世末端的思考，其着眼点求真务实地落到了一个最具体的问题上——如何对待遗体，那也是对待死亡的首要问题。入殓师那么轻柔那么庄重地对待那些正常或不正常的遗体，他们的动作和神态向死者的亲人、向这个世界传达了一种气息，那就是死亡的肃穆神圣气息。看到这样的入殓，我对遗体的问题，或者说对死以及死后有了信心——无论别人处置我还是我处置别人。入殓其实就是肉身跟世界最后的告别，如《入殓师》这样的告别使我放心。当然，那是不能预约和保障的，但它至少给了生者以安慰和暗示。这个安慰和暗示对我非常重要，这就是我要对《入殓师》的导演致敬的原因。他有心和敢于触及这样一个人世末端的细节问题，并不仅仅出于他的艺术胆识，更出于他对人世、对死亡、对人的肉身的敬意与诚意。这样的导演出在日本，似乎最适得其所，也最在意料之中。日本民族性中的精细和认真，不仅体现在对待外部世界上，也体现在对待内部世界上。这种广泛的“敬业”精神，使他们能够产生这样可敬的入殓师，产生这么可敬的电影。我对日本人并没有太多的好感，但在需要认真和精细的事情上，我最信任的却是日本人。他们总有一些时刻，会让我肃然起敬。

由生观死。死得有尊严，就是活得有尊严。遗体有尊严，身体才有尊严，生命才有尊严。对待遗体问题，秉持绝对唯物主义的观念是不合适的。

我要死得有尊严。我希望那时我还有足够的意志让自己尊严地死去，而不是以破败的机体不顾一切地贪恋着生。我还要死后有尊严。对于一切我的亲人和爱人，我都怀着同样的希望。那么，我将把我的遗体交给谁之手呢？谁的遗体又将经过我之手呢？我现在还不能确定，因为我不知道那时我的生命中还有谁，以及我还在谁的生命中。在人世间唯美的表象和不堪的真相之间，我有着近乎虚伪的脆弱，不敢面对的太多了，所以，我才会神经质地强迫自己去面对，比如写这篇文章。

我不怕死，但是，别让我看见自己的血和伤口。我不怕死，但是，别让我面对遗体问题。马原的《冈底斯的诱惑》中写与麻风病人的亲热，是一种多么神秘而怪异的热情和勇气啊，神秘怪异得令人困惑！我怀疑那是从胆小者身上反弹出来的变态的大胆，是受虐与施虐的统一。曾经跟一个毁了容的人一起吃饭，我知道他很无辜，知道他很有男人的风范，知道他的内心世界依然如故，他身上被毁坏的，只是一张皮而已，可是，我仍然吃得极其勉强，一面往嘴里送食物，一面胃里有股力在向外拒绝。我知道他是个很讲究卫生的人，但我还是小心翼翼地避开他碰过的那些地方去夹菜，或者只吃那些能够成为“独立个体”的食物。我宁愿什么都不吃，我宁愿快点结束。我一面批判自己，一面渴望逃开。难道人只是一张皮而已吗？我为什么如此不能面对人世的底里！如果我所爱的人毁了容，我还会不会爱他？我只能避而不答，只能寄望于这样的情形不会发生。简·爱最令我佩服的，不是她面对苦难的从容，而是她面对瞎了眼残了臂的罗彻斯特的坦然，她一点都不大惊小怪，一点都不怕，一点都不勉强，依然那么情不自禁地欣赏他，迷恋他。罗彻斯特应该算是毁容了，但是，他的魅力在她眼中丝毫没有减少。简·爱的内心力量太强劲了，远比一般女人压得住，所以，她有了幸福的结局。惭愧，我永远修炼不到她的程度。

生命消失以后，肉身还在，如何处理失去生命的肉身呢？这个生命的遗留问题，是横在人类面前的永恒的问题。无论如何，人无法处理自己死后的肉身，而只能把麻烦留给别人，无论多么自尊多么自觉多么独立自主的人，在这个问题上都不能例外。梦露说，我讨厌葬礼，我将很高兴不必参加自己的葬礼。我也有与她相同的想法。可自己的遗体，还是要留给别人去处理呀，这可真是不好意思。有一次跟两位作家聊天，其中一位提出一个问题：鸟是怎么死的？它们到哪儿去了？它们是如何消失的？这个问题把我镇住了，我的确从来没有考虑和留意过鸟的死亡，偶尔看见鸟的尸体，也显然属于非正常死亡的。另一位作家说，鸟的胸壁很厚，当飞得很高时，就会承受不住空气的压力，在高空自我引爆。这么说，鸟是感觉大限来临了，就自动地飞到高空，以这样的方式让自己消失了？他们还说到，猫、虎、甚至一只老鼠，任何动物的死都比人类有尊严。我的确在一篇散文中看到，猫预感到大限来临时，会自觉地离开主人家，如果有天它消失了，就意味着“走”了，你不必寻找了。唯独人类最悲哀，他们无法自己让自己体面地消失。

我们的身体在生前是属于我们的，我们可以支配它，死后，它仍然属于我们，但我们已经不能支配它了，所以，还是生前为它预设好一条出路吧，不能管前不顾后，管生不顾死。关于死后，鲁迅留下遗言，“赶快收敛，埋掉，拉倒。”他所要求的是简单。而实际上，我们知道，他的葬礼办成了一个隆重而富有象征意味的文化事件。他是伟人，他属于公众，他的死也属于公众，其葬礼的伟大是必然的。我是平凡人，我的死惊动不了几个人，我当然可以有效地设计自己的身后事了。

无论如何，必须以某种方式消失，那些消失的方式无论有多么不体面，终归要选择一个。我不能容忍腐烂的过程，所以，我选择火葬。过程要简洁迅速，不要经过任何处理，不要举行任何仪式，不要让任何外人看见我。我只希望由合适的人为我净身，如果可以选择，我希望是一个不仅深爱我而且深爱我的身体的人为我去做，把我的身体最后交到这样一个人手里，我将感到无限熨慰。只有懂得我身体之美的人，才能让我带着美感离去。这个人会把每一个细节都处理得最妥帖最细致最令我满意，他的手感也必令我喜欢。

净身更衣之后，就化成灰吧。烈焰使人放心，无论什么样的病毒细菌，经过那样的高温都化为乌有了，那是一种焚化，也是一种消毒。让烈焰包围我吧，让火舌吞噬我吧，我已经感觉到了消毒后的清爽和焚化后的痛快，如清空垃圾箱。终于，彻底清空了。然后，我决不要把化成灰的自己装进一个盒子，再麻烦子子孙孙清明节疲惫不堪像赶一场运动一样地去扫墓。我从电视上看见过很美的水葬，骨灰和玫瑰花瓣一起撒向大海。但我不要水葬，因为现在水污染太严重，而且不知道自己会流落到什么脏脏的所在——如黛玉担心的一样。我要树葬。我认识的一位女性有一天接到朋友女儿的电话：阿姨，我妈妈一个月前已经走了，她洗了澡，穿上自己最喜欢的一套衣服，吃上安眠药，躺在床上走的，留下遗嘱：不要举行葬礼，把骨灰埋在东郊的一棵树下，一个月后再通知朋友。她走得真美真干净。人死得美跟活得美一样需要境界。她得了绝症，但还没到不行的时候，就自觉地走了。继续活下去已经没有什么质量，那就不如有质量地死去。大多数人，是把亲人累一顿耗一顿之后才走的，乃至耗到久病床前无孝子，在这个过程中，亲人的悲痛差不多也耗光了，但出于良心，又不敢承认自己多么盼望解脱。而她，死得真是让人疼。感谢这个人为我树立了一个榜样。我也要在一棵树下，在未经污染的土地里，化成自然的一部分，有人要纪念我的时候，到这棵树下来坐坐就行了，我给了这棵树养分，这棵树里有我。如果所爱的人能够与我相伴在树下，将是更美的事情。美国白种女人项美丽居然给中国男人邵洵美做妾，成为名扬天下的奇谈。而邵洵美最打动项美丽的，居然是他在求婚时许诺：项美丽死后可以安葬在邵家墓园。在战乱年代，这种与永恒有关的许诺特别能够给女人以心安，所以打动了项美丽。克林顿的继父对他说，不要把我埋葬在雨里。我也希望，死去的时候是个晴天。我喜欢晴天的干爽，我讨厌湿漉漉的泥泞的感觉，在湿漉漉的泥泞中入土，将如穿着湿漉漉的衣服睡觉一样令我不舒服。

从现在开始，我就在跟那个树下的自己对话了。

洗了很长时间，直到坚持不住了，我才从水下走出来。把洁白干爽的浴巾铺在木条几上，仔细地擦拭身体，包括脚趾缝。更衣柜的隔壁有人在谈论养人好还是养狗好的问题。养狗派说，养狗多省事啊，陪着你玩，还不要你操太多心。养人派说，孙子长大了，能“奶奶奶奶”叫你，狗能吗？养狗派说，狗也有感情的……这些人狗不分的退休女人热烈地辩论着，此时此刻，我特别羡慕她们沸腾的热情，羡慕她们不会想到人死了之类的事情。而我只想到，不是同类，面对狗的遗体，便不会联想到自身以及亲密者的身体。现在，我觉得这种不联想就是莫大的幸福。

穿好衣服出来，到服务台交了钥匙，看看墙上的钟，差几分六点。立刻想到，邻居家的男人就是在昨天这个时候死掉的。洗得太久以及精神萎靡，使我浑身无力。我到大堂的沙发上坐下，看着落地窗外。冬天的六点钟，天已经全黑了，行人匆匆走过，都是在赶着回家，可是，我无力回家，也害怕回家。天黑时的忧郁瞬间降临了，我的身心，乃至每一根神经的末梢，都为它所袭击。我感到整个世界都是黑的，只有这健身馆是明亮的孤岛，我不能出去，否则那黑暗就会将我吞没。那黑暗就像巨兽，亢奋地瞪着阴沉的眼睛，在窗外伺伏，只等我出去。我愿意这健身馆的灯永远不熄，门永远不关，这些人——无论是服务员、教练、保安，还是热气腾腾的健身者——都永远不要离去，永远陪我在这里。我愿意在这张沙发上蛰伏，永远不用出去面对外边的一切。我感到身体在沙发里越来越沉地陷下去，陷下去……我的心脆弱消沉得像一片纸灰。真正的绝望源自我们的内心，是我们自己把自己逼到绝境，从来如此。

我打电话给丈夫，他刚刚监考完，我说，不想回家吃饭了。他说，那就在外面吃。他让我先到就近的一家饭店点菜，他回家接了儿子去找我。讲电话时，我已经鼻塞和变调，眼泪也开始流下。讲完电话，我陷在沙发里依然无力起身。是什么带走了我的力量？是什么使我困在一张沙发里起不了身？我好像被谁欺负了，有万千委屈，可又说不出所以然。我想再打一个电话，马上又犹豫了，这个世界上没有人是随时在你手边任你泣诉的，我已经承受不起无人接听的失望了，于是，改为发短信。发出那个不知何时会收到、何时会回复、也许永远得不到回复的短信，我的眼泪奔泻而下。你把深重的绝望灌注在文字中，让它出发，可是，当它抵达时，已经变得那么轻！心与心之间的距离损耗了它的重量，就像竹篮会漏掉水；更可悲的是绝缘体，那抵达就是一种消解，如石头丢到棉花里；最可悲的是丢到大海里，你都无从验证，你失落的是什么。

我这才发现，从昨天打开家门，听到邻居家男人的死讯到现在，我还没有流过泪。那么，该补上了。好像找到了流泪的依据，泪水愈发如无数条河道，奔流而下，洒落衣襟。我几乎感觉不到脸湿，泪水便已从脸上流过，如同来不及被大地吸收便奔泻而去的洪流。死、躺在地板上的哭号、遗体、火化这些形象和字符夹杂在洪水中，从我心里反复流过。感觉不是别人死了，而是我或我爱的人死了；不是在为别人哭，而是在为我或我爱的人哭。总有一天，死亡会像天黑一般降临，天幕与地平线会对我合上眼睛。而邻居的死，似乎使我此时此刻就置身于这一天了。

生的宿命是多么悲观，无论怎样积极地去活，在尽头等待你的，永远是死。活的“目的”不是死，但活的“目的地”肯定是死。生命的尽头不是升华，而是沉沦；不是飞扬，而是俯冲；不是出口，而是死地。正如尤瑟纳尔的诗《通告》所写：死亡是我们唯一的门，以便走出万物必有一死的世界。我明白有人为什么要相信宗教相信天堂了，那是为生寻找了一个出口。我一直自负地认为，宗教是不智的。今天才懂得，那恰恰是自救的大智。我们在智商和情商方面的自信，在死的宿命面前不仅百无一用，而且把我们赶出了宗教的庇护所。

人类的前行，竟是前仆后继，一路尸体。心似空屋，只写着一个“死”字。悲伤的洪流把我吞噬了。我流着泪走出健身馆，流着泪走在去饭店的路上，流着泪走进饭店的门，流着泪看菜谱点菜，流着泪等待。健身馆的保安莫名其妙地看着我，饭店的服务员莫名其妙地看着我，他们一定在想：这个人怎么了？怎能如此不自制！可是，我已经顾忌不了别人的侧目而视了，不是我不自制，而是我知道，控制不了的，遮掩也是徒劳，索性一不做二不休，让眼泪痛痛快快、大大方方地流吧，甚至也不要去擦它。我所能做的，就是像没事人一样地听任自己流泪，面对别人疑惑的目光，拒绝不好意思，也拒绝给出任何回应。

丈夫和孩子到达饭店时，我的流泪已经接近尾声了。孩子一来，我就尽力掩饰着哭过的痕迹，尽快让自己恢复常态。我现在最不想让孩子看见我流泪，他会问：妈妈怎么了？而我还不想让他知道这件事。我希望丈夫看见我流泪就当没看见，不要问我什么，不要安慰我，更不要大惊小怪，就当一切正常，他果然是这样做的，我很满意。

吃饭的时候，我已经很正常。回家时，我感到轻松了好多。回头想想，如此沉浸的流泪其实对我大有好处。泄洪一般的快感，混合着哀伤感，充溢全身。所有黑暗的情绪，都等待被这溪水奔腾的畅快裹挟着流走。耶稣复活时，人群欢畅高呼：得救了！得救了！《欢乐颂》演奏到最高潮……

心里还悬着他的死因。在小区门口问保安，得知，是心血管方面的问题。心里又放下了一点，只要不是自杀和传染病就行。

开门时，听见他家里有说话的声音，感到些许宽慰，这个时候，是不该让他妻子一个人呆着的。看着他家的门，我也感觉不那么异样了，好像一道岭翻过去了。我已经流了那么多的泪，应该算分担了。

回到家，我小声问丈夫，是运到殡仪馆去开追悼会？还是已经火化了？丈夫说，谁知道呢。我说，总得去了解一下。丈夫说，没法了解，学校这么大，谁知道谁啊。其实，要了解是何等的容易，只要敲敲他家的门就可以了。但我们就是做不到。我是害怕进他的家，丈夫则是不好意思。

儿子正在看动画片，突然来了一句，知道为什么你们死了，我只能叹息一声吗？我和丈夫同时抬起头说，不知道。他说，因为怕你们在天堂难过。如果你们在天堂看见儿子哭得那么悲伤，不是会很难过吗？我说，你怎么能说这样的话！他憨憨地笑笑，若无其事地继续看电视。

第三天早上，我还是在隔壁的哭声中醒来的，“死”顿时又与我发生了关联，心情一下又变得很灰，只有努力告诉自己：一切正常，一切正常。但心情还是上不来。我幸好不是在医院和殡仪馆工作。

如果他不是死在家里，我不会有如此深刻的感触。如果只是一个死亡的消息，即便住得再近，死亡的感触也会很远。死亡的消息是抽象的，死在家中的遗体却是具体的。可见，最好还是不要死在自己家里。我们自己死了也是一样让人害怕和忌讳的。可是，难道死前自己到火葬场去躺好吗？如果可以选择，人当然还是愿意死在自己的床上，还有比这更舒服更安妥的终点吗？可是，人一死，所有的东西都成了遗物，都染上了死亡的颜色，都令人忌讳，都要拿出去烧掉，就像昨天我在电梯门口看到的那一堆。思维稍微往上逆推一下，就觉得人视为归宿的那张自己的床，也不是那么舒服和安妥的了，好像在人未死之时已提前变成了晦气的遗物，因为那是可以预期的，分界点就在于死的一瞬。作为最后的自我安慰的归依感完全被这一逆推破坏了。

如何处埋遗物？也是一个值得探讨的问题。按说，既然爱自己的亲人，就该对其遗物有亲切感，就应该留作纪念，见物如见人。那么，为什么大多采取烧掉的办法呢？除了最后病中用过的，死者之前的一切其实都与死亡无关，为什么不能视之如常呢？这又来了人的逆推心理：一个人最终成为英雄，就会逆推他从出生就是英雄；一个人成了狗熊，就会逆推他从出生就是狗熊。对待死亡也是一样，一个人死了，就会把死气逆推到他生前之物上去，好像那上面布满了死亡的细胞。如果穿上他生前穿过的衣服，就觉得把死气也穿在了身上。这样一股脑地对待，是因为划不清遗物之生气与死气的分界线，就像划不开阴阳的界限，索性凡遗物皆烧个干净，去去晦气，但这一烧，就把一种灰色的暗示制造出来了，强化了死亡的晦气。如果不采取烧掉的方式，也许还没有那样的暗示，感觉还不那么忌讳，对待死亡的态度还明亮和清朗一些。

坐在床上问自己：怎么办？隔壁的哭声在把我往家门外驱赶，可是，到哪里去呢？已经不想再去昨天的咖啡馆了。突然有一种无处可逃的感觉。这正是人类面对死亡的典型困境：同类死了，你感到无处可逃。

牛奶还没拿进来，牛奶箱就在门口的墙上，打开门伸手可触，可是，我现在就是不愿意打开门伸出手去，仿佛一伸出去，那只手就暴露在了一种异样的空气里，就不是自己的了。听见门外有说话声，我终于横下一条心打开门，居然看见了他的妻子，正在温和地跟一个男人说石灰水消毒什么的。看见我，她笑了笑，我也笑了笑，我感觉她笑得比我自然。她的笑使我感觉好多了，她是最贴近他的人，她一如既往的阳光使“他”在我想象中的阴气淡薄了许多，仿佛阳光驱散了阴云，仿佛“他”也沾上了她的阳气；死亡这件事，经由他依然温和地活着的妻子的媒介到达我心里，就变得不再异样和讳莫如深，甚至成了一件等闲之事。她的态度那么安详，好像那只是一件需要她按部就班去做的事情，与所有需要按部就班去做的事情别无二致。曾经有人告诉过我，料理后事简直像一场运动，都来不及悲伤了。

我出门时，哭声已经停了，他家的门开着一条缝，门口没人，有干枯的花盆、折叠的小象棋桌等摆在电梯口的地上。看来，已经开始扫除了。我在两部电梯之间等待，丈夫站在靠内的电梯门口，突然伸着一根指头神神秘秘地指我身后靠外的那部电梯，好像我身后有什么东西的样子。我猛回头，什么也没看见，问他什么意思，他小声说，就是从那电梯下去的。我说什么从那下去的，但还没等他回答，我就明白了，狠狠地瞪了他一眼说，不可能，那都要走楼梯的，不会走电梯。如果这时他改口或闭口，还来得及，可是他又说，他个子那么高，从楼梯抬下去恐怕很费劲。我没好气地说，你怎么知道是抬，也许是背的呢？他说，我从猫眼看不大清，不知道是抬的还是背的，反正往这边来了。我更没好气地说，抬的话，这电梯怎么可能进得来。他说，那可能就是背的。然后还认真地探讨，怎么背呢？用袋子装着？我硬邦邦地回答，不知道。他是一定要把这件事坐实了。这时，我身后的电梯开了，我们进来了，我感觉里面不是两个人，而是三个人，其中一个人是在大白布袋里。出了电梯，我简直不知道怎样谴责丈夫才解气。我努力淡化一切可能会提示我的东西，他却在强化！如果换作别人，我一定会质问他居心何在了。也许他想表达某种感触，也许这种感触里还包含着物伤其类的怆恻，但无论如何，我都觉得这是一个——用南京人的话来说——“脑子进水”的举动。我这两天一直在寻求自欺欺人的脆弱的抵挡，那抵挡哪怕只是一扇门一张纸，我都拼命守住，可是，这个人居然以这样的方式来移走那扇门那张纸，使我的眼睛再也无法回避，使某种恐惧牢牢地钉在我脑子里。

身边的人根本无法给以有效的劝解，因为相同的处境使他无法旁观者清。我渴望一双有力的手，把我打捞出来。可是，这双手在哪里呢？

我又来到咖啡馆避难，看着那些来来去去的身影，我有时会恍惚：他（她）会在什么时候倒下吗？这么一问，我就好像看见他（她）倒下的样子，我觉得所有的生命都很可疑，所有的生命活动都很虚浮，好像纸扎的一样。

从咖啡馆回来，在小区门口遇见他的妻子，正跟几个人在说什么，其中两个是穿制服的保洁工，看来是扫除的事。赶紧上前表示关切，好像终于找到了机会似的。她很抱歉地说，这几天也打扰你们了。我说，怎么能这样说，我们帮不上什么，已经很惭愧了。她说，主要是他家老太和几个姨娘，都是附近的老居民，要按照他们这里的风俗哭三天，早上就过来哭一下……她的歉意让我更过意不去，我说，老人嘛，可以理解的。我问现在谁在陪她，她指着身边的一个女人说，我弟妹在，他家老太有时也过来，其实不用，我自己行，不用麻烦别人。我说，这段时间还是有人陪着好一些，你有事就跟我们说，我们是邻居，随时可以帮忙，昨天我让我老公过去问问有什么需要做的，他说没看见你，帮忙的那些人都不认识，不知道怎么说。她极力表示感谢，并说，我都嘱咐帮忙的人，跟上下左右的邻居打打招呼，给大家添麻烦了，不是传染病，也没什么其他的，让大家放心，也不知他们说了没有。我赶紧说，没什么，别这么说。遇上这么大的不幸，她还替邻居们想得这么周到，这让我深深感动。

我的单位离市区很远，公共汽车又少，从前住在那里的时候，每次坐车都要拼命抢座位，还多半抢不上，有一次好歹抢上了，上来一个妇女，手里抱着一个小男孩，用一件大人的衣服包着，身边还跟了一个小女孩，两个小孩相差不过两岁。我想，这肯定是超生游击队了。说实话，对于那些越穷越生的人，我不愿报以同情。更不可接受的是，她包孩子的衣服上沾着孩子稀黄的大便，那就意味着，她坐下来，旁边的人也没法坐了，而她却不以为意。女人用仇视的眼光盯着周边座位上的人，意思当然是嫌大家不给她让座。可是，她越是那样，越没人让座，好像大家达成了共识。车里形成了一个奇怪的僵持格局，我能感觉到空气中暗暗的紧张。周围站着的人也都尽量规避她，因为，她抱着孩子一点都不规避别人，而她包孩子的衣服上是有大便的。看得出来，她是故意的。直到有人下车，她才有了座位。这件小事所体现出来的社会心理，是很有代表性的，这就是这个时代的人性。

他妻子的态度又让我想起这件小事，对比之下，愈加佩服她的修养。保洁工在等着开门，我们边走边聊。说起他的死因，她说，他本来血压就高，又患有神经性的风湿病，他的眼和手就是风湿病导致的，所以早早内退了。我从来不知道风湿病会带来这么严重的后果，她说，会的，前几天卫岗发水，你听说了吧？我说，我当时正在现场呢。那天，以前带我儿子的阿姨一家来玩，在外面吃完中饭，我们要到下马坊公园去走走，还没到，就看见水从卫岗沿着马路牙子流下来，我们决定折返。但要到路对面去，就必须先越过水流，从人行道跳到马路上去，可是，卫岗往这边是个下坡，人跑得总是不如水快，又往前走了好远，才找个水流窄的地方跳过去。她说，那天他正好去卫岗修摩托车，他眼神不好，没看见水，就把鞋子淹了，裤管都弄湿了好长一截，回来还冒着热气，他自己都没觉得，我赶紧让他换下来，这对风湿不好嘛。第二天，就不舒服了，叫他去医院看，他不去，我又拗不过他，他脾气急，又有病，我从来都让着他的。以为是感冒，就找人到家里来输液，输了两天还不见好，那天下午他家老太过来看他，他说要去卫生间，一起身，就倒在了床边，赶紧叫120来，医生说，已经不行了，不用抢救了，我说，还是要把抢救的这一套都给他做下来，医生又做了。——这么说，那天我听到的那句“你是什么意思”，是她跟医生说的了？

她说，我坚持让医生抢救一下，要不然，更不好跟儿子交代。他有病也不是一天两天了，可是，这一次如果早想到，坚持让他去住院，治疗一下，不管结果怎么样，我心里会好受点。我问，那究竟是怎么诊断的呢？她说，就是高血压和风湿的并发症。她还说，反正我也没有亏待过他，他走时候穿的这些衣服，都是早就买好的，为过年买的，我自己买衣服从来都不讲究，给他买的都是品牌的。我很理解她为什么要强调这些，其实她也有她的心结和她的脆弱，他死得太突然了。

进到楼里，西邻家的女人正好从电梯里出来，也像我一样，赶紧表示关切，我们三个又在电梯门口聊，她的弟媳带清洁工上去了。她把刚才跟我讲的话又跟西邻女人大致讲了一下，我们俩都唏嘘感慨，对男人的死表示震惊和意外，对她进行宽慰。实际上，她是不需要我们宽慰的，她比我们镇定。我真佩服那些不为感情而劳心的人。我说，你家儿子好像没回来。她说，刚走没几天，就不让他回来了，还要从法兰克福转机，回来也赶不上。我说，那你怎么对儿子说呀？她说，一点一点糊吧，打电话回来，先告诉他，爸爸不在家，以后再告诉他，爸爸去徐州了，有单位聘他……

她说，也让你们受惊了。我们赶紧说，没事儿。她说，我没有什么亏待他的，他这个人又是很爽气很善良的，不会害人，不会怎么样的，你们不用害怕。我赶紧说，不害怕，我是唯物论者。实际上，我的感觉是：天哪，不说还好，我的恐惧原本是虚无缥缈的，这一说，倒具体化了，不怕也怕了。但我还是十分佩服她的豁达和平稳，因为自己很神经质的缘故吧。

谈了一会，她上楼去了，西邻女人又把我拉到电梯里——就是丈夫指给我的那部靠外的电梯——继续说。我们还是交流彼此的受惊，她说，我每次到地下室去取电动车时，看见他的黑摩托车都害怕，我都停得远一点，还是会看见他的。把自己关在他最后走时用的电梯里谈他带给我们的恐惧，这实在是滑稽并更恐惧的。当然，她不知道，但我知道。我感觉他就在我们身边听着。我感觉那个电梯太小了，而他是个身材高大的人，所以，里面太满了。我既想跟她谈，分享恐惧就是减轻恐惧；又想赶快结束，这实在不是谈这种话的地方。

她原本要出门的，谈完走了，我继续乘着电梯上升。拜丈夫所赐，我甚至走火入魔地想到，“他”固定好了吗？袋子里的“他”在背“他”的人身上会不会倾斜、挪移？我不知道身体该往哪边避让，我的胸腔好像被什么压得很薄，盛不住我的心了，它被挤了出来，在电梯里上下忽悠。电梯门终于开了，我的心狂跳着逃出来，而我依然保持着步履的从容，害怕被“他”看见我的恐慌，我想那样“他”会掌握了我的软肋，更来吓唬我的。幸好丈夫在家，走进家门并看见他，我的头发才倒伏在我的头皮上，我的心才回到我的胸腔里。

回家我就直奔卫生间洗手。回家第一件事就是洗手，这是我定下的家规。但这几天洗手的需求更加迫切，而且每次都要用一遍香皂，再用一遍洗手液。进了楼，我几乎哪里都不敢碰，无论墙、楼门把手，还是电梯按钮，特别是家门口楼道的灯开关，那是我们两家共用的。我尽量不去碰，我怕碰见上面的指纹，而且每次一按，我都感觉不止我一个人的手在做这个动作。如果必须碰，我就尽量戴着手套；如果没戴手套，我就尽量减小手指触碰的面积。洗完手，我顺便扔掉了一条旧毛巾，那条毛巾是以前开会时发的，颜色很浑浊，现在看上去更浑浊了，浑浊得可疑。

这是几天来我第一次坐在客厅里，尽管丈夫在家，还是觉得脊梁骨凉飕飕的，坐得很不踏实，仿佛是坐在别人家的沙发上。我坐在这里是因为饿了，想吃点东西，可是，吃什么呢？已经几天没有在家做饭吃饭了，现在，我仍然不能看见丈夫拿刀切肉，我自己切水果都不自在。丈夫切了一个橙子端过来，可是，所有的水果在我眼里都失去了清新感。丈夫说，那就吃点肉脯吧。我一听更受不了。肉脯香肠火腿肠皆不能吃了，甚至也不能看了。早上喝了酸奶，打一个嗝上来，都觉得是死亡的腐气。

我听见保洁的人离去了。他家的彻底清洁让我也放心和敞亮，好像我家也被清洁了一次。儿子幼儿园时用的一条小被子放在沙发上，我准备冷天在沙发上看电视时盖腿的。被子原本是粉红色的，旧了，颜色就不正了，粉得发灰，已经在这放了许多天了，可是我从来没有看着这么不顺眼过。我把它拿到阳台上，准备明天送给收废品的女人。拿走这床被子，我感觉好多了，但还是左看右看，寻找着任何可能带来不洁之感的东西，又丢了一双旧拖鞋，才作罢。

晚上，我们在家做了饭，吃了饭，一切都在恢复正常，“运动”渐趋尾声。

东邻家渐渐已经没有人来了，女主人单位离家远，也很少回来了。每次回家开门时，我都尽量不去看他家黑洞洞的沉默的门，尤其不去看猫眼，情不自禁地会噤声，但又希望儿子多说点话。我禁止自己多想，但以最快的速度关上门时，会觉得有条尾巴被挤了，我的心能看得见它，是妖风的形状。有一次出得电梯，赫然看见一辆摩托车，黑色的。看着我紧张的神色，丈夫说，不是他的，是西邻家的，他的是纯黑的，这是银黑两色的。我再去看，才发现不是黑的，只有一小部分是黑色，可我刚才看见的明明是不折不扣的全黑的呀。

那个时期，每晚我都不许丈夫比我先睡，晚上说话声音都小小的，生怕谁听见。夜里上厕所时，心虚得连身体都没了重量似的。但渐渐地，可以放开声音说话了，丈夫早睡时，我也不觉得空旷的屋子里有什么东西如影随形了，也能感觉到自己脚步的重量了。

还有一件事：儿子一直不知道，我该怎么让他知道呢？这也是我的一个小小的心病。有一个阳光很好的午后，我和儿子要出门去玩，锁好自己家的门，又下意识地看了看东邻家的门，我期期艾艾地对他说，我有件事想告诉你。他问，什么事？我犹豫了，说，算了，还是等你考完试再告诉你吧。他说，你一定要现在告诉我，告诉我嘛。我不置可否。他一股脑地说，我也有事要告诉你，我已经偷偷跟同桌计划好了，寒假要去东方娃娃玩，好了，我告诉你了，你该告诉我了。这时候已经走到楼下，我谨慎地试探着问他，你知道我们邻居家这几天发生了什么事吗？我准备循序渐进地告诉他，现在只是做个铺垫。他直截了当地说，我知道，邻居家的那个伯伯死了。不仅满不在乎，而且还失望地加了句，我还当什么事呢。我赶紧问，你怎么知道的？什么时候知道的？他说，我那晚上就知道了。原来，那晚他在楼下同学家吃饭时，同学告诉了他，而同学是听妈妈说的。我说，原来你早就知道了！那你这几天有什么感觉呢？他说，我才不管呢，我本来就不喜欢他，他总是骑着黑摩托车，戴着墨镜，那么酷，对小孩一点都不温和。我说，那是因为他身体不好，眼神也不好。

我有种失重的感觉，但儿子的反应实在令我宽慰，我的心里也一下子亮堂了好多，好像儿子照亮了我的世界。这几天，我一直在发愁怎么样一步步让他接受这件事，而不至于受到惊吓甚至留下阴影；这几天，我一直在小心翼翼地对他隐瞒着这件事。原来，他早就知道，而且根本不在乎，我真是庸人自扰。我想起了他昨晚突然说到的我们的死以及天堂的话题，并明白了他为什么要这么说。

我感叹着：小孩的阳气真旺啊！我并不信鬼神，但却会凭直感判断阴气与阳气。我所谓的阴气与阳气，其实完全是我自己的定义，是一种感受，与房子的朝阴与朝阳差不多的。由此我还想到，是不是只有信神的人才会同时信鬼呢？

鬼和神，不也是阴和阳的一对概念吗？

也不能说这件事对他一点影响都没有。几个月后的某一天，在公共汽车上，他突然问我：万一爸爸妈妈成了植物人怎么办？我一愣，然后问他，你说怎么办？他说，我又不知道你们的遗产在哪里，没法给你们买氧气瓶。我说，你会管我们吗？他说，那时候，大概会有舅舅或者什么人来照顾我吧，我就要住到别人家去了，但是，我放了学做完作业就会来看你们的，我有空就会来照顾你们的。看来，他的小脑瓜是考虑过这些事情了。我被他说得非常难受，好像看到了那般不堪的凄凉。他说这话时那种不愁不忧完全无辜的样子，更加使我揪心地痛。我心里说，孩子，如果你的父母变成了植物人，你一定要让他们死去。让自己的孩子面对如此绝望和无助，那简直是可耻的！在回到家乡“等待”继父去世的十天里，克林顿居然胖了八磅，自己都感到难为情。因为没事可做，友好的邻居们又不停地送来吃的，他只好不停地吃。这真是一个阳光到底的大孩子了。即便我的孩子有如此的阳光，我也不愿意让他在我身边伴着一个植物妈妈长大。即便他愿意，我也绝对不能容忍。

对于死亡的感受，是不能以亲疏而论的。说实话，我对于爷爷和姥姥的死，远远没有对于三毛的死感受那么深。爷爷和姥姥的死，都属于寿终正寝，所以我觉得很自然。而三毛的自杀太突兀太难以接受了，我一直觉得她是世界上最不可能自杀的那个人呢。那天晚上，女生宿舍楼已经熄灯了，我在灯光昏暗的走廊里，愤怒地质问那个带来三毛自杀消息的女同学，几乎要指责她造谣了，刺骨的穿堂风吹荡着我烧灼的声音。她拿来报纸给我看，是《参考消息》，我再也无话可说。我绝望地靠在墙上，流着冰冷的泪。连三毛这样的人，都会这样地死去，世界，生命，还有什么可以信赖的啊？退一万步说，即便死，也应该选择一种美丽的死法呀。那个晚上，惊吓和痛苦使我走火入魔，一个披头散发、身子吊得长长的女鬼形象，总是冷不丁地撞进心里。这个人不再是三毛了，三毛不会令人害怕。想想她朴素灿然的笑容，愈加感到分裂。走廊里黑红的灯光，透过门上方的玻璃照进来，屋里半明半暗，午夜的女生宿舍楼，空空荡荡，某种咻咻作怪的恐怖气息，正像阴风一样游走其中。我躺着，仿佛置身于怪声回旋、黑影幢幢的鬼屋。幻觉中的吊死鬼，一会挂在门框上，一会又从屋顶垂下。从来没有一个鬼魅离我这么近，近得可感，甚至伸手可触。我简直不知道是我死了，还是三毛死了，那么真切的死亡之感！灵魂似乎已脱离躯体，像一条灰幔，在楼里面游游荡荡。她的精神离我如此之近，她的死也便离我如此之近。那似乎是我第一次失眠，然后就是第一次较长时间的沉默。我感到一种没了把持，随时都会陷落下去的迷惘和恐惧。那一夜，至今想起来还让我有迷失感。

我以大无畏的自我分析的勇气追问着：我恐惧的究竟是什么？我恐惧的是感觉，一切皆着死亡之色的那种感觉；是怀疑，对生命的怀疑，对身体的怀疑。而这一切，都是指向自身的，从同类中看见自身。因此，悲悯他人，也是悲悯自己；恐惧他人之死，也是恐惧自己之死；怀疑别人的生命和身体，也是怀疑自己的生命和身体。

我是乐于追求感性满足的人，所以，我能从漂亮衣服中获得满满当当的喜感。但同时，我也更容易遭遇感性的毁灭，他人在近处倒下、消失，会使我无法抵御空空洞洞的丧感。其实，不仅快乐不能深究，就连我们的身体和生死，都一样不能深究的。

几个月过去了，一切早已正常，我在自家客厅里大声说笑、吵架、看电视、吃东西、喝水、上网，都已经很自在。可是，我知道，邻居之死，已经使我走过一次死亡，或办过一次丧事。人们普遍认为，死亡是一次没有彩排的演出，其实，死亡也是可以彩排的，如我这般。

感受屠杀

身居南京这座城市已经十几年了，每年冬天的某一个上午，都会有令人不安的警报声蓦地从四方响起，旋即意识到：今天又是十二月十三日了，大屠杀纪念日。

这样的警报声，会给人乌云压城的感觉，阴霾的日子不必说，就是晴天，那阳光似乎也格外惨白。但只是几个小时的情绪低抑而已，大屠杀纪念馆从没去过，也没想到要去。后来了解到张纯如的自杀，就更不敢去了。然而，今年清明节的前一天，在电影《南京！南京！》放映之前，我终于决定去了，带着八岁的儿子，很郑重。事实上，主要是为了孩子，出于某种洁癖，我自己是情愿回避历史具体的残忍的，只要看见残忍两个字，领会它背后可想而知的内容就行了，不需要展开去看。可是，我担心儿子不能领会。

人很多，排了几条长龙，我问工作人员，是不是因为清明节，人特别多？我希望这是充满同胞亲情的清明祭奠，以证明某种未被遗忘，替死者也为自己确认一份安慰。可是，工作人员回答：当然，清明放假嘛，平时哪有时间。我强调地问，这些人是不是专门在清明节来祭奠的。他说，那倒不一定，这种情况也有，但是很少；双休日也有很多人来的，这里不要钱嘛。

门口的雕塑先声夺人。几乎都是枯干的手，奋力前倾的姿势，离乱中悲怆的奔逃，生的极度紧迫与凋零。老人在逃，底座上的字：“灭绝人性的大屠杀开始了！手无寸铁的平民啊，逃难，是求生的唯一。”数量甚少的日本兵便能降伏数量甚巨的中国百姓的史实，似乎一直是中国人没有骨气、不敢反抗的耻辱的证据，许多后来者说起来都振振有词哂笑不已，我自己也曾经这样说过。可是，一旦设身处地感同身受地想一想，我的声音也是喑哑的，我不敢保证自己会奋力冲上去。几年前，看见《南方周末》上有篇文章写到，二战期间，面对纳粹，欧洲人也是这样的，不能要求手无寸铁的百姓如何奋不顾身地抵抗有武装的军队，更不能对百姓进行这样的道德施压。由此我才如释重负，不再为自己的贪生怕死而暗自羞愧。中国人总是以嘲笑中国人为能事，而嘲笑的同时，是把自己排除在“中国人”这个群体之外的。陆川反其意而行之，《南京！南京！》一个重要的创作意图，就是要表现南京人的抵抗，中国人的抵抗。南京陷落时，并非毫无抵抗，而是有过极其壮烈的抵抗，尽管只是极少数人，也足以成为南京人乃至中国人骨气的证明了。当然，不抵抗主义是有的，守城的官兵大部弃城而去了，据说台湾影星秦汉的父亲孙元良就是其中一名高级军官。半个多世纪之后，秦汉又来演了《南京大屠杀》（《南京1937》）一片中的男主角，不知当时有何感想。

一尊雕塑是男人拖着妻子在逃：“惨啊，我可怜的妻！恶魔奸了你，捅了你……我们死也要在一起！”这是一个无奈的知识分子的终极挣扎，自有一种特别的酸楚。另一尊雕塑是母亲面对苍穹倒下了，扭曲的身体上，孩子在吃奶：“身体寒冷、惊恐将这哭僵的孩子凝冻！可怜的宝宝怎知母亲已被捅死，血水、乳水、泪水，已结成永不融化的冰。”看到这里，我近乎攫取地紧紧拉着孩子的手，庆幸我们是安全的。一直在和平中，便觉得唯有贫穷是可怕的，看看这些悲惨的场面才意识到，世界上还有什么比战争更可怕？如果战乱到来，我将攥着孩子的手，盯着孩子的眼睛，对他说什么、做什么？我想我一定恨不得用我的拥抱把他嵌到我的身体里去，用我的注视把他吸入到我的眼睛里去，我只能用我的身体去藏匿他、保护他，除此之外，我不知道还能怎么样。

《南京！南京！》中的唐先生一家又让我想起这两尊塑像。唐先生也是一个可怜的知识分子，女儿被日本兵从窗口扔下时，唐先生的哀号声和扭曲的面孔，可以成为电影史上的一个经典，范伟演得真好。和平心态的后坐力太强了，在难民保护区里，唐先生的妻子等一干人还在打麻将，还在莺歌燕语，唐先生还在跟小姨妹打情骂俏，唐先生的妻子还在敲打着唐先生把每月的薪水交来，这就是中国人生活的韧性，只要不是打到头上，就依旧是糖化在水里的日子，甜得捞不起来。两个民族，不一样的活法。日本是一个紧张而阴沉的民族，日本人的人生似乎就是一场没有怨言的苦役，他们的戏都让人觉得沉重悲怆；中国人就活得放松，甚至放松到好死不如赖活着，中国的戏是吹吹打打，何等的热闹，结局也往往是大团圆。唐先生是一个试图苟安的好脾气的上海男人，可是，最终还是家破人亡了，悲剧使唐先生蓦然变得很像个男人了。

为了苟全自己和家人的性命，唐先生去向日本人举报了保护区内收容伤兵的事情，这一举动让我特别鄙视。可是，没几天又看电影《拉贝日记》，我对于唐先生的鄙视减轻了。《拉贝日记》中，也有偷偷收容伤兵这件事，拉贝先生知道后，坚决反对，他说，这样会害了整个保护区。拉贝遵循保护区的规则，因为这是保护区得以存在的前提。说到底，这是一种理性。其实，在惨绝人寰之前，还是有一点规则可讲的，如果南京当时宣布为不抵抗城市，按照国际规则，是不至于招致屠城的，可是，国民政府一面下令守城抵抗，一面又不坚决，日本军队一来就溃逃了，所以才有了这场屠杀。“一二八”事变时，一些并没有真正的抗日行动，只是成立了抗日团体、拥有团体徽章的青年或操练过几日的学生军，都被日本人捉来杀害了，关于此，鲁迅感慨：“像这一般青年被杀，大家大为不平，以为日人太残酷。其实这完全是因为脾气不同的缘故，日人太认真，而中国人却太不认真。中国的事情往往是招牌一挂就算成功了。日本则不然。他们不像中国这样只是做戏似的。日本人一看见有徽章，有操衣的，便以为他们一定是真在抗日的人，当然要认为是劲敌。这样不认真的同认真的碰在一起，倒霉是必然的。”（《集外集拾遗·今春的两种感想》）日本对待中国当时的守城抵抗，可能也是有着这样的认真，因此紧张万分，严阵以待，发力过猛，“防卫过当”。殊不知，南京的守军并不认真。

德国是极其讲究规则和理性的民族，拉贝正是传统的德国人，所以他会理性地遵循一种规则去做。《拉贝日记》中反复提到规则，强调规则。拉贝还说了一句话：我倒希望这里日本人多一些，日本能跟伟大的德意志结盟，说明他们还不错。所以，别以为拉贝保护中国难民，就说明他看得起中国人，不，他只是出于人道，在国际公约的理性约束下的一种人道。如同美国白人认可法律规定的有色人种的权益，并不等于对有色人种真正的平等与尊重。这种人道也是一种理性。这种与民主、科学并行的理性或许比道德和正义更能保证人道的结果，所以它很重要，值得遵守。如果没有这种理性，拉贝就未必会去向日本人争取设立这样一个保护区。我之所以不再那么鄙视唐先生，是因为从理性的角度来看，他的所作所为有可宽宥之处。理性的人道是超越民族主义的，因此在特定的情境下更加可靠。

应该把民族主义跟爱国主义区分开来。民族主义情绪就是借助集体的力量将民族情感强化为一种道德，这种集体道德貌似一个庄严的穹庐，其内里却往往被抽空了，又缺乏理性的支柱，很容易坍塌。民族尊严就是所有公民尊严的总和，公民有尊严，民族才能有尊严，国家是否给予了公民以尊严？公民是否重视了自己的尊严？这都是需要自问的。想起郁达夫的《沉沦》，一个留日中国学生很苦闷，去嫖妓都受到日本风尘女子的鄙视，只因为他是支那人。苦闷到最后，这个人投海自杀了，临终时留下话："祖国呀祖国！我的死是你害我的！你快富起来！强起来罢！"主人公的苦闷十分令人同情，爱国之情也十分可嘉，渴望祖国强大起来也是真心的，可是，强大起来干什么呢？就是使子民得到嫖妓的尊严和便利吗？关于《南京！南京！》中那个日本人打鼓的细节，许多人不以为然，认为那是在张扬日本的民族士气，可是，为什么一定要把中国人的士气表现得比日本人高呢？事实的确如此吗？如若不然，跟精神胜利法又有何异？我们真的需要跳过民族主义情绪来讨论民族的尊严和士气问题了。看到自己的不足，然后去发奋，才会迎头赶上，仅仅不服是没用的，也不能证明其爱国。我认为陆川并不是要为日本精神张目，他是在表达一种不寒而栗的恐惧，他看到了深植于日本民族根性中的难以征服的东西，内心深处有一种难以言传的巨大的危机感，他把这种感觉渗透到了打鼓这个细节中。陆川把打鼓的场面表现得那么充分，就是为了提醒或者说警醒中国人要有危机意识。对待日本，可能真的需要适度的紧张感。

纪念馆前还有一尊塑像，是独向苍天的悲愤的女人，底座上写着："圣洁的灵魂岂容禽兽的凌辱？！只有死！只有死！只有死可洗去这污浊！！！"这段文字中暗示的意思我不能接受，为什么被奸污的女人要以死去雪耻呢？这等于告诉女人们：无论在何种情况下，女人的贞洁都比生命重要，女人敢于以死来去除强加到自己身上的污浊，这个民族就干净了，有尊严了。然而，一个文明的民族应该这样告诉自己的女性公民——这不是你的错，即便被凌辱了，你也应该活下去。女人的贞洁关系到一个民族的尊严，再具体说，就是关系到这个民族的男性公民的尊严，是一个十分敏感的问题，《南京！南京！》也触及了这个问题。在关键时刻，女人的手举了起来，挽救了很多同胞的生命。可是，举起手来的只能是妓女，陆川的勇气到此为止。不敢想象，电影会让一个女大学生举起手来，那样国人是绝对接受不了的。可是，为什么只能是妓女呢？为什么妓女去献身大家就不那么心疼呢？因为她们是凭这个吃饭的？可是，现代意义上的个体的尊严是人人平等的，不应有等级之分。就为了他人而去献身的屈辱或崇高而言，一个妓女和一个女大学生没有本质的区别。类似的情况，中国历史上有王昭君也有赛金花，二人的性质没有太大差别，可是，王昭君流芳千古，赛金花遗臭万年，原因在于王昭君是宫中贵人，而赛金花曾经做过妓女。如果影片中的几个妓女经历这场劫难后都活了下来，结局会怎么样呢？不会有人感激她们，她们将遭到更大的唾弃，丁玲小说《我在霞村的时候》中的贞贞，莫泊桑笔下的羊脂球，都逃不脱这样的命运。

进到纪念馆里面，一个强烈的感觉就是它的设计催人泪下。整个肃穆悲怆的格局、雕塑、石碑、照片以及一大片象征着历历白骨的大块的鹅卵石，无不揪人心底。还有它的音乐，我从来没有听到过如此悲怆的音乐。一开始，儿子问我，妈妈，这音乐怎么这么悲伤啊？他显然感到不安了。我说，因为这是在纪念一段悲伤的历史。后来，他又对我说，妈妈，我害怕这音乐，它太忧伤了。我感到他快要受不了了，但我还是带着他继续走下去。大滴的眼泪似乎就悬挂在眼睫上，等待沉重地垂落，胸腔透不过气来。我想张开嘴，大口呼吸，甚至大声哭泣。我告诉自己，这就是让张纯如窒息绝望乃至走向自杀的那些人性之恶陈列的地方。

看着万人坑里的骨头，我的骨头缝都凉飕飕的，这些都曾是如我一样的肉身呀，不是被生命的自然衰竭，而是被人为的酷虐毁掉了。生命被拿走了，也许没有什么，站在时间的彼岸来看，结局是一样的。可是，想想刀枪对于肉身的施暴，那些血腥酷烈的场面，我感到受不了，那是一种生理的痛楚，未经内心便直抵身体。一时间，甚至对于自我及亲密之人的肉身，都产生了深重的怀疑和否定。“被刺刀挑开肚皮的孕妇”，这些语词和画面首先抵达的是我的腹部，我感到了来自子宫深处的疼痛。我忍不住伸出手去摸摸孩子的头，它依然完整而坚硬，我心里略感踏实。耿立在散文《遮蔽与记忆：赵一曼》中提到，日本人对赵一曼行使酷刑，连女性器官都不放过，甚至故意如此，因为这不仅是一种身体的酷刑，更是一种精神的酷刑！女人的感性使她们的内心离身体更近，当她们柔软的隐秘惨遭暴力的荼毒，世界都不能不为之痉挛！女性器官是人类的生命之源，这不仅是对女性的施虐，更是对母亲的施虐，是对整个人类的施虐！

那样的强奸，连动物的交配都不如，会有快感吗？人一旦变态，真比野兽都令人恶心，恶心得可怕。所谓禽兽不如，此一也。种种的残暴，连张纯如这样的旁观者都对人类产生了自暴自弃，那些当事者又是如何经历过去的呢？他们不会作呕吗？不会自我否定吗？只能用走火入魔来解释，人性在特定时刻无法降住魔性。人类的生命需要尊严，我们从人类相同的肉身中看见自己，所以，对于他人生命尊严的否定，就是对包括自身在内的人类生命尊严的否定。而对他人的肉体施虐，实际上就是在对自己的内心施虐。《遮蔽与记忆：赵一曼》中写道：在赵一曼所受的虐杀中，我们感到酷刑和罪恶不仅是日本人的耻，它是人类犯下的罪，是世界之耻。战后人性回归，确有日本军人无法承受自己曾经的人性恶，自杀了。日本军官大野泰治对赵一曼行刑前，居然先到牢房里去请她为自己写字留念，赵一曼为她写了一首诗，大野后来一直保留着；在战犯管理所交出这首诗时，大野先对着那张纸敬了一个军礼，然后泪流满面，跪在地上祈求赵一曼灵魂的宽恕。

许多人把焦点对准《南京！南京！》中的日本人视角，我倒觉得这不应该被视为日本人视角，电影是站在人类视角（或者大人性视角）上来考察南京大屠杀的，在表现民族之痛的同时，还表现了人类之伤，或者说人性之殇。

但是，《南京！南京！》结尾的角川自杀，我认为是生硬甚至虚假的。我也看过冯小宁的电影《紫日》，日本小姑娘秋叶子的城府远远超出苏联女红军和中国农民的想象，使人蓦然感受到日本民族那种阴沉的讳莫如深的人性的可怖，跟这样的人打交道，是永远不该有安全感的。连一个小姑娘都如此人小鬼大，令人惊悚，一个身经百战的军官怎么可能那么从善如流呢？日本的武士道传统精神不消说了，就是正常的学校教育，也是教人发狠，走向决绝，乃至去死的，《紫日》中教官的狞叫不就是这样的吗？它在关键时刻就会响在秋叶子的耳边，使之做出令苏联女红军和中国农民匪夷所思的决定。日本顽强的文化传统和人格教育注入其国民骨髓的东西，不是那么容易说服和感化的，时至今日，我们仍不能存有幻想。

儿子因为喜欢日本的动画片，进而喜欢日本，并立志将来要到日本留学，他问我，和美国比起来，我们是不是跟日本和韩国更好些？我很诧异，难道纪念馆里的这些都白看了？他说，因为日本和韩国跟我们近呀，是我们的邻居。我说，感情好不好跟远近没关系，姥姥离你那么远，你不是还跟她亲吗？对于跟自己情感倾向相逆的事情，他可能一时难以接受，同时也怀疑自己留学日本的愿望应该与否，所以他实际上是在跟自己辩论。好在，多少天之后我发现，这次参观并没有改变他将来留学日本的愿望。我并不愿意把简单的好恶强加到孩子头上。

小孩子老想搞清简单的是非，他问我，妈妈，日本人是不是最坏的？我说，不能一概而论，哪个国家都有好人和坏人，只能说侵略中国的那些日本人是坏的。他又问，哪个国家的人是最好的？是中国人吗？我还是前面的回答。他大概感到不得要领。他不明白日本人为什么要来打我们，我的解释苍白无力，而且突然发现，我也不太明白。小孩子的发问是无意中的刁难，最不易应对。把非凡的复杂化为非凡的简单需要高超的智慧，一不小心，就把自己也绕进去出不来了。

看到悲惨处，他又问我，妈妈，我们是不是应该继续憎恨日本人？我想了想说，现在的日本人不是当初侵略我们的那些人了，恨他们也是没有道理的。他接着问，我们是不是什么时候也要去打日本人？我问为什么，他说，报仇呀。我举了他自己的一个例子来启发他，曾经，他跟我说有个孩子老打他，出于一个母亲的本能，我愤激地脱口而出：你为什么不打回来呢？你狠狠地踹他一脚，看他还敢不敢！他发窘地笑着，叫道，妈妈，你怎么能这样！我再打他一下，他不还是要打回来吗？那什么时候是个头呢？我惭愧地感慨，这小孩儿，简直能成佛。通常，我们既希望和平，又希望对方先放下屠刀，这样，就永远不能立地成佛，而这个小孩子做到了：放下屠刀，从我开始。启发完了孩子，我自己却迷茫起来，佛能当什么呢？能抵抗和制止侵略吗？佛跟侵略一样的恒久，但又永远不搭界。

几面墙，镌刻着遇难者的名字，其中一面墙的上方挂着“清明节悼念南京大屠杀遇难亲人仪式”的蓝底白字的横幅。大多数遇难者，连名字都不知道，这几面墙上只镌刻着小部分人的名字，有的人还只是代称或外号：老滑嘴，老九，老母猪（女），井关氏（女），某某某父亲、母亲，等等。老滑嘴、老母猪，这些名字让我想起萧红的《生死场》，这就是中国土地上的父老乡亲。因为清明节，有一些名字上粘贴着菊花和白条，其中有一个人在九个名字上贴了菊花和白条，条子上写着：某某某太祖母、祖父、二叔、三叔、四位堂叔、哥哥。还有一个人贴了七处，外公、外婆、父亲、母亲，姐姐、妹妹。国恨和家仇，就这样统一到了这些痛失九位、七位亲人的人心里。

有一束菊花放在松树下，白纸上写着：无名英雄、石城女儿、南京大屠杀幸存者，某某同志千古。幸存者也死去了。死亡会扯平一切吗？

环顾纪念馆，想象着，脚下这块土地上七十多年前发生的事情，仿佛看到、听到那些屠戮的声音和场面，眼前是血雨腥风弥漫，睁不开眼。

一大串一大串黑白或彩色的和平鸽，多数出自日本学生的手，令人欣慰。无论对于侵略方还是被侵略方，反思都比纪念重要，记得都比忘却重要。

和平广场上怀抱婴儿、手托和平鸽的母亲雕塑，给人以安宁，并送人在安宁中离开。

出了纪念馆，我不甘心，又问另一位工作人员，是不是由于清明节，来祭奠的人特别多了？答曰，当然，有不少是来祭奠的。得到还算满意的回答，我便赶紧离开了，再也不敢问第三个人，生怕听到另外的回答。

黑人的眼泪也是眼泪

王鼎钧说："现在文学并不能直接影响或者改变社会，而且据研究表明，过去那些关于文学对社会的巨大影响的不少说法都是夸大的。例如，林肯解放黑奴是受到一本书的影响。实际上，林肯也只是在演讲里面提到某一本书，他解放黑奴是因为他理解黑人的痛苦。"鼎公所提到的这本书是《汤姆叔叔的小屋》，它对于美国废奴运动的积极意义是毋庸置疑的，但鼎公说的也没错，林肯解放黑奴首先是因为他理解黑人的痛苦，他理解，是因为他一直就在目睹，而非读了《汤姆叔叔的小屋》才理解的。无疑，来自生活的实感比小说更具说服力。曾获诺贝尔文学奖的南非反对种族隔离作家纳丁·戈迪默被问及"你是否相信你的小说会导致变革"时，亦如此回答："我不认为小说能够导致变革。我不认为作家有那么重要，至少在我的国家不是如此。"她认为，在南非，文学只是使人省视内心，唤起白人的良知和黑人的尊严。

《汤姆叔叔的小屋》是斯托夫人以真实的黑人为原型写成的，1852年出版；1853年，该书原型之一所罗门·诺瑟普把自己被拐卖为奴的经历写成了传记小说《为奴十二年》。2012年，《为奴十二年》被改编成电影，后获奥斯卡奖。这发生在黑人总统奥巴马执政期间，应该有其特殊的意味吧？我们不可能像林肯那样真实地目睹，我确实是因为《为奴十二年》这本书，而真切地触摸到了黑人的痛苦。

促使斯托夫人写作《汤姆叔叔的小屋》的，不是什么文学的追求，而是偶然目睹了黑人的痛苦后，她无法再让自己欢乐起来，她的心里一直在下雨，她选择写出来，某种程度上也是为了超度自己的痛苦。从发生学上来说，作家写出好小说，不是首先被文学找上，而是首先被生活找上。斯托夫人是一个白人，但超越阶级的人类性的慈悲让她觉得不把发生在黑人身上的人间痛苦写出来，自己就是无法原谅的，因此可以说，这是一部假上帝之手写出来的小说。《为奴十二年》与《汤姆叔叔的小屋》有所不同，它不是感同身受的悲悯，而是直接的身受、第一性的感触，是悲悯本身之所在。

《为奴十二年》也是一本没有文学追求的书，对于虚构和煽情等手法近似麻木，但其文学性的匮乏不仅不构成遗憾，反而是必须的。《汤姆叔叔的小屋》出版后，被指夸大了黑人的悲惨和奴隶制的残酷，斯托夫人为此不得不写出一份原型索引，来证明其真实性。可见，这种历史供状性的写作，其社会功用必须基于真实，否则就没有说服力，这点与一般文学创作不同。《为奴十二年》中我所关注的，基本是文学以外的东西，它甚至颠覆了我的“三观”。

它首先使我想到，人类社会摆脱原始的蒙昧后，是奴隶制在先的，而奴隶制之恶，几乎是万恶之首。那么，这不是人之初性本恶的最好证明吗？所以，别再说什么人心不古世风日下了。人类日渐变好，是制度制约的结果，不是人性本身进化的结果。人性恶与文明程度是此消彼长的，而文明，首先是制度文明。《为奴十二年》中，废奴主义者贝斯对一个白人说：“你只需要假设一下自己是一个黑人。”我假设过，假设的结果是我绝对活不下去。贝斯本身是白人，但是他指出，黑奴制度是不合理的，白人之所以振振有词，是因为在一个不合理的制度支撑下，只要废除了这个制度，所有的合理性就会荡然无存。制度，是多么重要！它是一切文明的前提和保证！

伟人说，革命的首要问题是分清敌我。可是，在美国的黑奴时代，革命的首要问题却是分清人与动物。白人奴隶主埃普斯这样定义黑人：他们是我的财产。他们和奥尔良的生物没有什么区别。自己的财产，想怎么玩就怎么玩。白人认为，黑人就是一群动物，和其他动物没有太大区别，只不过黑人会说话，拥有某些高级的本能，因此他们的价钱比其他动物高。白人为黑人拟出的使用说明是：用来劳作的良好牲畜。一旦所罗门·诺瑟普显示出些许技能，白人提比斯就警告他：你是工程师还是奴隶？所罗门只能有这样的自知之明：黑人是用来工作的，不是学习的。他必须小心翼翼地不让白人知道他会读书写字，否则，他就死定了。我们自然会替所罗门想到，给家人写一封信，不就获救了吗？我们想不到的是，这有多么困难！首先，主人不允许奴隶拥有笔、墨水和纸；其次，如果没有主人的书面指示，邮局是不会为一个奴隶寄信的。所罗门是等了九年，才弄到纸的。要使奴隶保持蒙昧、便于奴役，首先就要从文化上进行封锁，并切断由文化通向自由的路径。愚民政策，封锁政策，是所有奴役制度的共性。白人从小就被灌输黑人即动物的观念，从小就把黑人奴隶排除在人类之外，这几乎成为他们的“天赋人权”。这种与生俱来的优越，简直到了愚蠢荒唐的程度。善良的白人福特先生允许奴隶们拥有《圣经》，给黑人念《圣经》，就被其他白人鄙夷地认为，他根本不配有黑奴。可见，不把黑人当人看，拉开与黑人之间的物种距离，是白人的文明性的证明。而把黑人当人看，是有失白人身份的事情。奴隶主的孩子从小就见惯奴隶的悲惨，觉得生该如此，长大后也会那样对待奴隶。残酷无情的制度必然造就残酷无情的人。还有些白人以为，以奴隶们的卑贱愚昧，根本不会知道自己受到了不公正的待遇，即便他们被打得皮开肉绽、鲜血淋漓，站起来后仍然是温驯懦弱的羔羊。这简直是一个物种对另一个物种的无知。南方白人的错误观念是：奴隶根本不懂得自由为何物。当奴隶们复仇的日子到了，他们才会知道，即使是最无知的奴隶，也懂得自由的含义。

分清人与动物之后，就是分清白人与黑人。今天的我们，站在文明的阳光下，看那些黑暗泥淖中的黑奴，首先会着急地想到：黑奴们为什么不逃跑？逃跑，当年的黑奴们怎么可能没有想到！他们之所以安之若素的样子，是因为曾经设想过无数的逃跑计划，最后都绝望地放弃了。对于一个逃亡的奴隶来说，首先要突破自然的限制，无边无际的树林和沼泽，足以使他们死在逃亡的途中。除了自然的障碍，就是白人了，后者比前者更厉害。因为，没有路条，奴隶是不能离开主人种植园的，一旦离开，每一个白人都是敌人，巡逻队无处不在，猎狗们虎视眈眈。不需要认识，也不管是谁的黑奴，只要是黑人，就是所有白人共同的敌人，就要遭到无条件的捕杀。就像动物界的天敌和食物链一样，黑人就是白人的天敌，就是白人食物链上天经地义的下一环。白人们这样做，是为了维护他们共同的利益。

人与动物的壁垒，白人与黑人的壁垒，黑奴们的境遇是多么无奈！想一想都感到绝望！可是，这种绝望无奈并没有随着黑奴制的废除而终止，它在今天的人类生存中依然存在，想想那些求告无门的小民、被秘密关押的上访者、被黑煤窑主操纵着生死的矿工……他们所遭受的，依然是非人的对待，性质上跟黑奴是一样的，所不同的只是程度而已。人类文明行进了这么久，其实还是在解决最初的问题：保护一些人不被非人地对待，防止一些人随意宣布另一些人为非人。

奴隶的感觉是相对于自由的需求，还有一些人，他们的生存没有问题，然而，他们依然有奴隶的感觉，他们想自由地发声，于是，他们也遭遇奴隶般的对待了。他们发现，限制黑奴自由的那张网依然存在，虽然那张网是透明的、看不见的。网中的生存法则是：只要不去触摸网的边界，你几乎感觉不到置身网中，你可以看见外界，你可以顺畅呼吸，你几乎感觉不到任何不自由，只要你不想出去。这是另一些人的形而上的生存现实。自由，是黑人最不能提的字眼，是白人意识形态中最危险的概念。所罗门·诺瑟普被拐卖为奴隶后，一度努力向白人申明自己原本是自由人，结果遭到更残酷的对待，因此他明白了，千万不能暴露自己的真实姓名和经历，千万不能让白人知道他曾是自由人。

《为奴十二年》还让我从奴隶的角度感到一种隐忧。

所罗门用自己的技能为福特先生带来了实惠，福特先生因此对他比其他奴隶好些，因此，所罗门与女奴伊莱扎有一段对话：

所罗门：福特先生是个好人。

伊莱扎：他是个奴隶主。

所罗门：在这种情况下，无论如何他都是奴隶主。

伊莱扎：你讨好他。

所罗门：没有。

伊莱扎：你沉溺在他的宠爱中。

所罗门：我是为了生存。我不会让自己陷于悲伤绝望中。我贡献才能给福特先生，我在等待重获自由的机会。

伊莱扎：福特先生是你的机会吗？你比那些畜生好不到哪去。

所罗门含蓄地表明：面对黑奴，福特先生当然只能是奴隶主。他一定程度上承认了这种合理性。而且，如伊莱扎所言，他的确对福特先生抱有幻想，同时，福特先生的确不会满足他的幻想。他对福特先生说，你知道我以前不是奴隶。福特说，我不想听。福特先生宁愿视他为奴隶普莱特，而不愿视他为自由黑人所罗门，尽管他知道后者是事实。但是，福特肯定说，无论如何，你是个优秀的黑人。也许，这迄今仍是美国白人对奥巴马的肯定吧？承认其优秀，但再优秀，也是个黑人而已。

种族制度已经明文消失了，但肤色观依然顽强地存在，正如即使米歇尔这样优秀的女性，也不免被中国的所谓诗人拿肤色来说事：黑黑米歇尔，百变亦黯然。由观感而至内心的东西是最根深蒂固的，任凭多么高明深刻的思想和优美崇高的灵魂都难以克服。比如，我知道伟人说过，“最干净的还是工人农民，尽管他们手是黑的，脚上有牛屎，还是比资产阶级和小资产阶级知识分子都干净”；我也知道，要有劳动人民的情感，这是高尚的、政治正确的证明。可是，在地铁和公交车上与满身建筑泥灰的人相挨时，我还是会尽量自然地不去碰到他们。我只能用我友善的神情努力去表示：我并不嫌弃你们。这种神情是理性的，但它敌不过想要干净的感性。伟人是因为曾经“受够了洋教授的窝囊气”才说出那种话的，我的感受却不是受任何刺激的结果，只是幼儿园小朋友都会有的再简单不过的卫生观念而已。我知道有些工作没法保持干净，我也可以保证，如果人家有难，我绝不会因其衣服不干净就不去施救。但是，让我为了体现某种美好的观念就去沾染一身灰，我是不愿意的，而且也没有必要。当然，美国白人对于黑人的含蓄的俯视或近似洁癖的敬而远之，并非只是出于观感，而是有着更加深层的意识和原因。

斯托夫人的良知是因为奴隶们实在太悲惨了，如果不是那么悲惨，也许就不会激起那样的良知。良知属于理性范畴，比感受性的东西易于超越。在曼德拉为种族隔离奋斗终生的南非，同样反对种族隔离的戈迪默从小就看到黑人不许进图书馆和电影院，但只是简单地想：“事情就是这样，就像太阳东升西落一样正常。”当被问及对于种族隔离的不公“是不是猛然顿悟”时，戈迪默回答：“我不认为如此。事后你可以这样说，但实际上并非如此。我妈妈对黑人的生活感到内疚，看见他们遭受虐待——这种事情时时都能见到——她就会说：‘唉，他们毕竟也是人啊。’于是乎她开始把黑人当人看，并且做了不少善事……但也仅此而已。她并没有意识到社会制度应当为她所怜悯的那些人的生活处境承担责任。”所以，不要把白人看得觉悟多么高，即便是最有良知的白人。我想，这大概也说明着当今白人的思想现状。不是人人都会成为托尔斯泰的，否则，托尔斯泰就显不出他的伟大了。戈迪默的可贵的理性在于，意识到种族隔离不仅给黑人带来伤害，而且给白人也带来伤害。

美国黑人作家兼艺术家玛雅·安吉洛在自传《我知道笼中鸟为何歌唱》中回忆，在二十世纪三四十年代的美国，黑人和白人生活在两个不同的区，很多黑人孩子不知道白人长什么样，生活什么样。玛雅写道：“生而为黑人是可悲的，我们掌控不了自己的命运。我们在很小的时候，就被残忍地培养为驯服的绵羊，我们甚至可以安静地倾听别人嘲笑自己的肤色，而不作任何辩解。我们都应该死。我想我会很高兴看到我们全部死掉，一具具尸体堆在一起……作为一个物种，我们面目可憎，我们所有人。”玛雅的自我诅咒发泄的是对践踏黑人尊严的白人的愤恨，是喷向白人的毒焰，如同一个人狠狠地咀嚼着一口甘蔗，是为了把渣滓吐向怒目而视的对象。

《为奴十二年》中有一句话：黑人天生是做奴隶的料，根本没有反抗的动力。这句话出自黑人之口，是一种负气。但黑人的反抗性的确是一个问题。在黑奴当中，所罗门算是很有反抗性的了，可是，他的反抗性依然在遭受着瓦解。瓦解他的就是对奴隶主的幻想。之所以会存有这种幻想，是因为福特先生对奴隶相对仁慈。“在我和福特老爷一家共同生活期间，我只看到了奴隶制阳光的一面：他从不会惨无人道地压迫我们，他总是把我们当作他的同伴，在伟大的造物主面前和我们不分彼此；他会手指上苍，说出许多亲切、和蔼又令人高兴的话。每每想到他，我都不禁肃然起敬，假如当时我的家人也和我在一起的话，我倒愿意毫无怨言地忍受他那种温和的奴役。”“温和的奴役”，这里面蕴含着多么可怕的思维！只要假设一下，奴隶主采取的是温和的奴役，那么，奴隶就不会反抗，不会向往自由了，就会永远满足于“坐稳了奴隶的时代”。这跟中国百姓的清官思维是多么相像！不依赖根本制度来获得有保证的自由，而是依赖碰上清官的幸运。奴隶恨的不是奴隶主，而是坏奴隶主，那么，只要奴隶主好一点，奴隶制就可以不去改变了。那么，如果奴隶主们都是好奴隶主，结果是不是反而更可怕呢？事实上，美国南方的奴隶们就在幻想着到北方去，因为，北方的奴隶主稍微仁慈一点。

瓦解人类反抗性的，往往是幻想。抗日战争时期，何以几个日本兵就可以控制住一村人？每个人都会想，只要几个人冲上去，就能把日本兵给灭了，就算他们有枪，也扫射不了那么快。但为什么没有人冲上去呢？因为，最先冲上去的肯定会被射死的，而不冲上去，呆在人群中，还有可能活下来。事实上，从集体的概率来讲，反抗肯定比不反抗活下来的多。但在“必死”和“可能死”之间，每一个个体都聪明地选择了后者。“可能死”与“侥幸不死”相比邻，实际上，人们是在幻想着不死的侥幸在自己身上发生，幻想自己在不死的那一部分之中。最终，人在种种精明算计中，选择了不反抗。之所以不反抗，是因为太聪明，太爱幻想了，这几乎是人类的通病。

所罗门甚至聪明地为福特先生和所有白人如此着想："福特的善良并没有让他有所损失，实际上，通过多次观察，我发现那些以仁爱之心对待奴隶的主人们，往往能获得更丰厚的回报，因为感恩的奴隶们会加倍勤快地为他们干活儿。这是我的切身经历和真实感受：每天超额完成任务给福特老爷一个惊喜，几乎是我们快乐的源泉。在以后遇到的主人中，如果没有工头皮鞭的督促，我们是绝对不肯付出额外的努力的。"这种聪明乖巧简直令人担忧，幸好白人们并没有掌握这一奥秘。我们知道，福特并不是一个富有的白人，这是否暗示着，不够狠毒的奴隶主是发达不了的呢？也许这一事实与"资本来到世间，从头到脚，每一个毛孔都滴着血和肮脏的东西"相映照，更能够说明奴役和剥削的真相吧？

现在的雇佣制与奴隶制的区别在哪里？在于制度。还是制度。如果没有制度来保障，虽然被雇佣者有选择雇主的自由，结果也无非是不被这个雇主剥削，就被另一个雇主剥削。虽然不被剥削是相对的，但制度给出了剥削的限度，也就给出了不被剥削的相对保障。

用阶级理论去解释白人黑人之间的事情，也未必可靠。固然，没有武器弹药，奴隶们的暴乱很难成功，而只是拿生命去冒险，但是，还有一个原因不可忽视，那就是奴隶群体的团结问题。《为奴十二年》中，曾经有个叫卢·切尼的奴隶准备组织奴隶起义，但计划泄露后，他为了自保，率先告密，且夸大事实，结果带来一场对于奴隶的大屠杀，大量根本没有参与起义的奴隶也被奴隶主杀死了。卢·切尼不仅逃过一死，而且受到白人嘉奖。所以，白人黑人并非单纯是一个阶级对另一个阶级的问题。阶级内部也很复杂，营垒不是那么分明的。栖居在松树林地区的逃亡奴隶打劫为主人取猪肉的所罗门，所罗门打晕其中一个奴隶逃脱了，而后，他向主人报告了此事，奴隶们被投进监狱。所罗门明明知道："那晚他们并没有想要攻击我，只不过是想吓吓我，让我把猪肉丢下。"而且，他们并未打劫成功。可是，所罗门还是告发了他们。在这一事件中，所罗门是站在哪个阶级的立场上，维护的是哪个阶级的利益，是显而易见的，他并没有把那些为了维持不饿死而打劫的逃亡黑奴们视为自己的阶级兄弟。

无论读《为奴十二年》小说还是看《为奴十二年》电影，我都几乎不曾流泪。只有当所罗门获得自由转身离去时，女奴帕齐扑倒在地的绝望，使我蓦然流泪了。在自由的衬托下，奴隶的深渊更显绝望，那绝望之真切，完全击中我。之前，完全非人的遭际，使人失去了人的感情，就连所罗门本人，也很少流泪。流泪是太奢侈的事情，属于柔软的心灵，当人心已钙化，泪泉便干涸。奴隶的生活当然不乏眼泪，而且，黑人的眼泪似乎也是黑色的。我们当然应该明白，黑人的眼泪也是眼泪。

剑桥与普通如我者

像我这样的人是不可能有什么名校情结的，甚至连校友的概念都很少有。但是剑桥在我生命的初始阶段也曾以它独特的方式出现过。这得——用一个滥词来说——细说从前。

我们那个地方，从小学到高中都有学生上着上着学突然不上了，回生产队去务农的。小孩子能干的活，就是在犁前牵牛，叫“傍牛头”——跟时下“傍大款”的说法竟如此相同。这些孩子自己也不知道为什么不上了，反正不想上就不上了呗！而家里人也不会阻拦，因为多多少少总能挣点工分。那时候我常常苦巴巴地坐在狭小的教室里，向往我那已经驰骋在广阔田野里的伙伴们。退学在我们那里极普通极正常，所以能上到高中的就很少了。即便上了，也是多逃避几年劳动而已。至于毕业后的出路，理所当然是回家务农，弄好了当个兵，或者生产队会计、民办教师什么的，就算出息了：书没有白念。

我们那里的人都觉得考不上大学非常应该，考上了才是不正常呢。如果冷不丁考上一个，那真是吓人一跳，一时半会还别扭不过来！但我那理想主义的老爹，却老爱鼓励我们考大学，还时不时地提提北大、清华，剑桥、牛津、哈佛什么的，弄得我们这些做子女的在同学面前抬不起头来，一有人偷笑，我们就怀疑笑我们。社员们也把我老爹当笑料："真是笑掉牙，那哪是咱庄户人想的事！咱庄户人有庄户人的本分：少说话，多吃饭，吃饱了，扎实干！"

剑桥当初就是以如此可羞可笑的一个符号出现在我生命中的。

且不管别人的反应，拿我本身来说，也觉得我老爹太不着边际。因为我根本想不到他那一辙去，我的未来是有现成参照的。当时我村姑娘在方圆几十里都很有名，一是我村逢年过节都要唱一种叫"茂腔"（就是莫言在《檀香刑》里提到的，他叫猫腔，我们叫茂腔）的戏，一辆拖拉机拉着嘻嘻哈哈的姑娘们应邀到各村演出，出尽风头；二是我村有个皮毛厂，全村的姑娘都可以到皮毛厂当工人，同样挣工分，但这是室内作业，可以免除日晒雨淋之苦，因此一个个都被捂成了白皮肤的"城市人"。于是，近处的小伙子都以攀上漂亮洋气的我村姑娘为荣，而我村姑娘自然也都不"俗"了，眼界奇高，有的还非合同工、正式工不嫁。我那时十分羡慕这些出出进进到处惹眼的姑娘，并从她们身上朦朦胧胧看到了自己将来的影子。于是盼着快长大，能取代当时村里最先锋的那个姑娘的位置，可以像她那样，做一只在艳羡的眼睛丛中翩飞的蝴蝶。

但没等我的愿望实现，这个除了水污染外没给我村带来任何好处的皮毛厂就倒闭了，在当时看来属于高科技产品的电视的产生也使“茂腔”因无人欣赏而不演了。在一个极偶然的机会，我认识了简直等于“天外之人”的大学生Q。于是，对外面那个隔山隔海虚无缥缈的城市世界充满了幻想，我青春时代的“痛苦”也于此开始。今天再回头去想，小时候的愿望怎么那么卑微啊！也许因为环境的低下而无法超越那个境界吧？眼界就是心界，现实提供给我们的参照实在太有限了，我们想象的翅膀怎么可能飞起来呢？虽然有父亲的鼓舞，但又真的是太遥远了，似乎只能一笑了之，不能正经对待的。

从那时开始，我这一生，似乎就注定与剑桥无缘了。但剑桥却一直在我的想象里，那纯粹因为徐志摩的《再别康桥》的缘故。我想中国大概有许多人都是像我一样通过这首诗来认识剑桥的。通过诗所认识到的剑桥，必然是风花雪月的，而且徐志摩又是这么风花雪月的一个人。我常常想象着徐志摩和他一生最爱的女人林徽因是如何撑一支长篙在康河的柔波里寻梦的——顺带说一句，徐志摩真正所爱的女人其实也不是林徽因，对此林徽因自己也很清醒，她说："他只是把一些关于女性的美好的想象加在我身上而已。"也就是说，徐志摩所爱的林徽因只不过是他一厢情愿自以为是的一个女人，而不是真实的林徽因，也可以说此徽因非彼徽因，二者只是一个貌合神离的关系。那么徐志摩真正倾慕的那个女神到底在哪里呢？在天上，此女只应天上有。诗人的性情决定了他的爱情大抵如此。

因为剑桥在我的心里是和风花雪月连在一起的，所以前不久在校园里看到刚刚从剑桥归来的Y女士，简直有一种惊喜之感，仿佛因为她，不仅缩短了我与剑桥之间的距离，而且也缩短了我与风花雪月之间的距离。那种惊喜是难以言说的，甚至说惊艳也不过分，因为那一刻我的脑子微妙而急速地旋转着，关于剑桥仿佛有许多东西要问，但又不知道应该先问哪一句。于是我在慌不择路之中问："你有没有照很多照片？"当我这样问的时候，脑子里差不多已经出现那些浪漫的画面了，那都是来自《人间四月天》里的剑桥的画面，画中人当然也如诗人般风花雪月。可是她理解成风景明信片了，她说："照了一些，但是我家那位都说照得不好。"咳！

其实，说老实话，当我的心思摇荡之时，心里真正有过的一闪念也许并不是照片，而是这样一个微妙的悬测：她在风花雪月的剑桥有没有制造出什么风花雪月的事来呢？在接下来的谈话中这位剑桥归来者告诉我，整天都忙，没有时间出去旅游。我还清清楚楚地记得她说过这么一句话：“即便有时间，你有那个钱吗？”到此时，我的大脑算是回到现实的陆地上来了。进一步明了，我心中的剑桥其实是徐志摩的康桥，而不是真正的剑桥，就像此徽因非彼徽因一样。

因为徐志摩，剑桥才在我心里如此的风花雪月，以为所有到剑桥去的人都是撑一支长篙到康河的柔波里去寻梦的，以至于面对朴素的剑桥归来人都会发生如此的奇思妙想，简直不可救药。真的，其他那些名字中常常有一个“斯”字的也算有名的大学都不能给我这样的联想，而只有剑桥会。说起来牛津给我的联想最古怪也最好玩，十几年前买一条带皱折有弹性的牛仔裤时，卖主说：“这叫牛津裤。”我的思维立刻嗖地跟牛津大学对接起来了。是牛津还是牛筋我也拿不准，但就是这么不可思议地对接起来了。现在到店里去买鞋，经常遇到卖主起劲地推销：“这个鞋质量很好的，牛津底。”我的思维也会嗖地跟牛津大学对接起来。对于高山仰止的牛津大学，这也许有点亵渎神圣，但就是这么情不自禁，没办法。

看到《剑河风》里一篇文章说，剑桥是以土木工程著称的，我当时简直有种吃错药的感觉。钱钟书在《围城》里对方鸿渐老家那些冬烘先生的人们颇不以为然，于是就说那里的人即便出去也只能学个“土木工程”，意思就不言而喻了，可风花雪月如剑桥者怎么也会“土木工程”呢？简直要替徐志摩皱起眉头来。当然，也许真正需要皱眉的不是徐志摩，而是我，这体现了名人和他的崇拜者之间的关系，就像真正要捍卫某人的不是他自己，而是他的研究者和追随者一样。有一个词叫“爱屋及乌”，但剑桥与徐志摩，我不知道何为“屋”何为“乌”，也就是说我不知道因为徐志摩而爱上剑桥，还是因为剑桥而爱上徐志摩。也许应该这样说，我心中的剑桥，永远是徐志摩的剑桥，徐志摩与剑桥，这二者在我心里是密不可分的。这样说来，永远无缘一见剑桥，也许是一件好事，更符合审美的观照原则，因为只有这样，它才能永远成为心中一景。

也许因为这位邻居的关系，剑桥与我的生活之间的距离，不再像小时候那么渺远了（也许这就是这么多年来奋斗的结果？）。但最初的那种感觉，还是在心里挥之不去，那么隔膜又那么渺小，简直令人绝望，直到现在，每每想起来心里还是缩得紧紧的。小时候的求学生涯就在心里如此定格：晚自习，我们那勉强相当于初中水平的民办老师守着一盏油灯，袖着手伏在水泥教桌上，瞪着在一盏盏小油灯下趴在水泥课桌上的我们。偶尔上面的大眼与下面的小眼对一下，也是少有内容。但等待的目标却是一致的，那就是老柳树上悬挂的铁钟被当当敲响。这印象常常使我对目前的生活感到恍惚起来，有种奇迹之感，不大相信自己真的是从那种情景里走出来的，同时也非常奇怪自己居然没有变成一个养着一窝小孩外带一窝小猪的农村大嫂，这不正是我小学初中的许多女同学现在的样子吗？我是被人别有意味地称谓着“大学苗子”长大的。如今见到小时候的伙伴，她们仍然会说：“你是大学生，我们是庄户老土，哪能和你比？”虽然语气中的那种怪味没了，但她们嘴里的大学生，听起来仍然像生活在天堂里的人。关于这个天堂，我可以肯定她们从未有过一丁点奢望，她们认定那好去处天生就与她们无干：“咱不是那块料。”我听得太多了。但当给孩子背上书包的时候，我听见她们也开始叮咛一句：“到了学校好好学习，长大了考大学，像你这个姨一样。”很像小时候父亲叮咛我们。可惜，北大、清华、剑桥、牛津、哈佛也是我们眼中与己无干的天堂，我的哥哥姐姐并没有能够进入高等学府，我也只是进了一个末流高校，并辗转到了并不如意的现在而已。而我的曾经有过当“数学家”理想的同学，正在家里认认真真地计算着蛋鸡的产蛋率，“航天学家”则从来没有离开过那块土地。

回顾生活，感到一切的一切皆匪夷所思。人的一生其实很偶然，偶然得可怕，所以我常常怀了这样的后怕想：说不定哪一步上稍微一偏，我现在就是一个经常被男人满院子追打的农村大嫂了吧？我相信，人生是有际遇的，际遇可以是某个机会，也可以是某个人。总结我自己，毕竟还是幸运的，除了我的老爹，我还无比地感激Q，是他在我的成长中适时出现，给了我的生命以意义深远的提升。如果没有他们，我的生活将不可思议。阅历告诉我，每个人的现状和境遇都是说来话长的，包含着太多的偶然机缘，所以我从来不敢瞧不起别人，哪怕是那些目前看来确实不如我的人。同时我也从来不会过分地羡慕什么人，哪怕他出自高得令人晕眩的剑桥。

把剑桥与我的家乡联系起来会给我轻微精神分裂的感觉，而我的同学也绝对想不到有一天他们会在一篇文章里与剑桥相遇。我想在这里，剑桥对于我来说已经成为一种象征。前有剑桥，后有我家乡土地上的同学，前者给我仰望的晕眩，而后者则使我感到后怕，这就是我常常既不敢前望也不敢后顾的原因。按照普遍的生活逻辑，人往高处走，当然也应该往前看，可是我却从来不敢忘记身后那些没有走出来的人，他们给我的精神动力远比剑桥这样的教育殿堂要多得多。

1999年

两种难过，为女人

根据林语堂小说改编的电视剧《京华烟云》播出是多少年前的事了，但是这么多年过去，我对它依然有着刻骨铭心的印象，因为其中有个曼娘。

曼娘是抱着一只公鸡嫁过来的，嫁过来就是做寡妇，从少女直接变成寡妇。她在喧哗中出场的时候是一脸悲剧，一脸寂灭，肃穆惊人，让人血液骤然凝固，让世界瞬间寂然。这是一个空白的女人，空白的嘴唇，空白的眼神，让人连一丝丝暧昧的联想都浮现不出来。后来她过继了一个男孩，在这个大家庭里小心翼翼忍辱含悲地生活着，世事缤纷，唯独她不染烟云。无法想象，曼娘青春的心怎样走过一个个深井般的长夜，最后自己也走成一口深井。她早已虔心向佛，佛和儿子孙子是她生命的皈依。但是战争来了，日本兵闯进了她的家，刚刚生过孩子的儿媳在劫难逃，为了替出儿媳，曼娘跪下说，我让你们……行了吧？可这时候，曼娘还是一个处女啊！难以想象，已经做了奶奶的她，却在这样一种情况下舍出了自己的处女之身。随即，她又舍弃了自己的生命。她一定首先下定了必死的决心，然后才舍出了自己的身体，她舍出的是在她心里已经死去的身体。想象一下，当月光一样的曼娘，流出第一丝处女的殷红。所有的心都为之停顿，渗出血珠。下雪了，世界为她穿起丧服。我从未如此真切地感受到过日本人的罪恶！这是一种应该遭到天谴的罪恶，他们奸污了圣母！罪恶发生时，曼娘的脸空白得吓人，她频频捻动着佛珠，但战争也在碾动车轮，她无法超度这个不要母亲的不肖的世界，也无法超度那些被恶魔掳去的灵魂。

母亲与性联想到一起都是尴尬的，何况母亲的身体被蹂躏，母亲的尊严被践踏，尤其对一个儿子来说，情何以堪！但是，我的确看到过一个母亲的自我践踏，正是当着儿子的面。

那是在一辆进城的中巴车上。因为违法营运，中巴车被交警拦住了，卖票的女人跳下车，涎着脸去拉交警的手，可交警是一个年轻英俊的小伙子，而女人却是一个毫无姿色的中年农村妇女呀！交警把手一甩，直指着她的脸说，我告诉你，不要弄这种恶心样子，越这样我越要罚你。同为女性，我都为她臊得无地自容了，真希望自己没有看到这下贱难堪的一幕。更希望这样做的是一个富有女性魅力的女人，这样我心里会好过一点。这时候脑子里跳出一个假设：如果她的儿子看到这一幕……但我随即发现那个低头专注于手中游戏机的就是她的儿子。更让我难过的是，示意她下去搞这种危机公关的就是她的司机丈夫。

不该被剥夺的却被剥夺，不该奉献的却去奉献，身为母亲，女人的这种阴差阳错的被动剥夺和主动奉献实在让人难过和难堪。我们的世界应该是一个让母亲活得有尊严的世界，对吗？

奈奈母子的活色生香

题记：自媒体时代，人们困惑：活色生香的是我们原本的生活还是被发布的生活？发布与围观的确提亮了我们的生活，借助别人的眼，我们发现了自己生活中的美。生活中不是缺少美，而是缺少美的发现。这种发布正是美的发现。同时，发布给了我们观照生活的距离，隔着这个距离去看自己的生活，我们感觉确实不一样了，我们获得了通过直视不易获得的美感。即便生活本身没有发布出来的那么美，我们至少也有了范本去督促和鼓励自己：把生活过得像看上去那么美吧。

我们发布的不会是生活的全部，困厄与难堪，我们不会发布。我们的发布，常常是出于打趣，那么，无趣的东西我们当然不会去发布，我们发布的是活色生香的那一部分。

在南京家里，奈娘突然从朝鲜邮册中发现一娃，吓一跳：我儿咋上这儿来了？然后全家笑喷了。到底是金家哪个主呢？不懂朝鲜语，无法确定。发到朋友圈，朋友惊呼：以为是奈奈入学证件照呢！奈娘说，大概有福的小阿斗都这模样儿吧？奈娘担心，是否金小胖小时候呢？奈儿长大就那姿色？可太悲催了！

迁居北京，奈母子的独立生活开始了。奈娘做饭，奈奈洗碗，分工明确。奈奈边洗边说，妈，我这样的经济适用儿，上哪找啊！奈娘说，儿，我这样的自由民主妈，上哪找啊！奈娘在朋友圈上图：秀一秀我的经济适用儿。这是奈奈的首秀。

奈奈离校不足五百米，却要求骑车上学。奈娘嘱，别得瑟着挂了哈。奈奈回，没那么容易挂。遂骑。

奈奈语录：

想起那些小愚蠢，就觉得好欣喜。

青春期到了，荷尔蒙大爆发，就是想写东西。

没办法，你儿就是这么一根筋。

置办新家，奈娘两小时下五个订单，刷895元，被儿训了一顿。奈奈过日子，斥娘为败家娘。奈娘说，钱是我挣的，管不着。奈娘对儿感叹：幸福就是有家，有儿，有暖气。儿说，切！睡去。

奈娘发烧了，眼泪流出来都是烫的，真可谓热泪盈眶啊！好歹凌晨退烧了。奈奈在睡前和上学前各问一句：妈，还活着吗？在得到活着的回答后，就放心地该干吗干吗去了。不，晚上奈奈除了送水，还在娘额头上盖了块湿毛巾，然后才去睡的，仿佛贴了张不死符，可以放心了。

奈娘语重心长地对儿说，好好学英语，将来出国活。奈奈说，英语高考分降低了。奈娘说，别管分数，我们得先活人啊。奈奈说，我们现在不也活着吗？感谢这个混沌的哲学家，经常漫不经心地点醒奈娘。奈娘赶快起身，去倒煮好的梨水，泡木耳，洗削煮荔浦芋头。雾霾中活着，也是活着呀。不过多吃雾霾餐罢。

奈奈管奈娘花钱，比奈爹管得厉害多啦，奈娘被气火了，大骂奈奈一通，加罚走两站地，加楼道反思，仍不解气，最后想出绝招：再敢气我，把你弄到外国去喂狗！奈奈说，哦，我还以为你要像那狗一样把我撕了呢。朋友说，瞧你的不淡定！瞧你儿子的淡定！

因为奈奈的小说中有个人物名唤至美芭乐，奈母子昨晚买了芭乐、释迦果、鳄梨（即牛油果）——这些水果的名字多文艺！刚刚水果送到了，开心品尝中。鳄梨是第一次吃，真不错！奈娘喜欢这种绵柔的口感，跟奈奈给她的感觉一致。

看着《爸爸去哪儿》，就着台湾豆干，喝了最后的红酒。这台湾豆干，号称麻辣，实际只甜，奈奈说，台湾人太不能吃辣了！刚才广告说，吃点好的，很有必要！是的，奈娘打定主意要把日子过好，唤儿：再拿点吃的来！奈奈喂了她两勺寒天冻。寒天冻这名字，让一朋友感伤、心疼，其实就是一种果冻而已啦。

奈奈一面洗碗一面说，将来，我要找一个卑微的老婆，让她给我洗碗！我可不能找你这样的。奈娘说，正合我意呀。奈娘一直教导儿子：将来千万不要找我这样的老婆。奈奈又说，这么好一个儿子，还舍得打！赶快到微信上晒晒去！奈娘立马起身拍照，晒上一张奈奈扎着围裙洗碗图，配文字：勤劳的2014开始喽！奈奈关心地问，有没有人骂你虐童？奈娘报告：有个叔叔说，可怜奈奈，新年第一天，劳累的日子就开始了！每个伟大的儿子身后都有一个作威作福的亲娘，有娘如此，别无所求！有个伯伯说，小伙子眼睛像刘青云，憨头憨脑，却不乏机敏。有个阿姨说，深表同情！但被你老妈逮着了，有啥法子？

奈娘发上奈奈做的寒天冻，求赞。曰：我的朋友圈的赞，是我儿乐观生活的强劲动力。立刻，一片赞。作为答谢，奈娘公布了奈奈的寒天冻制作过程：买来专门制作寒天冻的茶砖，用100℃的水化开，放入冰箱冷冻，过半个小时就好了。买的是凤梨冰糖的，牌子叫“台湾史瑞克”，很便宜，只要2.52元一包。一朋友为奈既喜且忧：唉，越来越模范，就意味着不断被“剥削”。

周末一大早，奈娘炖雪梨，打土豆泥，忙到奈奈起床。昨晚，奈娘与张老师探讨一问题，突然想起灶上煮着的土豆。还好，只糊了锅底一层。人一思想，土豆就糊。奈奈幸灾乐祸，被奈娘赶出家门。奈娘把土豆处理好，想起小区门卫处的快递未取，遂开门令其取。其时差几分十点。包裹取回，心情平复，方令其吃药洗澡睡觉。今早打泥，用的就是昨晚煮的土豆。

奈奈曰，妈，其实你各方面都挺好的，要是脾气再好点，就更好了。奈娘愤然曰，有个现成的豆豆，不打留着干吗？奈奈想了想，也是。有朋友不解，因为不知“吃饭睡觉打豆豆”的掌故。有朋友误以为奈娘母爱爆发，奈娘说，别把我想得那么善良。有朋友说，物质着又精神着，有个儿子打趣着，晚上还有红酒喝着，人生至此，可以啦。这一说奈娘想起来，还有一两红酒，今晚必须喝掉。于是唤：小奈，拿红酒来！

奈奈已躺下，又咳了，咳得奈娘心惊肉跳，真想过去大喝一声：住口，别咳了！或者弱弱地：求你，别咳了。有朋友说，去输液吧。奈娘说，可是，微信上不是说，不能输液不能吃抗生素吗？那些偏方古方某某方，我该信哪一个？我是该蒸蒜，还是煮什么？朋友说，知识太杂误事啊，消炎止咳要紧。奈奈的老师急了：信微信都不信大夫？这么多天都没带孩子去医院看看吗？至少要验个血，看看是细菌感染还是病毒感染，如果有炎症，怎么可能让孩子就这么扛着不吃消炎药？会转成肺炎的。这妈当的……孩子活这么大真不容易……奈娘赶快禀报：验过，没炎症，可就是咳。老师松了口气：验过就好，吓死我了，还以为是个多不靠谱的妈呢。一朋友笑曰：儿子病了，妈妈还能用这样幽默的方式表达爱，真不容易。

奈娘养的红锦鲤特别热衷于死亡，它们死啊死啊死啊死，只剩十几分之一了，奈娘只好把它放盆里。也许这鱼缸风水不好，只养青苔不养鱼。奈娘下决心以后再不养鱼了，除了人，她啥都没养活过，看来只适合养人。这是她第N次下决心了。奈娘养鱼的过程就是死鱼的过程，每天捞几条死鱼倒马桶里，还把奈奈吓一跳：妈！难道我来大姨妈了？！

斯里兰卡花果茶里面有一味是草莓，奈奈居然品得出来。奈娘说，你可真是个吃神。奈奈说，吃着吃着就成精了。奈娘说，睡着睡着就成佛了。奈奈又接了一句，打着打着就成儿子了。

奈奈考完试了，即将放假，奈娘心里先放假了。给奈奈布置的任务如下：弹琴，玩游戏，上北京作家网了解征文信息，收拾书桌，清理书包，倒垃圾，买猪肉大骨，要蜜果奶茶。这是一下午的任务，明天的待定。快乐充实的寒假开始喽！

上次，奈娘跟张老师打电话，糊了土豆，奈奈因未自觉担当并幸灾乐祸而被赶出家门。这次，奈奈一听娘跟张老师打电话，就到厨房去了。奈娘打完电话，酸菜豆腐排骨已经炖好了。奈奈说，你看这次，我一听是张爷爷电话，就赶快去把酸菜倒进排骨锅了，豆腐切得也很好吧？唉，奈奈以后会不会一听张爷爷电话，就条件反射想炖东西？

两个月前，奈奈第一次见到张爷爷，张爷爷说，以后你妈妈欺负你，你就跟爷爷说。奈奈是个实在人，自此，就把张爷爷当保护神了，多次威胁奈娘要把她的恶劣行径告诉张爷爷。张爷爷和孙奶奶经常在奈娘朋友圈见到奈奈，其实已经对他很熟悉了。这么严肃的张爷爷和孙奶奶，也称奈奈为老奈哦。

奈奈写小说中……他说，趁着快乐，赶快写，也许长大了，写小说就不是这么快乐的事情了。奈娘困啊，可是奈奈还打不住。朋友们说，是要当作家培养吗？奈娘说，什么也不为，支持他，只因他觉得这是快乐的。事实上，奈娘从未传递给他写作的快乐，也不希望老鼠的儿子会打洞，一直教他不要从事任何与文学有关的工作。奈娘也从未见过一个人写作是如此快乐，快乐得让她羡慕和感动。皆因不是工作吧？刚才他说，哎哟我了个去，这水笔今晚用去了一半。奈娘催眠多遍，奈奈仍不能收手，抗议说，逼萌孩儿睡觉，不会有好报应的。朋友说，就让他头脑多风暴会儿吧。

考试前，奈娘为奈奈买了个招财猫，他自选的文曲星。

结果，根据奈娘制定的考试名次奖惩规则，他真的发财了，即将进账六百。这笔钱，将由奈爹来出。就这么定了，奈娘的美德是从不赖账。招财猫68元，奈爹也准备出了。但奈奈只感谢奈娘就行了。奈奈说，开心到我都丧心病狂啦！

奈奈的语言：把我妈骂了个水泄不通、鸡飞狗跳、花枝乱颤。这么鲜活的语言，不可能出自正版，只能来自山寨。奈娘正在向奈奈学习“祖国”语言——游戏网店里，外国游戏的山寨版就叫“祖国版”。

美好的幸福的一天啊！奈奈说，一堆一堆的幸福，谢谢美好的亲们。这一天，奈奈到阿姨家，饕餮了姨夫的美食，尤其那羊肉盖被——就是底下铺一层土豆，羊肉盖上面，再加一层调料——真的盖了！有奶便是娘的奈奈，便把那大姨夫叫得比爹还亲了。出得阿姨家，奈奈又用自己的奖金去买了一大抱绒毛玩具，年已十二、身高一米七的奈奈，仍然喜欢软软好捏的玩具，睡觉必抱。心地柔软的缘故？

奈奈即将开始约会女孩。奈娘正为他出谋划策中。十二岁的奈奈，想把全世界都送给女朋友，却只打算花五十块钱。约会是后天下午，却从今晚就开始紧张准备了，各种饮品店的卡唯恐忘了带，去肯德基还是仙踪林？还在待定中，等见了女朋友见机行事吧。奈娘说，女朋友花五十，你就要花六十。他说，我以为你让我花五十一呢。今晚陪他踩点和设计约会行程去了。奈奈连带什么纸巾都考虑到了，选用了价格昂贵的秸秆面巾纸，只因颜色接近土豪金。钱不多，却带了一个大钱包，一会就忍不住拿出来看看，惹得小偷们双目炯炯。奈奈已经给女生买了礼物，天意小商品批发市场来的十五元小黄人儿，据说是她最爱的，还夸他会省钱，这要在金源，得五十呢。追女生都得去批发市场买礼物，这样的经济适用男，要得吗?

关键问题是，这女朋友有个每天送三盒特仑苏给她的初三男友，奈奈一面管这男孩叫姐夫，一面要跟“姐姐”约会，还常常为何时公开他与“姐姐”的恋情以及如何表白大伤脑筋。“姐姐”是副班长，好在奈奈在班里也是常委级的。阿姨说，好吧，这个剧情有点复杂，还得PK那么一下下，但是勇气和锐气不可挡！奈娘回：但奈奈从来都是沧海一憨笑，算了。确实，奈奈每次追女生都很激动，每次一遇对手都很绅士，憨笑而退，也不大伤心。朋友说，“有种成长叫做放手。雁渡寒潭，雁过潭不留影；风吹疏竹，风去竹不留声。事来而心始现，事去而心随空。豁达！从小就显现出来了。”说得多好！诗情画意都来了，奈奈招架得住吗?

奈奈每次追女生，奈娘都认认真真帮忙，权当给他锻炼情商吧。有朋友问，这儿子，是您老人家亲自生的吗？又有阿姨对奈奈说，我才发现，你妈咪更可爱哎！还有位朋友给奈娘搞崩溃了：完全不像当妈的，像个知心朋友！奈娘是位知心母亲，这倒是真的。

奈奈的约会轰动了奈娘的朋友圈，有朋友回忆起老公的第一次表白，有人感慨：多么好，恋爱！但是，奈奈的约会失败啦，失败得很狗血！这得等他长大了，和女朋友有结果了，才能写出来。

奈奈提着一口锅，站在书房门口，吼了一句：老子终于把这锅洗干净了！奈娘赶紧表示亲切慰问，半年的油垢啊，奈奈辛苦了！阿姨们心疼了：奈奈，到阿姨这来吧，这个额娘……可怜的奈儿！摊了这么一个……的娘！奈娘的女朋友几乎都对奈儿怀有母爱，只要奈母子一起见阿姨，奈娘就会主动示意儿子，去，快到阿姨那里去补偿点母爱。有次在公交车上，奈奈被车门碰了头，奈娘无动于衷，李阿姨心疼地揽过奈奈：孩儿，到大姨这里来。

奈娘申明：有奖金的呀，清洗灶台灶具加炒锅高压锅，20元。还有感而发加了一句：奈奈的私有资金，来之不易啊，人家女生还不知道珍惜，唉！立刻有叔叔指出：雇佣童工是剥削行为！长辈们都同情奈奈又无可奈何。奈娘继续申明：与此同时，奈娘正为一篇文章加注释，清洗油垢与加注释，其实差不多的事，只是革命分工不同而已啦，奈娘没有偷懒。奈娘还语重心长地对奈奈说，儿啊，面对积垢半年的油锅，你能卷起袖子就做，以后人生许多事，都难不倒你啦！为娘这方面就不如你嘛，这说明你将比娘成功呀。你说，他能不做吗？

小年，你好！奈奈过几天要跟奈爹一起去奶奶家过年，奈娘先跟他过个隆重的小年吧。奈奈说，你今晚该喝杯红酒了。奈娘说，为了纪念你重回双眼皮，咱俩等会自拍一个吧。

居京五个多月以来，奈娘为奈奈做的最正式的一顿饭，三个菜，加奈奈切的一道香肠，全部吃光光。开了红酒，喝了可乐。以为下午五点半才正式放假，迟了一天进入假期心态。仍然很好，一切都很好。谢谢奈奈，谢谢岁月，谢谢所有给奈娘这种心态的人，愿你们好。

奈奈母子去圆明园，公共汽车坏在北大门口，奈娘对奈奈说，你看，冥冥中把你送到了北大。北大也是一直想带奈奈来的，何不随缘就份？再从北大上了地铁，要去金源吃越南菜，却发现离动物园不远，老莫也是一直想带奈奈去的，何不再随缘就份一次呢？将错就错N次方，就一切都对了。

这是昨天。今终于吃到越南菜，咸死了腻死了，为解咸喝了DQ热饮，为解腻喝了星巴克咖啡，结果更腻，回家吃了潍坊青萝卜，感觉终于拧过来。很多负，可能负负得正，但若多一个负，就不行了。

有朋友评价：莫斯科、越南、潍坊，青萝卜、咖啡、DQ，这一通国际化加本土的吃喝，很见功底啊。

有女生说：老莫不好吃！就是房顶高。是的，太腻了！所以，奈奈家的吃西餐攻略：一定要带一包榨菜丝，还必须是辣的。

奈奈年初一早上六点钟就由爷爷奶奶牵着满村子拜年，所拜者，皆为不认识的老头老太太。回来倒头又睡，被娘电话叫醒，迷瞭中小欣慰曰：收了好多红包。刚刚又打电话，娘问及金额，奈奈曰：就几十块，一个包里顶多十块，还有放两张五毛的。唉！奈奈这拜年的效益，还不如给娘洗油锅。这老家村里，原来也有五毛党呀！奈奈搂着一堆红包睡得美滋滋，醒来却发现又是个“中国梦”。物价涨成这样，红包却如此稳定！

以下是朋友圈的议论：

——反四风落到实处，中国有希望了！

——你也太见钱眼开了吧？五毛的红包都不给，也得去拜年，是不是？其实我的意思是，五毛的红包，您就甭给了，免得那娃儿空欢喜。

——或许人家就是单单送个红包而已，觉得太空也不好，就随手放了五毛。

——现在地上有一块钱都没人拣了，不要说交给警察叔叔，就是交给门卫保安，人家都嫌你多事。

——现在还有五毛的红包？关键是买个好些的红包都要一两块钱。

——现在拜年都涨价喽，俺小时候拜年一般都是五分，最多才一毛钱！

奈奈不在，奈娘做了一顿极其失败的饭，大肆感慨：幸好只有自己吃。这样的笨蛋，只配吃这样的饭！又过了一年，怎么还这么笨！时间去哪了？怎么一点都没到灶间？有儿子在，做饭的灵感还有稍许。世上只有儿子好，有儿的妈妈像块宝。

今天奈奈跟爹去南锣鼓巷玩，为娘买帆布包一个，马卡龙一盒，孝心可嘉，秀一下，以示表彰。还有一手机壳，已装到手机上。有朋友问奈奈得到啥回报，奈娘曰：我的好心情，就是对他最好的回报。

奈奈说，我要找个日本老婆，让她天天给我洗碗。奈娘斥曰：怎么能不抵制日货呢？不爱国！

奈奈按菜谱煮的奶茶，确实香浓，但太费了。

奈奈下午自己去沃尔玛，买了N多食材，回来给奈娘做的，用了很多心思哦。这菜叫东安仔鸡，面叫日式豚骨拉面，都是有名堂有讲究的，按照菜谱采买制作的。那鸡肉，都是他从鸡腿上一点点划下来的，他说，要用鸡腿肉才好吃。买食材，也是反复比价比质，才做出选择的。这顿饭奈娘没插手没过问，由他一人完成，小小的孩儿，怎么对制作美食有如此兴趣？菜谱都是他自己买的，还要订美食杂志呢。

朋友圈议论：

——以培养的名义，使自己的偷懒合理化！

——你这个后娘！

——奈奈不一般地热爱生活！

奈奈吃了舅舅带来的马家沟芹菜，喜欢异常，吃完意犹未尽曰，我将来要养条狗，叫芹菜。奈娘说，还是叫马家沟吧。刚刚又怀念起来，他说，我将来要娶个马姓女子，生个儿子叫马芹菜，生个女儿叫马小芹。如此，奈娘已是马芹菜和马小芹的奶奶了，仅仅因为吃了一盘芹菜而已。

跟奈奈外出吃饭，但见一女人，追着一条狗，嗷啊叫着跑来，那狗沿途找地儿撒尿，一里路撒了五泡，狗的后腿一抬，女人就不仅啊嗷，还要奋力拍巴掌。奈奈母子看得目瞪口呆。奈娘说，可能这狗便秘，她是为了刺激它，给它解便秘吧，这叫条件反射。奈奈说，那也不用这么有喜感啊。唉，主人的表现像狗，狗的表现倒像主人啊！奈奈母子感叹着。

开学第一天，作业到十一点。奈奈说，主要是要写一个《感动中国》的读后感。奈娘说，你就写，我不感动，完了。奈奈说，那是要作死啊？要是允许写吐槽版就好了，我能很快写出来。

奈奈洗完澡出口成歪诗：开学是痛苦的，开学是悲惨的，开学是一个梦魇，捆绑着我们这一代人的心。

今天早上，奈奈迟到，原因是定了闹钟的手机被他梦中推到地上，电池脱落。因此，奈娘也差点迟到，她是把他当闹钟的。奈娘没迟到，归功于没吃早饭。奈娘在如此紧迫的情况下为奈奈热了牛奶麦片，并泡了饼干。看，多么伟大的母爱！奈娘把自己感动得不行。

因为雾霾，奈奈已经几天没吃肉了，水果蔬菜是从社区网店订购送到家的。今天日朗天清了，中午下班后，奈娘赶快乘公交去买肉。车子迟迟不来，风口里那个冷啊，让人心慌又彷徨。本想买完肉回家煮奶茶，奈奈放学回来就可以喝了，奈娘也想喝，却没时间了。睡十五分钟爬起来，继续去听报告。下午回家，先补上中午的奶茶，又炒俩菜，奈奈那个赞呀！真是好养的孩子。奈奈说，长大了每天也要炒俩下饭的菜给自己吃，再找个软妹洗碗。饭后出去买鸡蛋，却一冲动要去颐和园，据说有个近路。颐和园没走到，却找到了一直想找的菜市场。然后就迷路了，完全不知自己在哪里，一身大汗回来还觉迷失，如梦一场，夜里果然就做了噩梦。醒来又去听报告。

好多朋友说奈娘剥削童工，奈娘有点心虚。看了美国孩子的家务列表，奈娘有了底气：看，奈奈所做的在美国很正常，我也是个正常的妈。

奈奈的姥姥来了，吃到十三岁的奈奈炒的菜，赞不绝口。奈奈纠正：还不到十三岁，其实十二岁就炒了，只是姥姥没来吃。看看，奈奈多有成就感。姥姥来了，奈奈既想享清福，又想露一手给姥姥看。奈奈是一个跟胡适一样好名要面子的绅士，这点奈娘早就发现了。

奈奈从昨晚就等着姥姥来了一起去买菜。现在，他们去了。奈娘为自己喷了一点香水，又往青蛙王子流水加湿器里加了另一种香水，然后，泡一壶玉女芽品种的金骏眉，就很有过节的感觉了。香氛在心，岁月静好。愿闺蜜们也美好！

后续却不美好了……前一刻还在说岁月静好，后一刻就暴跳如雷，唉唉唉！

奈奈说，每次睡觉的时候，都觉得自己长大了，其实是盖横了被子。

今天奈娘比奈奈早回家，正在处理水芹，奈奈回来了，进门就喊，妈，我回来了。奈娘说，你怎么知道我在家？奈奈说，我不知道，我每天回家都这么喊的，只是你不在家的时候听不见。奈娘说，假如有一天我不在了，你回家还这么喊，该有多么伤感。奈奈说，那还用说。

奈娘让姥姥从红包里拿钱去买肉，后来却发现钱还在红包里。奈奈说，唉！老人对你，总是充满了关怀。听起来，老奈很像个老人呀。

奈奈说，妈妈，你知道过分单纯叫什么吗？单蠢！我觉得你就有点儿哎。奈娘恼羞成怒，在晚饭后连吃了一把花生，两把瓜子，六颗开心果，一块巧克力，一块大虾酥。还有一瓶奶，待喝。敢吃才是真勇士！

刚才有支送葬队伍，敲锣打鼓走过蓝靛厂路。路口烧完纸马，又一路喧哗回来了。城市里不是不许这样吗？奈奈说，什么年代了，还这样！一朋友说，中国人一直在和规则做斗争。奈奈认为死的是个英雄或者大官，才这么铺排。固然死者为大，但那些活人头上缠着白绸飘飘摇摇，触目惊心，实在骇人，这是夜里啊。

大玩一天，累并快乐着。奈奈回家先网购了CD，然后乘着心情好赶快去洗碗，边洗边对奈娘说，你好久没洗碗了吧？也该洗一次了，要不然都不会洗碗了，万一哪天我死了你怎么办？

奈娘嚷：恨死我了！至少溢走一瓶牛奶！下次煮奶茶的

时候再溢了我就自裁！在煮开的阶段，发生恐怖袭击我也不离开了，我一定要守着它守着它守着它！满灶台牛奶啊，我不过去洗了个眼，用了个眼液而已！我都没全面洗脸！我只是怕这个眼液再不用就过期了。奈奈被奈娘捶胸顿足的懊恼诅咒吵醒，从床上爬起来去处理满灶台牛奶。奈娘冲奈奈嚷着，不活了我！奈奈说，溢了之后还有人帮你清，你还不活了呢。奈娘想想也是，这真是对着打翻的牛奶哭泣了。想开的奈娘开始无声地发微信。奈奈突然叫道，吓死我了！怎么没声？我以为你承受不住打击跳楼自杀了呢。

奈娘煮的牛奶黄米，加冰糖。奈奈喜欢的来，留了一碗要明早凉喝。被雾霾埋了几天，终于有点小快乐。周末就是各种煮。奈娘喜欢煮东西，自己琢磨着煮。奶茶是加少量水先煮开，放茶包，再加奶小火，煮久了，熬出奶油来。鸳鸯奶茶是快煮好时加上速溶咖啡；加紫薯泥，算香芋奶茶。柠檬红茶是把红茶煮好放凉，再把切片但不切断的整个柠檬放进去——必须整个，这是奈奈要求的，他在外面店里喝了同样的，就要奈娘在家做。

奈奈每月必买刊物：《儿童文学》和《美食堂》。儿童阅读和烹饪，这两种趣味统一于一个男孩儿，从十二岁开始，奇葩不？奈娘问，你将来是做个作家漫画家还是厨师？幸好奈奈答，作家。否则，奈娘现在就可以送奈奈去蓝翔技校了。

奈奈对奈娘说，我看你除了打我之外，没有别的运动技能！知道你每次打完之后我怎么想吗？尼玛，打我这么有劲，平时拎东西怎么没劲了呢？都说哎呀，我累，拎不动。

这小畜生，就擅长吐槽额娘。这厮还说过，我骂人是学你的，是因为对你的崇拜。额娘回，我有很多好事，你咋不学？这厮说，好事不出门，坏事传千里嘛。

朋友甲：这是反思和自省吗？

奈娘：这是自我放纵。

朋友乙：女权主义者还搞家庭暴力？

奈娘：要不然，算啥女权主义！

朋友丙：儿子这么好还打啊？

奈娘：打才打得这么好的呀！

奈娘手一抬，最喜欢的玻璃泡茶杯碎了一地！奈奈跑过来：娘，别生气，我来扫哈。奈娘依旧抽泣连连。奈奈说，又不是没碎过，那么当回事干吗？唉，我小时候都没砸碎过这么多杯子。

奈奈近来有了新的生财之道，打死家里一只蚊子可得奖金10元。如此一来，家里蚊子会不会反而更多呢？

下周期中考试了，这周奈奈天天十一点睡，今天又发了十几张卷子。奈奈说话都萎靡不振了，还在给自己加压，奈爹提前送了他生日礼物，他担心地问，万一下周考不好怎么办？奈奈深深感慨：素质教育，原来只是小学的事。奈娘让他不管有多少作业，做到十点就罢，没完成的就跟老师说，妈妈不让做了。但他不肯。

因体检起了个大早，觉得一天好长，过了半辈子那么久，才中午。凄冷，想回家煮奶茶，热乎一下自己，却被奈奈绑架到仙踪林。他上周太辛苦，只好从了他罢。

奈娘：这么好的天儿，不出去貌似罪过。奈奈：不去。奈娘：母子双宅，这合适吗？奈奈：宅怎么了？宅是一种生活态度。奈娘：那就吃块巧克力吧。

奈奈母子昨晚走过昆玉河上的天桥，看见一个瘦小的白衣男人，倚栏凝然不动。奈娘对奈奈说，你有他三个胖。两个多小时后再次走过天桥，他仍在，换了一个位置，仍是凝然不动。奈娘大骇，奈奈却正恶搞，被娘劈脸一掌。奈娘说，你看不见那个人很不正常吗？奈奈说，跟我有什么关系？奈娘遂大骂奈奈狼心狗肺只知道长肉，死胖子！奈娘在心里已为那人的瘦找到了社会根源，就是奈奈这样的死胖子。奈娘为那人列举了三种可能：自杀，绝症，精神病。第三种可能的理由是他戴了一顶长着耳朵的卡通帽。奈娘主张报警，奈奈说，人家就在那站着，你报警干吗？奈娘说，站几个小时了呀！你不觉怪异吗？我们不好去问他怎么了，只有警察可以问呀！第二天早上，奈娘仍不放心，让奈奈骑车去看看他还在不在。奈奈说，不去，一个人真要自杀，你是挡不住的，不可能天天看着他，再说，自杀是不违法的，自个杀算个啥！

朋友甲：母子对话有点不着边际，但似乎又在人类范畴。

朋友乙：感觉你家奈奈比你成熟多了，呵呵。

奈奈说，狗的问题现在不是改不了吃屎啦，是改不了吃狗粮；猪也不吃屎了，是喝牛奶吃面包，过得滋润着呢，我说的是小香猪。

遵照考试名次奖惩规则，奈奈君这次赔得只剩三毛钱资产了，明天还要举办生日“爬梯”（party，派对），怎么办？怎么办！人生悲剧莫过于只有三毛钱却要办“爬梯”！唉！奈奈近来写作积极性空前提高，只为赚钱还奈娘，可惜不能像金庸，拿钱立等可取。奈娘是个立斩娘，绝不会松口手软的，如何“爬梯”，只能看他自己的造化啦。结果，奈奈拿几张面包店饮品店的储值卡，请了一个闷闷的男同学，去闷闷地吃喝了一堆甜品，腻得回家吃不下饭。这天还是母亲节，奈奈对奈爹说，想送妈个礼物都没钱买，唉！奈娘说，这也是一种纪念吧。

奈奈的济南之行极其尽兴，尽兴到得了一场肠胃炎，症状与刘姥姥进大观园极其相似。这场终生的奇耻大辱在奈娘的反复强化下，终于让奈奈发誓永远不吃自助餐了。

奈娘：谢谢航空公司和银行的电脑系统记得我的生日，还是科技体恤人。幸好生活在一个科技时代。早上儿子站在床前，给我轰走了，晚上他才告诉我，他是来跟我说生日快乐的。唉，错过了一个让自己感动的机会。明明是生日，却像没出生一样，白出生了一次，生得不伟大。

朋友们：

——生得不伟大没关系，活得伟大就行，那么实力雄厚的大公司都记着你的生日呢。

——儿子的不辩解多么有爱。

奈娘：我还是等会再洗头吧，现在洗了，头发披着影响干活，扎起来影响——奈奈接话：干头发。奈娘：你真是越来越懂我了，我的习性和纠结你都懂，虽然有时候还是让我生气。奈奈：不让你生气太难了，比杀十个人不犯法还难。奈娘：嗯？有那么难吗？

奈奈：日本的神太多了！多到离谱！居然还有掌管便便的，还分大和小的；还有掌管落叶的，灰尘的，头发的……掌管家庭关系的有四五个，总共有八百多万个神哪！

这回书叫：胖奈儿告黑状，冤奈娘请大餐。皆因奈向爹告状，渲染自己过得多苦。奈娘朋友圈上图，发现光拍了吃饭的家伙，没拍被吃的。看着他长大的阿姨说：既急迫又沉着的胖奈……

自从看了《红楼梦》，奈奈就痴迷冷香丸，配方都背下来了，立志要自制，就想知道有多香。

奈奈出品的牛排，摆得颇具上流美，边上一小团是拌饭酱，番茄边上是韩国泡菜。奈娘是吃食堂的，奈奈在家做了自己吃，还要摆盘。明白什么叫热爱美食了吧？人家老奈很有专业精神的。真的不是奈娘教的，是他自己教自己的。

研究心理学的朋友说，是不是你总说你不会，然后孩子就会了？譬如我家女儿的数理化之类的，我看她的题，几乎读都读不来，然后她兴致勃勃地讲，我仍听不懂，之后她就不给我讲了，但数理化似乎也就越来越有兴趣了。

终于来到觊觎已久的某素食馆。奈奈说，仿真的素食总是不如本真的好吃。奈娘说，你就说还是想吃肉呗，那么绕干吗？奈娘在素食馆买的白菩提手串算是对自己的额外补偿。制服穿久了，都没有戴手串的习惯了。但她仍然坚信，不臭美的女人不是好女人。

请一对母女吃饭，团购的券却在手机里找不到。连奈奈都会找不到？！奈娘简直不能相信，只好向朋友告罪：今天奈奈不够给力。今天真是囧事连连。千万别指望我是个正常人，否则会误事的。

奈奈对奈娘说，给你从淘宝上订了个世界杯保险，如果你看球激动死的话，会有人买单。可是，奈娘根本不看球，浪费了呀。奈奈说，反正是免费的。朋友说，既然有保险了，你就应该看世界杯了，剩下的几场球更刺激……

奈娘看了一个老来孤独机器人为伴的视频，很是心酸。奈娘不担心父母，担心自己，因为这一代是独生子的父母啊。遂敲打奈奈：等我老了，你可不敢不管我哦。奈娘让奈奈现在就下保证，并威胁说，你若是将来不管我，我现在就不管你了。奈奈自然不敢不下。可是，奈娘觉得，他不过是好汉不吃眼前亏罢了。

奈绅士在厨房跟阿姨探讨京酱肉丝的做法，彬彬有礼地说，如果我没记错的话，京酱肉丝是用生葱。昨天还对奈娘的同事说，平时承蒙您对我妈妈关照那么多。听得奈娘目瞪口呆，她都说不出这话呀。

奈奈跟阿姨的对话——

阿姨：没本事的人才要好好做饭呀，有本事的人谁做饭？阿姨是没本事，干不了你妈妈那样的事。

奈奈：阿姨，您才四十多岁，可不能这么说，您现在还可以创业呀。

阿姨笑：阿姨还上哪创业去！

奈奈：你可以开一家家政公司。

阿姨更笑：阿姨还开家政公司！阿姨哪会哟。

奈奈：我可以帮你，我给你在赶集网注册一家吧。

阿姨：你要好好学习，你妈妈将来要靠你。

奈娘插话：我可不靠他，他别拖累我就行了。

奈奈：我要自己拿奖学金。

阿姨：穷人家的孩子才拿奖学金。

奈奈：不是这样的，富人家的孩子拿奖学金的也很多。

阿姨：富人家那么多钱，哪要靠奖学金哟。

奈奈：那是父母的钱，不是自己的，要想花得爽，还得自己拿奖学金。

奈奈放假了，奈娘还没放，于是，奈奈开始主厨，奈娘感恩曰：感谢儿子给我两天的饭吃，并帮我做了PPT，家里还是好人多啊。一朋友评说，两人中就有一个是好人，比例挺高！一朋友谴责，剥削阶级习惯，享乐主义思想！腐败之母！

奈母子散步，见一狗行至一土堆，从容一抬后腿，尿尿。奈奈说，这狗在炫技吗？

奈奈君早上起床用黄油为自己煎几片培根，再煎个鸡蛋，配牛奶面包。本来有奈娘的份，但奈娘已经面包牛奶打发完了。奈娘真佩服奈奈这种生活的热情和耐心，人家在厨房里还哼着小曲呢，看来无比享受烹饪时光。

奈奈用烤箱做的饼干，像模像样，味道也超赞！奈娘美美地叹：神奈啊，我的儿！朋友们赞：神厨风范！舌尖上的奈奈！这小伙，学习好，厨艺精，还要肩负哄她老娘高兴的重任……真乃神奈也……还戴着围裙呢！

烤箱是朋友送的，奈奈用它烤了二三十片饼干，可奈娘买烘焙器具和原料花了两百多元呢。正当奈娘怀着惊叹夸耀儿子的烹饪和烘焙时，骤然发现他的学习成绩已受影响，她感到自己的得意受到了莫大的嘲讽，颇有些讪讪。这几个月他确实太沉迷了，早已压过对写小说的热衷。学习成绩让他猛然警醒，自己内心也开始抵制了。兴趣来时汹涌，去时悄然，不知什么时候，奈奈的烘焙时代已无影无踪结束了，空留一堆烘焙器具和原料，让人看着生出“此地空余黄鹤楼”的怅然。奈娘其实就是支持他去尝试，结果无所谓的。奈奈厨艺的热情尚留少许，偶尔还会小试牛刀。

圆滚滚的奈奈躺在床上酣睡，同样圆滚滚的蚊子趴在墙上酣睡。奈娘惊呼，奈奈迷迷糊糊地说，这叫人文（蚊）自由和谐。翻个身，又圆滚滚地睡去了。奈娘说，我只是把蚊子打死了。朋友质问：怎么着？你还想打死哪个？

连夜奋笔疾书，狂批烂片《小时代》的奈奈，让他从事文学评论的娘自愧弗如。

西安酒桌上，奈奈果断站起，主动替奈娘酒，回头自豪地说：我为你上刀山下酒海，还有谁能做得到！奈娘说，可是，我情愿自己喝呀，你不还是小孩儿吗？

在青岛，奈奈望着花石楼说，就像《简·爱》里面装疯女人的地方，我也要把你装进去。奈娘说，好吧，我愿意做阁楼里的疯女人，如果这阁楼是花石楼。

奈奈母子一大早去赶海，却碰上下雨，在屋檐下站了半天，看别人搏击风浪。雨停，奈奈拿着一根“偷”来的黄瓜走到礁石上，被奈娘拍抓，照片上看，奈奈似乎在拿着黄瓜向大海表白。

奈奈母子探索青岛大街小巷，行走一万三千多步。在水母和“青食”之间，奈奈最终选择“青食”，彰显奈胖本色。坐反车，随遇而安去了另外想去的地方，寻访三年前的踪迹，遇见一些小确幸：奈奈一直在寻找的德克士续杯，现烤的鱼片，超贵以至于奈奈心疼得直抽凉气的意大利酒心巧克力和水果糖。奈奈为找零钱买了个冷饮，叫神秘泡泡，打开包装，活生生就是安全套装着白色液体。奈娘说扔了，奈奈不舍，愣是咂着恶心奈娘。商家还能再龌龊点儿不？倒是给奈奈上了一堂某方面的普及课。

今天泳衣下海，奈奈自行学会了狗刨，他说，其实最救命的就是狗刨，海里面大部分人在狗刨，连外国人都在狗刨。奈娘说，你以为外国人怎么游？他说，原来以为，外国人都是优美的自由泳仰泳什么的。

胖子都没出来玩是咋地？一海人，没一个比奈儿胖的。愁煞奈娘！一朋友真好心，说：肯定是其他小孩怕热。奈奈不爱单纯的运动，到处走走玩玩倒是喜欢，走多少都没意见。奈娘强迫他运动也是一时，不起作用的，打两鞭子跑两圈，不打第三鞭子就没有第三圈了。辩证法告诉我们，内因是主要的，外因要通过内因来起作用。

鱼刺卡喉，急派车送青岛某医院，结果半道上好了，于是急救变成逛街。今晚就这么过的。近期不会再吃鱼了。朋友甲说，叫车干什么，放个猫进去呀。朋友乙说，还是要小心，正是调皮的年龄。奈娘赶快澄清：是我卡了，不是奈奈。

回到南京，奈奈找到奈娘几年前为方便躺着喝水买的奶瓶，叼住就不放了，装小给他极大的快感。奈娘拍下他的奶瓶照发朋友圈里，躺着一张，站着一张。他自己返老还童，却抨击某女星浑身都是鱼尾纹，同时坚信他的老娘还是萝莉。朋友说，为了证明你没老，你儿子坚决使用奶瓶。

在南京一服装店，女老板对一试衣的姑娘说，不信你让那阿姨帮你看看。“阿姨”指奈娘。奈拿出决斗的架势怒斥老板娘：你就是在暗示我妈老，没教养！老板娘错愕，肯定还没人为此跟她决斗过。

一个暑假，从黄色文明到蓝色文明再到绿色文明，行走月余。奈的衣服小的小，破的破，边走边丢。这提醒了时间与成长，如此迅速！

奈奈同学要完成三百字的某某价值观征文，奈娘正替他发愁，他坐到电脑前两分钟搞定且打印好了。他说，你懂的，连360上都说，这是人写出来的吗？奈娘已出离悲哀，只是庆幸，十三岁的儿子已经懂得自己的国家。奈奈还要完成一篇交公粮似的校庆征文，为凑字数，他说，我把学校全名写上，再加个括号，括号里写原某某中学，这就二十多字了。三分钟，又完成了，他说，完美主义的萌小奈，就是抄，也要抄到最好。奈娘说，祝贺我的儿子吧！奈奈又想起还有个安全征文，于是又坐到电脑前。他说，全是这种，某某路线的范儿，我估计学校也不愿意办这种征文。奈娘嗟叹，那是谁在办谁在办？！办吧，办吧，反正，遇到这种东西，奈娘坚决支持奈奈抄，我们的脑细胞，绝不能死在这种东西上。一老同学说，你是教授，改革吧！奈娘回：我都被人家改着呢。

你当姐喝的是什么？酒哎。云南菜馆的果酒坛里来的，奈奈以为是免费的，咕咕倒了一杯，倒完被告知是收费的，但人家也没收他的。奈娘得喝完，腾杯子用。多么好的喝酒的理由。在书店喝酒，这叫什么？

奈奈：今天晚饭你做吧，我给你打下手，你做得不好我不会骂你，我做得不好你就会骂我。又想了想，算了，下手我也不打了，万一做不好，你会怪我下手打得不好。哈哈，他终于明白谁做谁犯错，不做不犯错的道理了。那就由奈娘大显身手吧。

卖花的车子上为什么要插几把鸡毛掸子呢？奈娘认为是顺带卖的，奈奈说，是为了表明自己是干什么的。他指着民生银行说，就像民生银行的Logo，为了彰显自己的存在。既然奈奈用了这么高大上的措辞，奈娘就不好意思反驳了。可是，鸡毛掸子真的是卖花的Logo吗？花和鸡毛掸子有什么关系？这么无厘头？奈奈说，就是讲究这个范儿！一朋友感慨：现在孩子真幸福，我小时候，鸡毛掸子通常是母亲与儿子之间的有效沟通。

菩提萎了。奈娘喉咙哑了。奈奈要吃冻榴莲，劝奈娘试吃，终是无效。奈总结娘几怕：蚊子，蟑螂，老鼠，榴莲。一闺蜜说，我家附近有卖榴莲蛋糕和冰淇淋的，超好吃。奈娘建议，下个假期，咱们来个双城记，互把对方的城体验个遍吧。

奈奈母子到某花园酒店吃饭散心，顺带参观了白家大院的老外婚礼。奈娘穿着据别人说是宝蓝西洋范的裙子，被认为也是来参加婚礼的。两路格格分立，客人一走近，格格便把帕儿向左脸侧一举，身子一矮，口念：吉祥。奈娘开始时回：谢谢，吉祥。后来干脆看不见了。客气得太累了。奈疼钱，比牙疼还厉害，似乎没有娘那么兴高采烈。后来，奈奈说，将来我也要到白家大院举行婚礼，然后到世界各地度蜜月，包括很穷的地方。

奈母子骑着桥底买的170元的赃车，两耳生风，如虎添翼。沿北京绿道，穿北坞，过玉泉，到颐和园（北门）。再过北宫，穿西苑，还是到颐和园（？门）。然后直奔中关村，吃饭，买杂志未遂，归家。奈娘几年没骑车了，有奈大人在，特有胆儿，居然车技大长。奈说以后骑车去南锣鼓巷。奈娘说以后骑车去舅舅家。奈总结，你发现没有，自从家里多了辆自行车，咱俩野心勃勃。嗯嗯，是的是的。这要是当了大官，能不贪吗？有车有司机，至少得命他开到月球上去。奈说，骑车出行，发现北京也没那么大。奈娘感慨：一辆赃车带来的快乐，就有这么多呦！

买赃车实属无奈，近处找不到地方买平民自行车，而买赃车又那么方便。在家看盗版，出门骑赃车，中国小民的幸福生活。奈娘以平和的心态准备着，它再次成为赃车，然后，她再去买一辆同类的。这也是一种流通方式嘛。或者就当慈善。

果然，不足两周，赃车再次成为赃车。奈奈输不起了，说不再买赃车，买辆新的，免得又受打击。奈娘说，新的更容易成为赃车。他说，从赶集网上买。奈娘说，那，谁能保证不又是赃车呢？奈娘好奇的是，两辆车子放一起，为什么是赃车被偷？是不是赃车的缘故？若是被车主认出来了，取走也罢；若是被偷车者认出来了，那难道不是循环偷吗？认了，李顺大是造屋，咱是买自行车。

奈家又买一辆赃车。愈丢愈勇。比上次多花五十，更高大上。小偷已亲口告诉奈娘防偷秘笈，肯定不会再丢了。奈娘：哎呀，怎么有点不放心呢，赶快出去看看是不是已经……俺家床，我不睡了，给车睡，行了吧？

百合花蕊的粉弄到睡衣上了，奈娘感慨，这么美的花，花粉弄到身上却像屎一样难看。奈奈说，这有什么奇怪！西施的屎粑粑也是屎粑粑，没准比壮汉的还臭呢！你说这娃，就这么看透人生了？一朋友折服曰：奈奈大神也，以后我遇事准备找他拜问。

由感慨张雨绮，奈奈总结出中国古代四大美女的共同点：都没生孩子，又都不是处女了。为娘都不明觉厉啊！一女友问，你是怎么给他知道处女这个概念的？他是多大知道的？奈娘答：小学，男同学灌输的。每一个男孩子的成长，都有一个坏男生作导师。

周末，奈奈组装酒架，得劳务费10元。白葡萄酒并不比红葡萄酒好喝。奈奈帮忙喝了一杯。冰裂纹的畲祖烧茶具，正待启用，只欠配合的心情。着迷养花，忙了一中午。百合只剩一朵未开，太对得起我了。我居然盼它快点开完了。看了两部莫名其妙的点播电影。懂的，不看就懂。不懂的，看也不懂。奈奈画的美少女得了一个小奖，他最擅长画美少女。

一朋友评价：生活，在此处……

《动物世界》说，春天到了，动物开始发情。奈奈说，秋天到了，蚊子开始恋家。他的蚊子粉丝特别多，夜里他都打自己一脸血。他说，我这几天回家，就是吃饭睡觉做作业打蚊子。奈娘只好把打蚊子的奖金给他取消了，不然付不起。有次他把一只蚊子堵自己耳朵里打死了，这叫舍不得耳朵打不得蚊。一朋友说，还是电蚊拍好用，噼里啪啦落花流水特解恨特有成就感。当然，奈奈也拿电蚊拍过瘾，可是，你不能在自己身上使用，是不是？想当初，奈奈的奶奶就想直接电死奈爹身上的蚊子……

奈娘看一个苦到发黑的电影（韩国电影《痛症》），盼着盼着，快相爱吧，快相爱吧。寄托于这最后的诺亚方舟。不断用手遮挡眼前，好不看见屏幕上的血脸，却总也挡不全，因为老是移动。直到男的对女的说，我那还有一间房子，你去住吧。才稍稍缓过来，毕竟人间有暖意啊。终于如奈娘所愿，恋爱要开始了。奈奈说，这种纯爱戏，女的要踮着脚尖，才能吻到男的。接下来，奈奈又说，这种同居戏，完了女的都会到浴室里去蹲着。说啥都是准的，奈娘老了，还不如一小屁孩儿懂。奈奈小学三年级就知道说“你是个好人”，意味着没戏；见面死掐的，准有戏。小屁孩儿这么善于解构，老家伙只忙着建构。没爱的时候，男的女的都活得没心没肺够坚强，一有爱，完了，变得脆弱不堪了，这爱，是要得还是要不得？这虐心的电影，坑死奈娘！这又阴又冷的天儿，何苦来哉。

老奈哼着水树奈奈的歌，在厨房里做咖喱牛肉土豆，他怎能如此快乐呢？羡煞奈娘也。奈娘也干活，只是很难这么愉快，这么享受。她无比感谢奈奈，使她生活能力生活心智大长！一朋友受触动：我那来历不明、无中生有的厨艺，也是来自童年的生活记忆……

哦，对了，要交代一下奈奈这名字，因他喜欢水树奈奈，而自命为奈奈大萌神，简称奈奈。

奈娘一部泰国电影看完，奈奈正好游泳课归来。奈娘头一次看泰国电影，《十月奏鸣曲》。一个不是驴不走，就是磨不转的爱情故事。单是一个不识字，就可以生发出这么多参差的爱情故事。比《生死朗读》强的是，女主角最后不仅识字，而且成为作家了。奈奈大骂游泳馆长把他当幼童待，其骂之恶毒，甚是像奈娘的儿。

看了半部《沙漠之花》，反女性割礼的电影，根据一个女模特的自传改编。痛楚得奈娘眼泪都出来了。片中说，非洲女孩子不行割礼，就要受到妓女一般的看待，得不到尊重。奈娘问奈奈，假如你有个女儿，你会怎么做？他说，我宁愿她受妓女一般的看待，那么愚蠢的人，要他们尊重干吗！奈娘赞：好儿子！

奈娘待女友携女儿来。奈奈准备与妹妹做饼干。奈娘准备煮番茄牛腩和蒙古奶茶。熏着藏药香，驱逐阴天。不宜喝咖啡，奈娘就看一本关于咖啡和旅行的书。沙发上铺的是很厚的双面花的棉毯，是奈娘刚买的，极喜欢。把奈奈和妹妹的照片发上朋友圈，几个镜头，好似一部小数字电影：从并肩看电影，到透过书柜的空格谈论某本书，直到最后奈奈把妹妹抱起来打旋……朋友们挤眉弄眼，奈娘赶快声明：奈奈母子都没有非分之想哈，各位别多想，只是感觉美好而已。

奈家客厅的躺椅旁边，陈列着刚刚采摘的苹果枝和恩施大峡谷带回来的撒尿狗。这狗是树枝雕刻的，有一条腿短，总是翘着，貌似撒尿，所以叫撒尿狗。奈娘采摘完回家就睡，睡完就头痛，洗了个澡，也没把头痛洗掉。忽接出书的好消息，奈娘虽高兴，虽感谢，还是头痛。只好打电话，把去姥姥家拿吃货的奈奈召回。奈奈不满地说，你干吗那么粘我啊？

红酒，怎么只有三个250，没有一个250的呢？奈娘一次只需要一个250而已。奈娘说，你听人家楼上，在弹琴呢。奈哥说，人家是在吹号好不好？果然一个二百五了。从今天开始，他自称奈哥了，升级了。

减肥大忌，吃老太太做的饭。奈娘撑得头痛。至于奈，估计一会儿外套都穿不上了。

奈娘今天淘宝战果甚巨，被奈封为剁手党。芹菜芋头花生红豆……囤下一冬的食物，雾霾天不用出门了。根本原因还是：懒。必须补充一下，还有十几本书。

朋友评：懒死算了。

奈君说，不八卦怎么活啊。刚看到八卦界一句真理：一个眼睛里全是故事的男人，怎么会娶了一个眼睛里全是世故的女人？评梁朝伟夫妇的。但奈娘觉得他娶对了。反常合道。俩有故事的在一起，就顺拐了。那些爱得生生死死的，却连在一起的勇气都没有，何如这般？

上海七宝老街，又购六条围巾。老奈拖着行李箱逛了一天，各种奇怪小吃，安慰了他的苦力。奈娘是一次爱个够的人。其实，奈娘还看好一些衣服，可是总怕万一绝症了穿不完，犹豫之后没买。奈娘四十岁以后就有绝症意识了，考虑许多事，都情不自禁地把绝症算上。还喜欢一个品牌的多彩包，因为所有的都很喜欢，所以最后一个也没选。后果就是长久惦记。女人都有这毛病吧？奈娘有选择恐惧症，写文章如果不知道选哪个词好，就会全用上。

奈娘：还得把日子过得好好的，不负自己不负奈，也不负那锅香喷喷的热汤。心里凉时，就去煮汤，炉上咕嘟咕嘟冒着热气的那一锅，总能把心热烘起来。今晚好想出去玩啊，突然想当圣诞夜来过。

朋友甲：今晚要出事。

奈娘：其实啥也没做，连散步都没有，还在过平常日子。

奈娘：唉，我说今晚想出去玩，一圈人，没一个接茬的，白撒娇了。

朋友乙：谁说没人接茬？我们这里刚早晨，这不才看见嘛，哪天高兴来这里玩吧，加州阳光，冬天都可以冲浪。

奈娘：心驰神往！今天北京又雾霾了。想念朋友和阳光。

昨日黄昏，奈娘开窗想拍满地黄叶，不经意瞥见旁边楼顶的天空，寒鸦度微霞，顿时满心苍茫，仓皇关窗。奈娘有天黑忧郁症。感慨不如钟点工幸福指数高，至少她没有这些脆弱。今晨却见阳光满室，尤其看见奈奈自己把书桌书柜整得如此井然，顿时满心欣喜，这点上他比爹娘强。心情如自然界，总是断不了阴晴圆缺，有昨日黄昏，就会有今天早晨，希望自己经常想到这点。此时，蚊子依然来袭，咳嗽正待开启。但是今天没有雾霾，是不是？想起老奈的话，蚊子之所以咬你，是因为它不吸血就会死，你就让它吸点怎么了？反正你还有很多血。这叫舍妈饲蚊。

奈奈担心地说，万一我写的东西成了我们的阅读理解题，怕是连我自己都理解不出答案里的意思，怎么办？然后悟到，那余秋雨贾平凹什么的，肯定也不明白他们的文章里怎么会有那样的意思。原来，阅读理解，就是阅读不理解。

老奈和一男一女两同学去植物园了，奈娘看到一篇孩子出事的文章，忍不住给他打了个电话。老奈漫不经心地说，在逛啊。在逛，就好。奈娘放心了。

老奈一早谈起简·爱，结论是：结局还不错，闹了个翻身农奴把歌唱。他往红茶里倒奶，给自己倒得多，给奈娘倒得少，自己解释曰：男人是奶做的嘛。

奈家买了个全自动咖啡机，按钮一戳，眼看着热咖啡就流出来了，那个神奇啊，那个高妙啊，那个激动人心啊！女士们，乡亲们，到奈奈家来喝咖啡吧！咖啡馆的情调难道从此不再体验了吗？所以，奈娘邀请你们到奈家来喝咖啡。不伤心咖啡馆，老板娘孙二一枚，小厮大胖儿一个，配备齐全。立刻有朋友回应：我要来。下次来北京拜见奈大爷。

奈母子很平等，奈娘从不把奈奈当小屁孩儿待，同时，也从不掩饰她的坏脾气，她的什么丑行恶相奈奈都领教过了，这就是平等的代价。面对奈娘的抓狂，老奈早已练就金刚不坏之身，该吃吃，该喝喝，该胖胖。即便挨两下，也是权当给这个女人锻炼身体的神气。嘘，奈娘知道你要说什么，人家老奈早说了：你什么时候不是更年期？自从我来到这个世界上见到你，你就是更年期了。奈娘赶紧启发他，你忘了吗？你小时候，在你第一次挨打之前，我对你还是蛮温柔的，那时候你经常在陈奶奶家。他说，那是因为我在陈奶奶家，你打不着。从蜡笔小新的妈到大耳朵图图的妈，再到红太狼，老奈大概早已明白：妈妈就是这么可笑又可爱的一种动物。如何对付，他也了然于心，几年前在服装店，奈娘试穿一件衣服，问他怎么样，他说，还行。奈娘说什么叫还行？他说，对待女人，就是要说还行。惊得店员忘记了卖货。这小畜，比他妈更早明白神马都是浮云，享受生活是真，所以，即便撒谎，都是气定神闲。当然，真的犯错挨打，他还是伤心的，这里就不比如了。奈娘是不是在掩饰自己是个差劲的妈？奈娘的母亲攻略之儿子的四大功用：主心骨、顶梁柱、出气筒、镇静剂。朋友警告：当心啊，不要成为劳伦斯的妈。奈娘回：他要是能成为劳伦斯，我也认了。其实，奈娘早就想到他将来有可能成为作家，原因就是他有这么一个压抑着他的既爱又恨无法逃脱的妈，劳伦斯就是依据之一。

看锋菲复合的头条，奈娘同情心大发作，说，盼张柏芝的两个儿子快长大吧，她的幸福指数到那时候将毋庸置疑压过锋菲，他们身边都没有这么帅的下一代吧？两个帅小伙往额娘身边一站，看谁与敌？实在看着柏芝这个傻女人太可怜了！就算自作孽，偿还得也够了吧？网上各自的粉丝破口掐，实在太爱憎分明立场鲜明了，世界上有这么斩截的活该幸福或活该不幸吗？一女友说，操心的事还真多，儿子长大又怎样？还不是去投奔老爸当歌星。奈娘坚决地说，我肯定他们不会，儿子对母亲，绝对眷顾！

男人的阴柔为什么不可以为美？

若问什么是好男人，我的答案只有一个：懂得爱悦女人的男人就是好男人。身为女人，我当然是以女人的视角来看男人的，不能代表男人对男人的论断。但身为男人的周作人在《书房一角·扪烛脞存》中也曾留下一句话："鄙人读中国男子所为文，欲知其见识高下，有一捷法，即看其对佛教以及女人如何说法，即已了然无遁形矣。"仅这一句话，我就觉得周作人了不起。

中国人自古就把不多情不好色当作评判男性英雄的先决条件。一般来说，男人情和色的对象当然是女人了。那么，这个标准就可以进一步阐释为：不爱女人的男人就是好男人。

我不算一个大度的女人，但却觉得，男人多情好色并非滔天罪过，只要不淫便好。现实中的李商隐、徐志摩、胡兰成以及小说中的贾宝玉都是多情好色而不淫的典型，都深为女人所喜欢。克林顿即便在莱温斯基事件之后，依然得到许多女选民的拥戴，也活生生地证明了我的观点。——必须说明的是，我不喜欢克林顿，我觉得他太男孩儿气了；我喜欢奥巴马，他才是男人。奥巴马特别像我喜欢的电影《卢旺达饭店》里那个有魅力、有担当的黑人男主角，来自于这样一个男人的翼护最能够给予女人幸福感。我尤其喜欢他行走的样子，像一匹稳健的骏马。稳健，应该也是他对待女人的态度。这样的稳健令女人倾心并放心。

写到这里，我才发现自己是多么矛盾，我打算肯定多情型的男人，却情不自禁地对稳健型的男人大肆表示倾心。其实，并不矛盾，因为生活中绝大多数是既不多情又不稳健的粗糙麻木平庸委琐的木牛流马草包一般的乏善可陈的男人，也许我想说的是，既然稳健型的理想男人不常有，在多情型与匮乏型之间，宁愿选择前者。

许多自认为“够男人”的匮乏型男人的误区在于：他们瞧不上李商隐、徐志摩、胡兰成、贾宝玉式的男人，更瞧不上女人对这些男人的倾心；他们认为那些男人应该向他们学习，女人应该爱恋他们这样的才对。他们实在是太不懂女人、也太不懂男人之于女人了。女人爱什么样的男人，难道还需要男人来告诉她们吗？女人是太感性的动物，她们的感觉会告诉她们一切。他们的自负实际上很可悲，但他们却在窃窃自喜着，因而愈显其可悲。因为这种自负，许多匮乏型男人把自己封为“阳刚型”，而且这种自封颇得到一般庸人们的认同。于是，他们似乎成了男人的“正宗”。

对于胡兰成这样的男人，那些自认为正宗的男人会采取白眼看鸡虫的鄙夷态度，斥之为绵软“小男人”，以显示自己之“大”，若果见到胡兰成，恨不得上前斥责一声：呔！然后威风凛凛将其扠走。殊不知，第一，他未必是“小男人”的对手。——由《小团圆》可以知道，胡兰成并不绵软，张爱玲爱他自有理由，她并不像那些不喜欢胡兰成的人想象的那么弱智。第二，恐怕正宗男人还未近身，已有一干女人上来保护胡兰成了，反倒是正宗男人被轰走了。他们悻悻然离去时，依然看不到自身的匮乏，而只是对女人摇摇头，表示恨铁不成钢。男人和女人在意识上有很多根深蒂固的错位，此乃一例。女人对男人的想法是：如果你没有客观上的魅力，主观上肯努力，用心对待女人也行。女人并不要看本质，本质是很玄虚的东西，可能最终都得不出牢靠的结论。也许压根没跟本质沾过边，一辈子就过完了，那么，苦苦地追求本质有什么意思呢？男人拍着胸脯许诺“假如地球毁灭，我会救你”，以此证明自己的男人本质，实在是最无用的“男子汉气魄”。幸福就是流于表象和日常的东西，女人宁愿不求甚解，宁愿被哄。还是学学胡兰成，立足小处，着手现在，把女人哄好了，体贴好了，男人的魅力就出来了。

男人眼里的好男人是什么呢？妻子如衣服，兄弟如手足。这当然是拍着胸脯的，响当当的，义薄云天的男子汉气魄，来自最男人的小说——《三国演义》。可惜的是，那仅仅是“演义”，而我们从历史和现实中看到的往往是为了权威、钱财和女人，如豺狼恶狗狡狐一般争来打去撕咬不已的丑陋不堪的男人，这还是占据舞台的有出息的少数，那舞台下的没出息的大多数，就不用去说他了。让那些拍着胸脯的，响当当的，义薄云天的东西见鬼去吧！莫要在这儿一代一代自欺了。

好男人是什么塑造出来的呢？文化。我们的文化——从儒家传统到《三国》《水浒》——鼓励的就是不可能付诸实践的虚伪的仁义道德，所以，塑造不出男人真正的“好”，而只有假仁假义假阳刚。也许是物极必反，作为女人，我越趋向成熟，越喜欢男人身上的阴柔之气。我喜欢张国荣，不是喜欢他哪一首歌，就是喜欢他这个人。尽管张国荣是一个同性恋者，但我从他身上看到的是男人的阴柔，而不是所谓女里女气。男人为什么不可以阴柔呢？男人的阴柔为什么不能构成美感呢？据说张国荣的“爱人”唐先生的魅力就在于两个字：硬净。“硬净”，我喜欢这两个字所代表的含义，而我从“阳刚”这两个字后面看到的，往往是鲁莽、草包和神经大条。张国荣的阴柔之美与唐先生的硬净之美，都很可取。

儿子在幼儿园大班时，被问到了几乎每个人在孩提时代都会被问到的问题：你的理想是什么？那一年正好杨利伟上天成功，儿子班上许多小孩的理想都成了当宇航员。几乎所有的小朋友都要成“家”，可是，我儿子的回答却是：娶媳妇、生宝宝、过快乐的生活。他是真正的成家，可是，与别的小朋友的成“家”却完全不同。全班大哗，年轻的女老师对我说时，自己还羞红了脸。于是，他的理想迅速且坚定地变成了“宇航员”。如果有那么多小孩的理想是宇航员，那么，这一定是一个俗气的理想了。我说，“儿子，你不需要有那么俗气的理想，你想过幸福的生活，这没有错。你想做宇航员，这是不现实的，第一，你的体重明显超标；第二，世界上不需要那么多宇航员。”可是，说什么他也不肯改口了。因为他知道，当“宇航员”是一个阳刚的理想，是一个不会遭到嗤笑的理想，而“成家”的理想太阴柔了，会遭到哄笑。

作为母亲，你希望儿子成为什么样的男人？我发现自己在这个问题上太矛盾和悖谬了。一方面，我希望他成为一个温柔体贴的好男人；另一方面，看到他满脑子都是居家好男人的想法，我又感到受不了。比如，早上坐在爸爸自行车后面的儿童座上去幼儿园时，他说，爸爸，这个自行车你不要丢掉哦，留着我长大了送宝宝上幼儿园用。我一听大笑又大叫：你怎么不让你老婆送宝宝上幼儿园呢？他说，我也是爸爸送的呀。那一刻，我心里暗暗发誓：将来绝不要儿子找我这样的女人，他会被欺负的，我受不了。《孔雀东南飞》里，焦仲卿为刘兰芝自杀，焦母是“捶床便大怒”：居然为一个女人死，你还有点出息吗？若儿子将来被女人所挟制，我恐怕也会捶床大怒的。要命的是，像他这样的憨蛋，将来喜欢的，恐怕恰恰是我这一类型的，就像郭靖爱黄蓉。现在已露端倪，当他自称“青梅竹马”的“女朋友”欺负他时，他居然对我说，妈妈，小女孩欺负小男孩不要紧，因为，小女孩要调皮一点才可爱啊。像我这样的女人，显然需要好男人来包容，可是，我自己又不愿为这世界培养，真是“此亦一是非，彼亦一是非”啊。

这也是龙应台的矛盾。她写《啊，上海男人》，险些被上海人骂通了后脑勺，她辩解说，她是赞美上海男人不以做小男人为耻的。可你看她的文章，一面是叹服上海男人居然可以做到如此不大男子主义，另一面却是：“这也太有点不堪了吧？”

阴柔的好男人的尺度把握起来实在是难，搞不好就是“画虎不成反类犬”，女人亦因此成为“叶公好龙”了。

情人节没有模板

我回忆不起什么时候知道世界上还有个情人节，以及曾经怎样过这个节日了，回忆的结果是情人节与我无关，或者说，情人节永远在期待之中——听起来这很像街边的广告语：某某商街，盛大招募中，敬请垂询……

就我那点浅尝辄止的激情和极不严谨的情调，显然是不适合过情人节的。想想看，我很淑女地，跟一个西装笔挺的男人坐在西餐厅里，很优雅地把餐巾掖在领下，小口小口地抿着红酒……突然，我发现对面男人的黑西装配上白餐巾很像企鹅，于是，忍不住大笑起来，一直笑到岔了气。这个男人怎么办呢？要么，他也觉出好笑了，于是跟我一起笑，那么，我们的情人节晚餐秀失败了，我们笑场了；要么，他莫名其妙地看着我，绅士风度受到了严峻挑战，那么，以后还有哪位绅士敢约我这样的"野蛮女友"呢？

什么人适合过情人节呢？迄今为止，我所见到的最适合的人也许是我七岁的儿子。我真不知道动画片里教会了他些什么，以至于他如此小资情调。比如，他要用高脚杯喝饮料，杯沿还要插点什么，实在没东西可插了，他就插一小片苹果，也很像模像样的。再比如，他做好蛋糕，要放点水果和QQ糖之类的在上面点缀。他最热衷的事情就是去泡咖啡馆和酒吧，他在星巴克把奶沫、香草粉等调一个遍，做“鸡尾咖啡”。他说，我要做优雅得完美无缺的人。于是，他用餐巾纸托着汉堡吃，结果却吃了一嘴餐巾纸。他每每为自己没有优雅得完美无缺而沮丧，让我不知如何安慰他才好。

单从小资情调这点看，我儿子也许很适合情人节，可是，我很担心他缺乏浪漫的勇气。他那么想跟女同学浪漫，结果，真的见了她们，却羞赧得缩头弓腰，满脸通红，像个大笨蛋，逗得我哈哈大笑。他原本是个憨厚羞涩的小男孩呀，而且还有点胖，哪是那些俏皮的小女孩的对手！

其实，我儿子的问题也是我的问题，也许还是我们很多人的问题，那就是，我们不知该如何把想象中的情调、激情和快乐不折不扣地呈现出来而又不蹩脚、不做作。比如，到了海滩上，我感到的是茫然而空洞的快乐，连笑脸都是空空荡荡的，完全没有电影电视画报上所看到的在海边的浪漫表现。一旦对浪漫发生怀疑，再去浪漫就是作秀了，于是，我让人用沙子把我埋起来，然后，眯着眼睛望天。再比如，下雪的时候，满心无法言喻的激动和快乐，可是，无法施展，除了做姿做态地扔几个雪球照几张相，再没什么了。自从有了孩子，我在雪中的快乐才变得坚实和自在起来，不再怀疑和虚妄，孩子的快乐是最真实的。

没有比节日更能使我感到快乐的可疑了，每一次过节，我都希望自己能充实起来，热烈起来，High起来，可是，越希望如此，越感到空虚。为什么节日的快乐格外空空荡荡？这个问题我想了很久才明白，因为，我们要快乐优雅，我们还要快乐优雅得得体，于是，我们总是在想象中搜索节日应有的样子，如果不是那样，我们就觉得失落，觉得不对劲，于是，我们失去了节日里的本心，我们把节日异化了，我们把快乐也异化了，我们等于跳到快乐之外去寻找快乐了。我们捕捉欢乐的影子，反而使欢乐本身成为虚妄。

节日没有模板，快乐也没有模板。用老百姓那句朴素的话说，就是“怎么过怎么好”。等有一天，我们不再追问节日应该是什么样子，快乐应该是什么样子，我们就会过节了，我们就快乐了。我们奋不顾身地捕捉自己的影子，以为那才算拥有自己，结果反而失去了自己。等有一天，我们不再捕捉自己的影子，我们就回到自己了。

我没有当真地过过情人节，关于情人节的记忆都是跟圣诞节纠缠在一起的，分不开枝丫。我想，太生或太熟的人都是不适合在一起过情人节的。曾经有位很不相熟的男士在情人节那天请我吃饭，我感到无所适从，吃完居然长长地松了一口气。过一个像巧克力和红玫瑰一样庄重深沉浪漫浓情的情人节，那是多么的不容易！因为，又要得体，又要投入，很难兼顾。

我每年都会收到一些“情人节快乐”的短信，那些短信往往使我那欲求快乐的心更加空空落落，无的放矢。情人节的存在，一方面是我们生活格调的象征；另一方面，似乎又是在提醒我们的某种缺失，使我们倍感怅然。我觉得“情人节快乐”是一个很不得当的祝福，这样的节日需要的不是快乐，甚至也不是浪漫，而是心仪。

有本书中写道：

赫本和纪梵希的友谊贯穿终生，有一张偷拍的照片，是年老的赫本和年老的纪梵希走在塞纳河畔的人群当中，赫本垂着眼，絮絮地诉说着心事，纪梵希揽着赫本的肩，眉头紧锁，静静地倾听着。亲密，但没有一丝轻浮。

这种不经意的时刻，比红男绿女所有灿烂的瞬间都让我感动。作者说，这正是最希望自己年老时能拥有的。我希望生命的每一个时段都如此拥有。如果这一天正是情人节，那个人体贴地陪伴我度过了一天，却自始至终没有提到今天是情人节，我将更加感动和幸福。

爱情没有模板。《西雅图夜未眠》中发生在圣诞节的帝国大厦上的爱情是爱情，《新桥恋人》中露宿桥头的流浪男女的爱情也是爱情，而且可能更不朽，尽管那样的生活方式我无从想象，也无法接受。

情人节也没有模板。《新桥恋人》中有一句话：你在这儿真好。是在他们共同露宿的桥上说的。对我来说，哪怕只有这句话，也是一个很好的情人节了。

为一种存在立传

到哪里了？沱沱河吗？

到了，他们说。我一时还搞不清楚是到哪里了，沱沱河吗？可是眼见的并没有河。车子从公路上拐下，来到不远处的一块水泥地前停下。水泥地上竖着几块石碑，分别刻着：长江源、三湘青藏情、长江源头第一桥。沱沱河是三江源头，不知道为什么这里强调的只是长江源。石碑的近旁是一大片风马旗。稍远一点就是沱沱河，河床很宽，但河水并不浩荡，若有若无，呈现为许多分流和断流，沙子像疤痕一样，这里一块那里一块地裸露着。这河实在与“第一桥”的名头很不相称。再远处，有一小片红屋顶，低低地伏在那里，姿态很谦逊，但在此处出现，亦近似于人间奇迹了，给远行者以欣逢之感。那就是我们此行的目的地——沱沱河兵站、泵站、机务站。

先到沱沱河泵站，一座黄色墙面的二层小楼，墙面已经斑驳了。门口上方的墙上悬挂着红色条幅，上书：创优争先当模范，航煤输送立新功。看来，这是他们这一阶段的工作重点。从纳赤台到五道梁到这里，我对标语文化有了新的认识。在自己的生活环境中，我是从来不看标语的，熟视无睹；然而在这里，我却会首先留意到标语。因为，我的生活环境太拥挤了，资讯蜂拥而来，充斥眼睛大脑，标语被淹没了；而在这里，太空了，标语可以填充和丰富匮乏的视野，还可以醒目地提示你：这是在什么地方，是干什么的，或最近在干什么。

楼里面空无一人，我看着战士们的宿舍：四张床，白色的床单，上面印着红色的部队番号，墨绿的床笠，墨绿的被子，方正得像一块刚刚切好的水果糕，军帽端放在被子前，帽徽正对着我们，腰带整齐地放在被子一侧。军训的时候，内务总是把我搞得像怨妇。此时此刻，面对这间空空的士兵宿舍，我才感悟到，形式就是内容，即便它是空的，仍然让你感觉到有一股战斗力在，由这种肃然利落，你可以联想到他们随时可以投入战斗的姿态。形成对比的是我家乱糟糟的床，只能寓示着懒散和无序的生活，一看就是毫无士气不能指望的。这里的窗帘都一重一重折得整整齐齐，对称地放在窗台两侧。这里的一切都没有皱褶，人心里的皱褶似乎也被拉出来抻平了。窗前的桌子上站立着饮水机，好像长官；饮水机旁立着四个孪生兄弟一样的保温杯，好像士兵。这里所有能直立的东西，都给人立正的感觉。饮水机出现在这里，给我极大的熨慰感，那微蓝的水桶，在我眼里是那么清新和舒心。最与众不同的，是钉在床边墙上的一排供氧设施，如医院里一模一样。

转到后面的油库，发现他们都在这里忙活。油库是白色圆形的，状如帐篷，但要庞大敦实得多，而且比较高，稳居于圆形的土台上，又给人祭台的感觉。在这样空乏的天地间，它们的存在几乎可以说是触目惊心了，颇具震撼力。

离开泵站时，院门口的狗高亢地直冲我们叫，具体说，是冲我叫。他们说，这只狗很少见到穿便装的人，所以，见到穿军装的不咬，见到穿便装的就猛咬。我想，穿便装的女人，它可能见得更少。但我可是自己人呀！它只看形式不看本质，犯了多么严重的形式主义错误。

来到沱沱河机务站，楼里面静悄悄的，充满着冬日午睡的安谧，好像一座空楼。但见小鸡们蜷缩在银色的棚顶下，好像也在午睡，地上满是毛茸茸的白色鸡毛。那银色的棚顶我以为是太阳能装置，张干事说，是通讯信号接收器。连午睡的小鸡都没有打扰，我们就悄悄离开了。

沱沱河兵站的客房

来到今天最确切的目的地——沱沱河兵站。门口一大片方正的空地，好像简易操场，张干事说，是停车场，一次可以停放几百辆车。停车场的边上，有人正在挖沟，穿着旧式的迷彩服。我说，怎么还穿旧式的迷彩服？张干事说，是民工。我再细看，果然没有领章什么的。我想起几年前有人讲过的一件事，中国的军事观察员到了中东，本地人对他们说，那边也有一些你们的同伴。他们好生奇怪，后来才明白，中国输出的劳工，穿的是与他们一样的迷彩服，本地人不懂得看徽章去区分，便以为都是观察员，或者都是劳工。旧式的迷彩服的确一度被称为民工服。

墙是铁栅栏，门是大理石面的四根方柱，中间两根稍高，边上两根稍矮，两边一高一矮的两根方柱之间有小门，中间两根高的方柱之间居然没有大门，不知是不是暂时摘去了。不过我想，这个地方，门只是个象征罢了，即便没有大门，应该也不会发生安全问题；而即便有大门，也没什么好阻挡的，谁会来到这里呢？门里面堆着沙土，沙土旁边有搅拌机，看来正在搞基建，其间杂乱应该与此有关。我问张干事，是军队自己干吗？张干事说，不是，地方的建筑公司承包。

在这个一切都不能不因陋就简的地方，如果不是中间两根门柱上的红底黄字："长江源头作奉献，沱沱河畔竞风流"，如果不是插在停车场四周和门柱上的红旗，如果不是铁栅栏墙上书写着"有效履行我军历史使命，打造过硬食宿保障劲旅"的红色条幅，你可能意识不到这是一座军营，而以为是荒野里的一个破落场院。所以，在这里，我更加深切地认识到，标语和旗帜是多么重要、多么不可或缺的符号。

进得门来，是水泥色的三层小楼，楼门上方有"沱沱河兵站"的镂空金属字牌，使你能够确定这就是沱沱河兵站。楼前是宣传栏，已经发旧了。在楼前见到兵站的站长，穿着迷彩服，新式的，足以与门口的民工区分开来了。他正在忙什么事情，热情而匆忙地对我表示了欢迎。我看着他的样子：头发过分浓黑，以至于让人怀疑是不是染过；脸是棕中带红，烟熏火燎的感觉，使他的牙齿显得特别洁白；匪夷所思的是他的眼镜，镜框可能是钛合金之类的，银亮的金属光泽与他的脸色是那么不协调，反而把他的脸衬得更加"烟熏火燎"了。他的气质，与眼镜尤其是这副眼镜完全不搭。你简直不明白这眼镜在他脸上是怎么回事，甚至想跟他开玩笑：你这眼镜是刚从别人脸上摘来的吧？他的老好人的形象给我留下了非常可亲的印象。

进得楼来，最令我惊讶的是立在地上的一个感应擦鞋机。在这个土里滚土里爬的地方，还有必要擦鞋吗？再怎么擦，都是螳臂挡车。我想这大概也是上级配发的。

客房在二楼，打开房门，展现在眼前的是：两张单人床，床上是白色的被单和被子，红色腈纶纱的绣花枕头，蓝底白花的腈纶枕巾，床头墙上有氧气设施；对着里面那张床的一张木桌上摆着二十一英寸的普平电视机，电视机上摆着一小瓶塑料花，从这张桌子沿着墙排列过来，依次是：蓝色塑料水桶、涂了银漆的金属的脸盆架、红色水桶、涂了银漆的金属的暖瓶架。整个房间的设施是典型的20世纪80年代的招待所的再现。那腈纶的花枕头和枕巾以及脸盆架则让我想起20世纪七八十年代农村的婚房，那时候结婚都有这几样。

进去之后，我把行李箱放在门边的另一张桌子上打开，拿出毛巾和洗漱包，就去敲隔壁张干事的门问卫生间在哪里。我想，就算房间里没有卫生间，楼里面总该有公共卫生间吧？张干事说，没有。我诧异，怎么会没有卫生间呢？整个楼里都没有吗？他还是说，没有。我说，那怎么洗漱呢？他说，不是有水桶和脸盆吗？我这才明白，沿墙那一排并不是摆设，也不是只为客人偶尔使用一下提供方便的，那就是全部的卫生设施，代替了一整个卫生间的。

我又回到房间来，重新面对那一溜卫生设备。我刚才想，宁愿出去用公共卫生间，也不会在房间里用这些的，所以根本没有正眼瞧过它们。现在，我认真地研究着它们。两只桶，看来一只是盛净水的，一只是盛脏水的，分放在脸盆架的两边，倒也与脸盆构成了一条流水线。脸盆架的上面和下面各有一个黄色的塑料盆，我猜一个是洗脸的、一个是洗脚的，但是，哪个洗脸哪个洗脚，我怀疑已经颠倒混淆了无数遍。脸盆架上挂着一条花毛巾，中间有香皂盒，香皂倒是没拆封的。我拿出自己带来的香皂盒，心里想，就算是一块香皂，运到这里也不容易啊，就省下脸盆架上那块没拆封的，给下一位房客使用吧。

我的当务之急就是要洗手。我看着脸盆架上下的两个盆，迟疑着。至少，我得用热水烫烫才能使用。我又去找张干事要热水。一会儿，有位战士送来了热水瓶。我把热水倒进脸盆，等待着。不洗手，我什么都不能做。无论如何奔波，无论如何尘灰满面，只要到一个地方，痛快地洗一个澡，至少痛快地洗一下手，我就觉得那些奔波和尘灰被抛在身后了，我已经获得了更新。对我来说，清洗是一个仪式，如果没有这个仪式，我就觉得奔波依然在继续，尘灰依然没有被隔断。感觉烫好了，我把盆洗洗，把热水倒掉，再去盛水时，我的手又犹疑了。蓝色的塑料水桶上有着灰色的水垢，红色的塑料水瓢上则有着白色的水垢，我不知道，这水已经放置了多久，我的肉眼仿佛已经变成了显微镜，看到了滋生的水虫。比比皆是的水龙头已经使人习惯了用流水来洗涤，面对存积的水，就有点不知所措了。我承认自己已经被城市完备的供水系统惯坏了，但这没法改变我对于眼前这半桶水的感觉。我把暖瓶里的水倒进盆里，再次等待它变凉。

终于洗好了手。我拿出自己包里的杯子，倒了半杯热水，又加了半杯自己带来的瓶装矿泉水，喝下去，感觉舒服了些。

算是把自己处置妥当了，我开始处置行李。离开格尔木时，我问张干事要带什么，他说，能带的都带上吧。从西宁开始，我就养成了这样的习惯：不问前面有什么。我是故意不问。别的都好问，唯独不问前路。我想在懵懂中向前走，一点一滴，从感性开始获悉青藏线；如果是按图索骥，可能就不那么圆满了。我喜欢混沌的圆满，我激赏从混沌中诞生的惊异之花。

因为不问，所以根本不知道沱沱河兵站的房间是什么样子，有什么东西，只是本能地以为：卫生间总该有的吧，无非就是简陋些。因此，我把沐浴露洗发液什么的都带来了，白让它们跑了那么远的路。只有牙具，我是庆幸带来了，因为房间里没备牙具。

没有衣橱，连衣架也没有，我有限的衣物还要不要拿出来呢？显然，在这里，根本不需要更换什么衣服，一件迷彩大衣是最现实的。但是，如果不拿出来，在箱子里就会压得更皱。我把怕皱的拿出来放在床上，算是给它们放松一下吧。那是一件无袖的宽松的薄棉裙，裙裾是交错斜裁的，里面一层是白的，外面一层是西瓜红的。我带着它，是准备在房间里当便裙或睡裙穿的。明知道这是呼吸都成问题的地方，却又觉得，万一有什么情况需要穿呢？女人总不会一上来就把现实压平，总会留下一点点想象的空间，并为这空间做出准备。现在，我打量着它，哑然失笑，它在这里出现，显得那么凉薄，那么娇弱，甚至矫情，就像无产阶级文艺作品里嘲讽的那种资产阶级臭小姐误入劳动人民中间的情形，比如，穿着貂皮大衣的冬妮娅抱怨着从火车厢里出来，正好遇见光荣的筑路者保尔，保尔用嘲讽的眼神冷冷地打量着昔日的恋人。

这边厢弄好，我就出去找厕所。我在走廊里一间间看着，有首长房，有客房，我住的就是客房。我擅自走进了首长房，发现那虽然是一个套间，有双人床，有瘦高的氧气罐卫士一样静立床边，茶几上也摆满了零食，却依然没有卫生间。我要的是卫生间，没有卫生间，其他的奢侈毫无意义。终于找到了卫生间，可是没有男女的标志，我还是不敢贸然进去，只好又去找张干事。有人在张干事房间里，是兵站的教导员。他把我带到了我刚才找到的卫生间。我这才知道，因为长冬无夏，自来水管容易冻住，这里没有自来水，每天用水就靠汽车拉，冲厕所实在太奢侈了，所以，所有的房间都没有卫生间，以前只有室外的旱厕所可用，最近一两年，上级才配发了智能厕所，算有了室内卫生间，仅供客人使用。我走进那来之不易的智能厕所，发现它就是内地的流动公厕。厕所的“智能”一定把冲水量控制到了最低，所以里面有股味道。它是无法人为冲洗的，只能在人到来和离去时由“智能”自觉冲洗，就是啪一声，水冲激一下，瞬间没了。关上门，发现不仅空间极其狭小，蹲下去头几乎要抵到门，而且，灯还坏掉了。与之相比，火车上的厕所都算宽敞明亮，条件相当不错了。在此如厕，当然只能草草了事。

我的生活并不贵族，但多年的安逸，已使我养成了许多毛病，如厕条件必须从容就是其中之一。以前听一位作家讲自己的流浪经历，羡慕不已，心里暗想，我也可以去流浪，只要带上抽水马桶。我的“带着抽水马桶去流浪”的理想得到了许多人的共鸣，看来许多人有这毛病。这毛病在我正常的生活环境中不是多大问题，甚至可以不算毛病，但在这里却是毋庸置疑的富贵病。我的其他毛病都可以通融，唯独这个比较困难。说实话，我判断一家饭店的好坏从来不是看别的，而是看它的厕所的设施和卫生情况，可想而知我对如厕问题的重视程度。我去肯德基麦当劳不是因为它的食物的品质，而是因为它的水龙头和厕所的品质。如果没有这两样给我的舒爽感，任何美食都对我构不成诱惑。

我谴责自己天高地远“不畏艰险”地跑到这儿来，缺氧都不怕，却在这样的小细节上纠缠，似乎我所有的豪迈和大无畏都为之消解了。我知道这里容不得任何讲究，可是，我可以甘之如饴地去吃我最厌恶的快餐面，却唯独在这个问题上勉强不得，至少无法保证情绪完全不受影响，如同我可以镇定自若地去献四百毫升血，却并不影响我手上破一点皮、出一点血就大呼小叫。事实上，当时我并没有意识到它已经影响了我的情绪，是后来才意识到的。

完了我去问张干事，现在干什么呢？张干事说，先休息休息，适应一下吧。我问他和司机有没有反应，他们说，多少总是有一点吧。教导员说，不要说你们，就是我们，探亲回来都还会有反应呢。我说，我觉得还好嘛。他们说，你体内储存的氧还没耗完。

慷慨激昂是要耗氧的

我回到房间，留意到了床头柜上的两盘瓜子一盘糖。看来，青藏兵站部的待客之道无论到了多高的地方，都不会走样的。面纸盒居然还戴着花团锦簇的布套，与房间的其他部分相比，讲究得异常和有趣。

感觉自己终于在世界之外了，突然很想跟世界之中的谁说说我在哪里，体验一下在世界之外跟世界发生联系的感觉。打通了一位资深老友的电话，告诉他：我在海拔4600多米的三江源头沱沱河。他在电话那头叹道：好家伙！足足比我高了将近五公里啊。我跟他说话一向没正形儿，不管什么严肃的话题，到了我们之间都会变成稀里哗啦地调侃，但是，听得出来，这句话他说得很诚恳。我说，现在你可是要仰望我了吧？他说，当然当然，仰得帽子都掉了。我说，你开车跑出五公里，再想象一下，刚才走过的路竖起来，那就是我俯视你的高度。他连说不得了，又问我，感觉怎么样啊？我说，不错，你听我说话就知道嘛。他不信地说，我这么壮的人，那年到了梅里雪山还感觉不行啊，你跑到这里没有反应吗？我说，一点事儿都没有。他说，你还真行，只能佩服得五体投地了。我说，就是为了让你五体投地，我才跑到这么高的地方来的啊。终于体会到了自己想要的自豪感，我可不想在他面前掩饰我的得意，就算虚荣，也虚荣定了。以前，生孩子是让我自豪的一件事情，倒不是我生了一个多么了不起的孩子，而是生孩子的这个过程，自始至终家人都不在身边，就是我一人独立完成的。现在，除了生孩子，我又多了一样自豪的事情。

然后，谈起我们世界里的事情。我还是被世界追上了。我说，这样的事，以后与我彻底无关了，我再也不会患得患失了。但还是难免要说说最近发生的事。我越说越高亢，完全忘记了自己在哪里。每一次跟他打电话，都会说个淋漓尽致。打完电话，我看了一下通话时间，57分钟。这个电话，希望是我最后一次说这事了。

慷慨激昂是要耗氧的。人释放完本来就会在轻松之中带一点空虚，可是这次，我感觉空虚的不仅是我的头脑，还有我的身体。身体发虚，发飘，可是，头却被什么东西填得满满的，似乎是刚才那些语言的波涛，但又不全是，还有什么呢？痛，一种固体状的痛，盘踞了我的大脑。难道真的是我体内储存的氧被我的慷慨激昂淋漓尽致耗完了吗？紧接着，我又感到恶心起来，胃里也不舒服，想吐，我又去了一次卫生间。无疑，每去一次卫生间，我的负面的感觉就加重一次。如果有一个洗脸池在房间里，使我随时可以放水冲洗；如果有一个干净的马桶在房间里，使我随时可以放心使用，我想我会放松得多，甚至也许就没反应了。

我开始有反应了！这跟怀孕是多么相似，怀孕初期，我也是这样捕捉自己的反应的。这一次，我怀上的是一种叫高原反应的东西。我想起在西宁时，青藏兵站部一位高原反应比较强烈的女性客人的话：跟怀孕反应一样，只是又加了一样——头痛。也许，对自己身体的未知的担忧比反应本身更使我紧张和沉重，或者，那担忧本身就是最大的反应。

我不甘心来到这里却只是躺着，这不是随便什么人什么时候都可以来的地方，也许这辈子我就来这么一次呢。我努力打起精神出了门。五点半了，我不知道方向，但我猜测走廊的窗子是朝西的，因为阳光正透过窗玻璃毫无保留地照进来。连阳光，都是令人乏力的阳光，都加剧着我的头痛恶心。但我还是坚持走着，走得很轻，很慢，以节省每一点体力。后来，我从网上看到，当年的筑路员工们在高原上摸索出三条生活经验：第一，吃饭不要吃饱；第二，睡觉头要枕高；第三，觉得身子不舒服不要躺下，转悠转悠就好了。我这才知道，当时坚持走动是多么正确。无师自通地，我做到了其中的第一和第三条经验，只是第二条——枕头的事没有做到。

我来到楼下。偶尔有战士看见我，神色中流露出陌生和拘谨，我强忍着身体的难受，努力做出亲切的表情，仍然无法改变他们的神情。那一刻我感受到了杨宣强所写的，那是轻微的心痛和隐隐的心酸。值班室没人，我走进去，发现桌上摊着许多打开的文件，随时等待检查的样子。我看了看，有安全管理目标责任书、重点要害部位和贵重物品承包表、处理突发公共卫生事件应急预案、敏感时期战勤值班安排表、周食谱等。看来，即便到了四五公里高的天边，依然是在世界之中，我相信内地的许多值班室里也放着同样的文件。我特别仔细地看了兵站的计划生育情况统计表，表上的十位已婚军人中，只有一位的家属有工作所在地，其他都是无。九位无工作的家属中有四位随军了，在格尔木；五位没有随军，表上填写的户口所在地可能是老家。我还留意了一下经费平衡表，其中有一项：对上往来。我想，接待我的开支，大概就属于这一项。

张干事和教导员找到了我。他们就在我隔壁，刚才听见我在打电话，就一直在等我。我有点不好意思，刚才打电话的声音可能太大了。我说，我不知道你们在等我。他们说，那倒不要紧。我猜他们的意思是，他们等我没什么，但我打那么长时间的电话是不太合适的。他们是为我的状况着想。事实已经证明，他们是对的，但我没有告诉他们，只说，我还好。

我连伤感的力气都没有了

我们要去转转。我还惦记着房间门没锁，他们说，这里不用上锁，根本也没有锁，放心吧，绝对安全。这倒也是，在这里，要寻求一个不安全因素都不容易。

首先去的还是蔬菜大棚。平常在内地，你到一个人家里去做客，主人可能会把家里养的花介绍给你，在这里，他们介绍的就是蔬菜大棚。的确，在这里，没有比葱茏的绿色更能让人感受到生命的清新可喜了。打开简陋的棚门，湿热的气息扑面而来，满眼都是绿色。就算是三伏天，这里也只能靠大棚来种植蔬菜，因为昼夜温差大，没有大棚，蔬菜们扛不过夜间的寒冷。现在有了大棚真令人欣慰，战士们可以见到绿色了，不至于像从前那样，几年见不到绿色，见到一棵树会激动得抱住大哭。

而后参观兔舍。这里的兔舍几乎是阳光房，屋顶和前墙都是玻璃的，大概只有这样，兔舍的地上才能长出茂盛的青草，供兔子们食用。与纳赤台兵站相比，这里的兔子们更像纯洁的小家碧玉，没有那么胖大，一律是白色的。两只白兔相傍在草丛中，完全不看我们，神情无辜，惹人爱怜。想起木兰辞里的“双兔傍地走，安能辨我是雄雌”，希望他们是一雄一雌。爱情的发生总是令人欣然，即便在兔子们中间，即便在世界屋脊之上。人们形容一个地方的荒凉，总是说“兔子不拉屎的地方”，可是，在这个最该“兔子不拉屎的地方”，这些兔子们却活得很是幸福，至少没有高原反应。

看得出来，对于他们的蔬菜和兔子，他们是多么精心地养护。一路行来，我已深切地感受到，最渴望见到的还是人，见到人，你会情不自禁地激动，由此可以理解道路阻断时那些司机们的热情。在一个被称为生命禁区的地方，所有的生存都是同类，所有的生物都是奇迹，都使人顿生欣喜。所以，见到亲爱的小鸡小鸭小兔们，我都想问候和感谢一声；甚至一头猪，都让我感到可亲，都让我想对它说一声：亲爱的猪。无比虔诚地，心怀感恩地，慰问所有的生灵。我知道，它们是被养来补充肉食的。可是，它们在这里活着，是多么不容易！怎么忍心吃呀？——我的浪漫主义的发作常常无视客观条件，好在我没有说出来。

兵站紧靠沱沱河。后来我了解到，沱沱河这个名字有一个很有趣的来历。这条河沙多，人下到河里，沙子立刻就把脚面埋住了，像个鞋套；还有，这里的小河很多，一个套着一个。于是，慕生忠便将此河取名为“套套河”。但慕生忠的普通话不标准，译电员听成了“沱沱河”。于是，中国地图上便出现了“沱沱河”这个名字。面对滔滔泥水，我遗憾自己不能像余秋雨那样，来点文化抒情和文明考证。我只担心，兵站离沱沱河这么近，万一淹了怎么办？他们说，不会淹的，这里是上游，地势这么高，水会向下一泻千里。石砌的窄窄的河沿，就像小时候农村的水渠，也就是尺把宽，简直不像大名鼎鼎的沱沱河的岸。水在这边流，另一边是见底的河床，河漫滩与戈壁滩融为一体，以至于无法界定彼岸在哪里。中间的小洲上，灰背白腹的水鸟无心地站立或走动着，完全不问自己为什么在这里？在这里干什么？不远处，就是长江源大桥。远远地，可以看见路上有一辆红色的车，还有一个简单得好像已经废弃不用的加油站。就这些了，这就是天高地阔一世界中的全部的人迹。“断肠人在天涯”，是江南的羁旅情怀，是柔婉的，尚有“小桥流水人家”在侧陪伴，而这里，是硬碰硬的人与自然的对峙。既然有“小桥流水人家”在，算什么“人在天涯”呢？所谓“断肠”，更是无病呻吟了。

我问，还有什么可看的吗？教导员索然地笑笑，抬抬下巴，用眼神示意着面前的一切说，就是这些。他的意思是：这不，都在这里了。简直令我失落，人的心理总是：跑得越远，就应该看得越多的。穿过些许垃圾，我们往回走，边走边说话，主要是我问，教导员答。可是，教导员的声音总是那么轻，似乎尚未送出嘴巴，就被消磨在唇齿之间了。不知道他是天生如此，还是有意识地减低耗氧量的惯性使然。我问的是什么已经忘记了，只记得他每说一句话，都要走在我俩中间的张干事复述一遍，无论我怎么样发出“咹咹咹”的需要他重复的吁请，他都始终保持着原有的音量，绝不会提高半度。开始我以为是风把他的声音带走了，还在努力使他意识到：若要想我们的谈话继续，他的音量需要提高。当我终于意识到他只能这样跟我说话时，心里就变得烦躁起来，只好按捺住，不再跟他说话。我真希望他说话不要这么温柔，也许我自己是个太干脆的人了。更加发虚发飘气短，身体处在一种接近休眠的状态，只有痛在脑壳里异常活跃，好像一个叫头痛的软件装进了我的头颅并不知疲倦地运行着。

回到房间，我发觉我的高原反应已经确定无疑了。事后归纳了一下，有三个导致它的因素：用水和如厕的受挫、慷慨激昂的长篇电话、教导员温柔的音量。在这里，心情无比重要，任何使你皱眉的小细节都会成为压死骆驼的最后一根稻草。其实，就算没有这三个因素，长时间奔波也会使我头痛，逛街回来我都会头痛。可是，在这个已经为你准备好身体不适的现成说法的地方，你也不妨顺水推舟地使用“高原反应”来命名自己的难受吧。

我打量着外面，试图转移自己的注意力，同时也使自己在这里的时间不要有任何荒废。窗外的视野之内，只有一座厕所，在停车场那边的路对面。这是野外常见的那种砖砌的旱厕所，所不同的是它的两边都写着：男。这原本是一个不需要女厕所的地方，可是，人们很可能会根据文明世界的规则把另一边假定为“女”的空置起来，造成浪费，所以，就来了一个明确的“男、男”标示。这与文明世界的情形恰恰是颠倒的，文明世界里，只会发生女性侵占男厕所的现象，我在肯德基麦当劳就多次看到女性毅然走进男厕所反锁了门的，因为，女厕所总是不够用，而男厕所经常空置。这厕所的背景是漫漫无尽的荒野，以及天边山峦飘渺的起伏线，天地空得令人绝望。

我发现窗台很宽，再细看，其实是墙厚。窗户是铁框的玻璃窗，我总担心这种框架容易变形，密封性不够好，我单位的房子就是这样的窗框，永远关不严。这里的风，是世界上最高的风，畅通无阻，长驱直入，只怕它从一丝丝缝隙穿进来，都会成为寒冷的利刃。好在这里的窗户是双层的，利于保温。

我知道窗外是停车场，可又总感觉那是一所希望小学的操场。两个男孩拍着篮球，从“操场”的边上跑过，后面跟着一条狗，也跑得欢实。我有点惊愕，这两个男孩和一条狗是从哪里跑来的？又跑到哪里去了呢？仿佛他们是天外来客，误闯进了我们这个世界的镜头。在这样的地方，还有这样的奔跑，简直不可思议。我从没想到这里会有孩子，更没想到这里的孩子会跟内地的孩子一样奔跑着，好像这里跟世界其他地方没有什么不同，同样可以养育欢腾的童年和少年时代。

这个窗户、窗外的操场和操场上跑过的男孩以及狗、黯然的天地和夕阳，都让我想起与20世纪70年代的贫瘠童年相连的冬天黄昏的老家。但是，我连伤感的力气都没有了。

有狼肉和沱沱河鱼的晚饭

张干事来叫我吃饭。从楼里面走下去，小灶在一楼。就我们四个人吃饭，教导员、张干事、司机和我。桌上摆着热腾腾的干锅，教导员介绍说，一个锅里是狼肉，一个锅里是沱沱河的鱼。慕生忠有诗云：狩猎在开心岭上，钓鱼在套套河边。现在，这“套套河边”的鱼就在我眼前的锅里，可是，我对它却无能为力。我知道，这两样东西是要付出走到天边的代价才吃得到的，一旦错过了，这辈子可能再也不会有机缘，可是目前，干锅对我来说太油腻了，我对它们不是无动于衷的问题，而是非常排斥。我的大脑或许对它们感兴趣，可是，我的胃在否定和排斥着它们。教导员说，他们以前有个干部是湖南人，教会了炊事员做湘菜，好几个兵站都是湘菜当家。

我看司机小伙子还吃得蛮香，对我倒是一个有益的感染。他说，我们已经习惯了，不管什么反应，照吃照喝，要不然更扛不过去。我只是喝稀饭，吃馒头，就一点凉拌黄瓜。黄瓜脆生生的，比我想象的新鲜。这里的东西几乎全是从外面运来的，都要付出巨大的代价，包括辛苦和危险，所以，我吃什么都觉得心疼肉疼，尤其是鱼虾水果和新鲜蔬菜。总是想，我回去以后随时可以吃，而他们在这里吃到太不容易了，要为他们省着点儿。

这里的馒头小小的，做得还比较精细，教导员说，高压锅蒸出来的。我“哦”了一声，恍然记起物理上学的，海拔高、气压低的地方，要用高压锅。这一路我居然没有意识到，这就是那样的地方。教导员说，水烧到80度就开了，馒头熟不了，面条也熟不了，必须用高压锅。煮面条也要用高压锅，我是第一次听说。我们煮面条是不能盖锅，这里却是要盖得密不透风。真不知那面条在高压锅里是怎样痛苦翻滚的，煮出来还是不是一根一根的。张干事说，除了炸油条和烧开水不用高压锅，别的都要用高压锅。我说，那水不是不开吗？教导员说，这里无污染，天然矿泉水，不开也不要紧。司机说，这里打火机也不好使，只有带齿轮的才打得着，到格尔木就好使了。这可真是一个违背常理的地方。

交谈中得知，高原上的假期长短是根据海拔来定的，海拔越高，假期越长，因为有一个从高原到低原和从低原到高原的适应期，像沱沱河兵站，一年最长的有一百多天的假期。我听了略感欣慰，要不然，生活可太缺少盼头了。他们自己有制氧设备，每天晚上战士宿舍里都可以放一会儿氧气。我想起了宿舍床头的供氧设施。我问，什么时候开始放？可以放多长时间？教导员说，九点多钟，不一定放多长时间，每天制的氧放完为止，一般半个小时左右吧。我问，你们在这久了，没氧气的时候还会难受吗？他说，还是会。我说，那怎么办？他说，忍着呗。他又说，人家还来旅游，我一点都不想。这是一个久居此地别无选择的人的真实感受。

教导员说，此地是唐古拉山乡，世界上面积最大的乡，属于青海省格尔木市。真的有一个叫唐古拉山的乡吗？听起来有点故事性。唐古拉山多大呀，乡又是多么小啊，这两者怎么能结合在一起？但这是真的，乡政府驻地就在离兵站不远的地方。有什么？我问。司机说，什么也没有，我以前去看过，一条小破路，路边有几个小店。我想起五道梁所见。杨宣强所说的那个开七十九公里兴冲冲地跑去，却发现什么也没有的乡，是不是指它呢？回来后，我很后悔没有去看看这个乡政府所在地，直到现在，还有去看看的欲望。我想去看看，那些小店里有什么？乡政府里有什么？那些人家里有什么？尤其是那两个从操场跑过的男孩的家里。我想去看看，唐古拉山乡的乡民们在怎样地生活着？

兵站是搞保障的，保障什么呢？想起白天的道路阻断，我说，如果兵站部的车在路上坏了，就可以到你们这儿来修吗？教导员说，兵站就是做饭的，修不了车。他说话可真够实在的，慢言细语，漫不经心，却极其到位。对于全面严谨的定义性语言，我向来缺乏消化能力，必须变成自己的语言才可以，但教导员的语言比我的更好消化。我发现自己对他的蔫已经不那么敏感了。兵站部的汽车兵在运输途中吃饭实行报饭制度，报给哪个兵站多少，哪个兵站就准备多少人的伙食，无论在哪个兵站吃饭，都是刷卡，跟在自己食堂里吃饭一样。四千里一卡通，都是自己的食堂。

吃完饭回房间，看见在一楼到二楼的楼梯拐口、正对楼梯的墙上，开着一个方形的洞，大概一米乘一米二的样子，我问，这是什么？教导员说，厕所。我惊讶：钻的厕所？教导员说，是啊，以前没有智能厕所的时候，不管多大的领导来了，都得钻。我想起我家附近的明朝下马坊，文武百官走到这里都得下马。教导员说，这座楼还是重庆后勤工程学院设计的呢。我真想知道，设计者的匠心独运在哪里？后来看到网上有人说，为了保温，防止厕所冻住。

氧气，唯有氧气！

回到房间，已经七点多了，天光却还是亮的。想了想，发了几条短信。发完短信发呆。窗外的天地如无法打破的永恒，使我茫然：世界究竟是什么？是什么构成了世界？什么样的世界算世界？这问题跟外面的天地一样空大，也只有在这么空大的天地间，才会产生这么空大的问题。我的心也变得一样空大。老子叫我们虚静无为，到了这样的地方，不用老子教导，你不虚静无为还能怎么样呢？

静听一下自己的身体，脑袋里还是痛，胃里还是恶心。我的自信心终于被摧毁了。本来还不死心，想到了沱沱河再自豪地告诉贾政委：我行！然后继续争取，得到他的允许跑下去，一气跑到拉萨。可是现在，我无比地想要返回，一点也不想往前走了，就算有人求着我，我都不想走了。我终于老实地向自己承认：我很难受，很想快点离开这个地方。我本来一直不允许自己那样想的，我训诫自己：你是人，别人就不是人了吗？别人能呆，你为什么不能呆呢？现在，所有的道德压力都不是问题了，为了离开，我可以不顾体面，可以落荒而逃，可以毫无风度。这里能看的就是这些了，我还在这里呆着干什么呢？就是体验高原反应，跟头痛恶心作战吗？有必要吗？就算有必要，我也已经知道是什么滋味了，够了。原来我还不愿意承认那是高原反应，现在我觉得是不是高原反应都不重要了，重要的是我难受，我要快点离开！离开的欲望使我对眼前的一切倍感沮丧。但我知道离开是不可能的。我到哪里去啊？宇宙是这样的无边。这是一个彻底无望的绝境，凭个人的力量是走不出去的，只有倒在路上。

在正常的生活环境中，我们有时也会使用绝境这个词，但在我们的语境中使用的这个词，与这里是多么不同啊！我们的语境中的绝境还是有世界包孕着它的，而这里的绝境的边界就是世界的边界。在这里，人的存在是如此靠近生命的边缘，正常语境中的生死界线，在这里是抬脚就可以跨过的，不需要任何准备动作。在内地所说的那些全力以赴的抢救等等，在这里都是不存在的，人的无能为力使一切都简单化，甚至完全省略了。

我去敲隔壁张干事的门，问他今晚有什么安排。我还残存着一丝幻想：也许他会有办法使我今晚好过一点的。可是他说，他发烧了。好了，我觉得我不用再说什么了。

问了问张干事的情况，我平静地回到自己的房间，认命一般地、按部就班地做着必须做的事情。首先我得刷牙。我把热水倒进牙杯，等待它凉好，一下一下慢慢地刷着。其次我得洗脸。怎么洗呢？我无法接受桶里的水，这里的水也容不得我浪费——且不说烧热水费劲，就是凉水，也是汽车拉来，战士们又忍着缺氧一步步拎上来的。我选择了经济的洗法：把热水倒进牙杯，再把牙杯里的水倒在洗脸扑上，凉一凉揩脸，正面用了反面再用，最后，用杯中水把洗脸扑冲洗干净，再用它把脸揩干。脸上拍上爽肤水，搽上滋润露，感觉舒爽多了。用尽量少的热水泡泡脚，感觉更妥帖了。带了好多消毒纸巾，也派上用场了。做这一切，我的动作尽量轻，尽量慢，像慢镜头一样。

我已经打消了离开的魔念，平心静气地接受眼前的现实了。也许我可以吃点抗高原反应的药。白天，朋友在短信中一再劝我吃丹参滴丸，我嗤之以鼻。在五道梁，钱书记也问我要不要抗反应的药，我说不需要。再往前，张干事也问过我，我满不在乎地谢绝了。可是现在，我想起了它们。白天朋友劝我不要逞强和鲁莽时，我说，我以为你会夸我很棒呢。他说，你平安离开时，才会有评价。现在，他所预言的“不听老人言”的后果出现了。但是，既然没有人主动给我拿药来，我就不想去索取。张干事都已经发烧了，我还能麻烦他吗？对于张干事，我既担心又内疚。担心的是他的发烧，那些高原上的危急情况数次在脑子里闪过，我有点害怕地想，但愿别发生在他身上。内疚的是他的发烧是因为我，作为兵站部的人，他已经上来过多次，肯定是不想、也没必要上来了，这次上来，纯粹是为了陪我，我是他的任务。他完全有理由这样想：这个人，不好好在自己的地方呆着，跑到这儿来干吗？这个地方好玩吗？

不管怎么样，我已经来了。别人的脆弱往往能激起我的坚强，张干事的发烧反而使我镇定下来，不再指望他来帮助我、照顾我，反而做好了帮助他、照顾他的心理准备。我们是一起来的，我当然有义务这么做。我有意无意地留心着隔壁的动静。原本我觉得反应上来，是谁也顾不得谁的，何况让我反客为主，现在我发现，我能。

或许张干事的发烧反过来给了我一点自豪感。他是常来常往的主人，都发烧了呀！我只是有点正常的反应而已，在他的对比之下，这反应都应该忽略不计了。这点自豪感对我很重要，对我的高原反应起到了有效的平复作用。

该做的都做完了。我把窗帘拉拉好，不放心，又去仔细检查了一遍窗子。还好我不是住在一楼，否则，脑子里一定充斥着狼扒在窗玻璃上的恐怖幻象，活灵活现。恐惧感和不安全感往往与客观情况无关，而纯粹是一个非理性的主观问题。它是不需要理由的，它的理由就是它自身。

八点多了，天终于见黑了，可以考虑睡觉了。后来，儿子问我，沱沱河的星星是不是很大啊？月亮也很大？问得我一愣：对啊，我在那住了一夜，怎么没有任何关于星星月亮的印象呢？回忆了一下，我老老实实地回答，天黑我就没出门，没看见。然后又问他为什么这么说，他说，因为那里很高，离天近嘛。我想起了《两小儿辩日》，虽然小学就学过，但我到现在都不知道到底哪个小儿说得对。

把被子拉开，把枕头下的军用毛毯压上去，又把迷彩大衣压在毛毯上面。担心夜里会冷，但仍然不想把另一张床上的被子拿过来，我觉得那不是我的，我不应该动它，它的方方正正对我是个无声的禁止。把暖瓶拿过来，纸杯里倒上水凉着备用，这样随时一兑就可以喝到不冷不热的水，此时我特别仰赖多喝水的益处。把电视电源打开，遥控器放到床头柜上。坐进被子里，拿着手机，呆了一两分钟又放下了。现在感觉动脑都会耗氧，加剧反应，最好不思不想，把生命活动减少到最低。但还是睡不着，脑袋里钻来钻去地痛。打开电视，调到康巴藏语电视台，这是在内地看不到的，总觉得在这样的地方看这样的台才最地道。可是，天哪！藏语、藏歌、藏舞更使我头痛得要跳起来，可能这一切都与高原有关，而高原又跟高原反应有关的缘故吧？关电视时，因为太急切，手神经质地抖着。闭上眼睛，把一切都隔在外面。我感觉头痛得眼睛都睁不开了，好像被浓烟呛了，一睁眼就会哗啦哗啦流泪。闭了一会儿眼，才感觉稍微缓过来了。

在这里，感冒是要命的事。为保险起见，我下床来，把所带的感冒药按两倍的用量服了下去。又考虑了一下夜里上厕所的事。显然，我是没有胆量走出房间的，那就只好在房间里解决了。我看了一下那只盛脏水的桶，里面已经有大半桶水，而且是有盖的。就是它了。看了看锁，脆弱得形同虚设，不确定反锁是否有效，但也只能这样了。

再次上床，平躺下来，努力把大脑清空，让心也平躺下来，等待氧气驾临。不放心，再次检查了床头的氧气管，以确保它在，而且是畅通的。理解了杨宣强的书为什么叫《带着氧气上路》，在这里，再没有比氧气重要的东西了，它意味着你的呼吸，或者直接意味着生命。可是，我没带氧气上路。什么叫无奈？此时此地，我有了新的理解。我们经常轻易地把“无奈”挂在嘴边，可是，与这相比，那算什么“无奈”！简直是无奈一词的滥用。我以后再也不会轻言无奈了，至少，我们可以自如地呼吸！我几天前去西安，是看望一位从事核研究的癌症患者，与这些特殊行业的人比起来，亦觉自己常言的“无奈”之轻，至少，我们的工作不会要了我们的命！

又想起了纠结于心的那件事情。在此时此刻的反思中质问着自己：有人生活在这里，喘气都成问题，这种生活就在你眼前，他们的诉求从何谈起？你的欲望又为什么一定要得到满足？你是不是把自己惯坏了？

人很容易在习而相忘中忽视了世界上还有许多真正的无奈，麻痹了自己对幸福的感知，看不到许多看似正当的要求其实都是多余的强求，只有切近的对比和触动，才能使人头脑猛然警醒。

在这里，人是渺小的，那点事也是渺小的。

在行走中，人可以有效地获得解脱，尤其是在绝地中的行走。

杨宣强体会到：我多年的高原生活后，在厚重的原始环境里，我发现人其实尘埃般微小渺茫，那维系种族繁衍不息的生命在很多时候脆弱不堪。认识到这一点，我莫名兴奋，比拾到受用不尽的钱财更庆幸，感到孤单也是一种幸运，因为对人来说，活着才是最重要的事情，哪怕是受些委屈，遭遇厄运，这些算得了什么呢？

此时此刻，这也是我的体会。况且，我没有委屈，没有厄运，已经活得够奢侈了，还有什么理由不去安然承受这一点痛苦呢？在别人的更苦面前，你的苦就不是苦了，你的苦像一滴水，融入了别人的沧海。况且，你只是过客。

这段资料或许可以说明杨宣强所体会到的生命的脆弱不堪：50多年来，青藏兵站部有760多名官兵在这条被称为“生命禁区”的“天路”上献出了宝贵生命。2000公里青藏公路，平均每1.8公里就长眠着一名军人。要知道，这是和平时期的一个牺牲数字。

幸福，取决于衡量生活的标准，当这个标准是正常呼吸就幸福无比的时候，你夫复何求？你还有何过不去的？跟他们相比，我的确不该为了某一得失而如此不爽，但我的确还在难受中，仿佛自己遭受了某种重创，一时半会儿没有理由恢复。这种情绪的反复让我对自己大为恼火，甚至有点看不起。理性地看，拥有又怎么样？它对你并没有那么重要；得不到又损失了什么？你什么都没有损失。那么，你何苦那么晦丧？

恢复需要过程，顺其自然吧。

躯壳和内脏好像脱节了，脑仁在头颅里滚动，胃在腹腔里晃动。每翻一下身、转一下头，脑袋里面都跳痛不已，胃液似乎要喷涌而出。孙悟空的紧箍咒戴到了我的头上，那个叫高原反应的东西就是唐僧，它的嘴巴一开一合，无休无止地对我念着咒语。重温了怀孕时的恶心感，真希望快点把它——那个令我恶心的东西生下来，生下来就没事了。尽量不动，不惊扰它们——那个附着在脑仁上的叫痛的东西，那个包藏在胃里的叫恶心的东西。平静地躺着，听自己的呼吸。这辈子，再也没有比此时此刻更加平心静气的平心静气了。

下午到了之后，我曾经发短信告诉贾政委：三点半就到沱沱河了，一路都很好，现在有一点头痛，但还好，能忍受，放心吧。此时，他发短信过来了，问我到沱沱河情况如何。我回复：有点头痛，没胃口，问题不大，政委放心。暗暗地，我还是在较劲，不想对沱沱河这个下马威服输。此行是贾政委安排的，这也意味着我不愿在他面前服输。他说，多吸点氧气，不会有事的。但我不可能“多吸点氧”呀，根本没有人问过我要不要吸氧，只有首长房里有氧气瓶。不过，我觉得这样很应该，虽然身体不适，但保证了自己的心安。都是平等的肉身，对氧气的需要是同样的，如果我比这里的其他人多享用了，会觉得是对他们的不公，甚至不尊重。不过，如果有氧气瓶在房间里，它的存在本身是不是就构成一种心理安慰呢？事后我想，幸好房间里没有氧气瓶，否则，面对这一诱惑，我该多么纠结呀！我如果抵御不住诱惑而使用了氧气瓶，这一行将大打折扣，自豪感不那么纯粹了，也不能对人说"必要的补充：我没吃药，没吸氧"了。

朋友打电话来了。这是一个让我终生感念的电话。所有我的世界里的人，再没有谁知道或在意：我在这里。我真的被遗落在世界之外了。感觉电话那端的人，是世界上离我最近的人，也是我与世界之间唯一的连接。这个电话好像来自冥冥之中，给我一种莫名的感动，使我感受到某种命运的连接。我说，谢谢你给我打电话。

轻声地、缓慢地跟朋友说着话。一个向来快言快语的人，突然持这样的语调，一定是令人意外的。朋友的语调也变得有一点特别，我感觉是带有恻隐和不忍，这超越了一般的安慰。我们都充分感觉到，这是一种特殊境地中的特殊的对话。

说着话，我突然感觉头不那么痛了，或者因为说话使我淡忘了它，或者因为说话改善了我的心情。停止说话，再仔细确认一下，真的不那么痛了，头轻了很多，松爽了很多。我跟朋友说，你看，心情真的很重要。这时候，听见床头地上咝咝的声音，我说，大概氧气来了。那好像蛇信子吐出的声音，此时却给我无限安慰。我说，也没感觉到什么呀，至少没有立竿见影的效果。朋友说，你把氧气管拿上来，对着鼻子吸。我说，算了，那太像个病人了，就让它散发在空气中吧，长效机制，直接吸进去的话，一下就没了。朋友说自己当年上高原的时候就是吸氧的。我说，你觉得不吸就会怎么样呢？朋友说，憋闷，喘不过气来。我倒自始至终没有喘不过气来的感觉，因此，自以为有资格，小小地取笑了朋友一下。

一声晚安说得比平时沉了许多。结束电话，看到贾政委关怀的短信，赶快回复：八点半睡觉，现在来氧气了，更没问题了。同时告诉他，明天我们就回格尔木了。我自己知道，这意味着，我已经放弃了几个小时前的坚持，调整到乖顺状态了。他说，如果从格尔木乘火车进藏，要让他们提前给你订票。多保重，明天可能反应会更重些，很正常，别紧张。祝安康！贾政委的短信总是非常体贴周到，让你感觉到这是个有心的男人。

咝咝的蛇信子的声音早已停止，我不知道这点氧散到一屋子空气里究竟能起多大作用，但至少已经对我的心理发生了作用。一切就绪，只等睡意来临。可是，脑子像水洗过一样，没有任何迷糊的意向。没关系，不管睡着睡不着，就这样躺着吧。不管睡着睡不着，明天总要到来，你总要离开这个地方。越平静，头痛恶心越有休眠的可能。平和。不急不躁。

你所置身的高原曾经是一片海，不都凝固成这样了吗？在它的凝固之上，你更清醒地意识到：自己不过是时间中沧海一粟的一个过客，生命的里程如蒲公英的飘飞，注定就是那样的远近，你急，你赶，都没有用。大自然自有让人平心静气的慑服力，在自然面前，人自然地达到了和谐。在内地，生活的洪流令人躁动；在这里，一切趋于平息，胡思乱想只会耗走你的氧气。总是跟自己作战，对自己有这样那样的不满，在那个难熬的时刻，竟意外地对自己有了一点安详的认可。

对那满满一世界的悲欢，我都是局外了。甚至就连想到孩子，我都觉得他自有他的命运，在主宰他的命运的力量面前，我是无能为力的；而当我的命运来临时，对于他，我也只有安心地放手。

什么时候睡着的不知道，那睡眠很轻很薄，如蜻蜓点水，如蝴蝶一碰即飞。特别害怕醒来时不知在哪里的感觉，仿佛掉进宇宙的一个黑洞里，没有了时间和空间的坐标，自己的存在都无从证明。这次还好，很快就明白了，我在沱沱河。

继续平躺着不动，陪伴我的只有头痛和恶心，身体似乎成了一个盛纳头痛和恶心的容器。想象中，世界只剩下一个高原，高原上只有祭台似的一张床，我躺在上面。其他全部消失了，爱恨、亲仇，都退隐到世界后面了。所有的漠然都是因为，我首先要把这一夜度过去。

不转头，侧目看着门，越看越觉得随时会有什么走进来似的。明知道在这个地方，想被打扰都是奢望，却还不免如此，因为对门锁没把握。上锁是心理的一道程序，是把心里的门闩落下。

陌异的环境使人产生鬼怪的想象，总怀疑一睁眼就会看见一头狼伏在脸的上方，口涎已经快滴到自己鼻子上了，所以，闭上眼睛就不敢再睁。幸好我晚饭时没吃狼肉。

其实这里首先让人害怕的并不是人，而是孤独，渺小的个体面对无边的自然界的孤独。在自然的坚硬面前，人是多么软弱啊。鲁滨逊即便独自呆在荒岛上，那也是一个适宜人居的岛呀，而这里，是一个不适宜人居的贫瘠的自然板块。这里的孤独是双重的，与人群隔断的孤独，与自然对峙的孤独。

在这里，我不要大房子，大房子寒光闪闪，像广寒宫，令人畏惧。在这里，我愿意亲人、爱人、朋友统统聚在小小的房子里，温暖而密集地呆在一起。

什么时候又睡去的不知道。又醒来了几次也不知道。反正一夜就是这样载沉载浮。

一夜过后的清晨

早上睁开眼，立刻就清醒了，没有像平时那样赖一会，直接起了床。难以置信，这一夜，我已经熬过来了。奇迹般地，我发现头痛和恶心微乎其微了，身心轻松了好多。我又行了！如果现在要我继续下去，向唐古拉山进发，一直跑到拉萨，我愿意。这简直就像男人的某种身体表现，信心很重要，越行越有信心，越有信心越行。

洗漱完毕，拉开窗帘，发现外面还灰蒙蒙的，第一反应是阴天，转而意识到，天还未亮，尽管已快八点了。

走出房间，楼道里空无一人，不知道张干事和司机醒了没有，不好贸然敲门，就自己拿相机举得高高的，隔着玻璃拍外面的营区和沱沱河，相机记录着时间是八点十一分，景象却还是东方欲晓的样子。

走到一楼，发现许多宿舍门开着，战士们正在打扫卫生，看见我，依然是隔膜的神情，以至于我想说个“你好”都说不出来了。

在楼门口，碰见了昨天下午见到的“钛合金眼镜”站长。友好地打了招呼，我问他，早上都干什么？他说，整理内务，打扫卫生。我说，不跑操吧？没想到他会回答，跑，现在是搞建筑，院子弄成这样，没法跑了。我说，不跑都喘不过气来，还跑啊？他说，不锻炼不行啊，更锈住了，得跑，慢慢跑。我说，这么小的院子，在哪跑啊？他指着院子中央的旗杆说，围着旗杆跑，跑不多，就两三百米。

我走出没有大门的大门，看见停车场边的沟里结着白白的冰。这个像操场一样的停车场以及沟里的冰，都让我想起小时候的冬天，印象中，小时候的冬天总是特别寒冷，特别像冬天。

工人们已经在挖沟了，戴着早已不白的劳动手套。一个人正在直起腰来抽烟，每抽一口都心满意足的样子。在这样的地方，谁能生存得如此惬意？这个人让我想起海明威《老人与海》中的那位老人。

他们是本地人还是外地人？我猜是本地人，如果是外地人，那可真见出生存的惨烈了。有个小故事说，一位富翁到巴厘岛度假，在海滩上，边享受着小姐的按摩边现身说法地教育小姐：年轻人要好好奋斗啊，你看，像我这样，奋斗，有钱，才能到巴厘岛来享受阳光海滩。小姐笑笑说，我们不用奋斗不就天天在享受巴厘岛的阳光海滩吗？这个故事的其他含义不说，单说自然对人的赐予，真是天生有厚薄之分的，比如出生在这里的人，只要不离开家乡，是无论怎样奋斗都要“享受”高寒缺氧的。

人为什么要在这么严酷的地方生存繁衍呢？这是我一直不理解的一个问题。虽然走出这个地方，生存可能也会很艰难，但我想不会比这里更受罪，至少拥有了适宜人居的自然条件。后来从资料上看到，由于青藏高原的隆起是悄悄的、缓慢的、人类感官无法察觉到的，而且是一个漫长的历史时期，人类在无意识中渐渐适应了地域变化，不自觉地凭感性追求着生存条件；而当气候越来越严酷，越来越苛刻时，生息繁衍了上千年的数百万藏人先民，已经无法脱离这片土地了。他们的体质、生产和生活方式，已经和这块高原融为一体，有了适应性，虽然这种适应是被动的。孤立地去想，把人陡然降临到如此严酷的环境中，是挺可怕的。这就好比凭空一想怀孕的女人生生把肚子撑那么大，会感觉很恐怖，可是，如果把这个变大的过程均匀到十个月的时间里，就比较自然而温和了。

回到院子，我向大门正对的食堂走去。食堂门口的上方，是一块与纳赤台兵站完全一样的西部雕像的牌子，牌子下方的门两边，贴着红底黄字的对联：锅碗瓢盆三尺锅台奏乐章，酸甜苦辣一腔热情烹美味。这可真像教导员说的：兵站就是做饭的。走进食堂，迎面看见大横幅：热情热心烹制热饭热菜让过往战友吃得热热乎乎。多么实在，不虚夸美味佳肴，只强调一个“热”字。看来，能保证吃上热的，就宾主尽满足了。一些塑料的枝叶花草挂在横幅下面，为餐厅增加了色彩。在内地，这样的装饰反而会降低档次，大家宁可不要；可是，在这个缺少色彩的地方，这些东西便被赋予了存在的意义。我们不能用内地的眼光来衡量这里，因为语境完全不同。所有的器具，从饭桌凳子到餐橱餐具，都是不锈钢的，可见这里是把经摔打放在第一位的，实用大于美观。餐厅里面是厨房，厨房门口的一边有一面模糊的镜子，上书八个大字：反对浪费，厉行节约。地上湿湿的，可能刚刚拖过，三个战士站在空旷的餐厅的湿湿的地上，有一搭没一搭地说着什么，对我的到来毫无反应，也许不是无动于衷，而是不知该作何反应。看来他们已经备好早餐，就等开饭了。没有运输车队过往的时候，这食堂就像生意不好的饭店，看起来颇有些寥落。

我犹豫了一下，终于没有走进厨房。我想，他们是绝对不愿意别人走进他们的厨房的。中国的厨房，没有多少是愿意被人参观的，尤其寒素人家的厨房。

这里战士们的迷彩服格外旧，因为穿得太多的缘故。我想起了我的迷彩服，除了军训，再没有穿过，我都不知道它们已经换了几茬，最后到哪里去了。战士们的脸色——我不愿说是古铜色，怕跟海滩上晒出来的健美先生相混淆——有颜色无光泽，让人想起白居易《卖炭翁》中的“满面尘灰烟火色”。那些年轻战士单寒的神情令我心疼，在我的学生脸上，我看到的不是这样的神情，尽管他们是同龄人。

我看着自己指甲上依然残留的闪亮的指甲油，觉得它此时此刻简直炫目得令人难过。如果长年累月生活在这里，我还会涂指甲油吗？想起离开格尔木时，还在为首饰、香水、指甲油带不带而纠结，我简直想批判自己一顿。最终我带上了香水和指甲油，是想着在沱沱河晚上没事时把指甲油补好呢。青藏线，这是一条去除女性感的路线，女性青睐的那些东西，我是越带越少，越用越少了。

再想起青海湖，便觉得那些美奢侈而又虚妄。还有在塔尔寺，居然为了美而坚决不穿迷彩服。写到这里，我调出了在塔尔寺的照片，审视着自己。赤裸的脚踝特别醒目，因为冷得发抖——用李敖的话说是“俏伶伶地抖着”；而披肩在身上，还是审美大于防寒的样子。在塔尔寺，我还是一个要美的女人，包括穿着，包括感觉。但在沱沱河，我已经不再有怎样的性别感，我已经融入了高旷凛然、严酷粗粝的荒原，越来越不讲究什么了。贾宝玉说，女人是水做的，可是，在漫天卷地的土性面前，水性渐渐退却了。在严厉的大自然面前，不会再有撒娇这样的事，也不会再有楚楚可怜的感觉，不管对人还是对己。这也是一种人与自然的和谐统一吧。

在这里，人衰老得快，快得让亲人揪心。在五道梁兵站吃饭时，曾有人说到，回家探亲时，跟自己的爹在一起，别人都分不清谁是爹谁是儿子。在西宁跟杨宣强聊天时，他沉重地犹豫着，选择了“无奈感”这个词来涵盖高原军人难言的苦涩。他说，离婚率很高。

杨宣强还说，在一个兵站遇到一同参军的战友，几乎认不出来了，没想到，十几年了，他还在这里。与在这里打工的人不同，他们是负有国家使命的人。只要国家存在，他们就要存在。只要国家存在，就必须有人成为他们。战争是非常态，他们在这里的存在却是常态。

在一个令人生畏的生存之境，一切生灵的存在都是了不起的，都令人心生敬畏，人的存在的重量尤其是惊心动魄的伟大。苦是肯定的，连一般的动植物都不肯在这里生长，何况身为万物灵长的人呢？现在还好，大雪封山的时候呢？人们抱怨一个地方的时候，经常会说，“不是人呆的地方”，但那其实都是一些容许人呆的地方。而这里，才真正“不是人呆的地方”，却又的确有一些人呆在这里。这些人，就是军人。军训的时候，看过许多抗洪抢险、边防哨所的纪录片，然后再听到《咱当兵的人》《说句心里话》这些歌，就想流泪。这里，也是一个让你听着这些歌心里会难受的地方。

我1998年参加军训的时候，听丁德福少将的报告，记下了一段话："有人说，在西藏，哪怕是躺着也算是做了贡献。我说，作为一名共产党干部，并不能因为自己吃了苦，就算是做了贡献，苦争并不等于苦熬，还要苦干巧干。"青藏线亦然。

网上关于茶马古道有一段话："历史已经证明，茶马古道原本就是一条人文精神的超越之路。马帮每次踏上征程，就是一次生与死的体验之旅。茶马古道的艰险超乎寻常，然而沿途壮丽的自然景观却可以激发人潜在的勇气、力量和忍耐，使人的灵魂得到升华，从而衬托出人生的真义和伟大。"很显然，这是把马帮为生存而进行的危险之旅做了人文意义上的升华。但是，对于青藏线上的这群人，我不想升华，南疆政委丁德福少将说得实在：如果不是党的工作需要，阿里就是铺满金子我也不会去。他们在那里，就是在平实地按部就班地履行职责。而我所寻找的，就是平凡中的真实的高尚。

他们在这里，不是生活，甚至也不是生存，而是存在。他们在这里，首先是忍受，然后是坚守。能够忍受，就是一种境界。能够在忍受中有所作为，有所奉献，就很了不起。说他们甘之如饴是不真实的，作为高原的非原住民，他们不可能甘之如饴。到此一游还可以，若要常驻此地，绝非一般人所愿。但总得有人来当兵，正好就轮上了他们。来这里很少有人是主动的选择，是国家选择了他们，也是命运选择了他们。但既然已经来了，他们还是把自己磨炼成了无愧的军人。贾政委对记者说，至今，我们兵站部还有300多名在高原工作了20年以上的“老高原”仍在“天路”上默默奉献着……凭空去想，不知道20年在高原上意味着什么，看看这里的生存境况，才懂得，能在高原呆上20年的军人都是了不起的英雄，不管他们怎样其貌不扬，怎样黯淡无光。

他们的精神面貌说不上豪迈、英武，甚至还可以说是无精打采的，既毫无风度可言，又没有样板戏中身着白斗篷“穿林海跨雪原气冲霄汉”的杨子荣的革命气魄，但是，就是这些不起眼的人，以他们的并不轰轰烈烈的行动，履行了庄严的国家使命，构成了真正的巍巍昆仑。

在网上，我看到这么一段话：在现代社会，兵站的作用类似于官方驿站，尤其在青藏铁路没有修通的时候，兵站更承载了接待游客的任务。兵站既有一个在荒无人烟的地方提供食宿的功能，又是一个别样的景点。在没有接待任务的时候可以对外接待，住在这里便宜、安全。如果人多的话可以和最可爱的人们一起联欢哦！

这显然是一位游客的话，所以才有着到此一游的兴致，浪漫得对常驻此地的“最可爱的人”近乎残酷。首先，我发现这里不是什么“别样的景点”；其次，我不知道这些“最可爱的人”是否有兴致联欢，在联欢时会是怎样的表情和心情，联欢完了看着游客们离去时，又会是怎样的表情和心情。

不可想象，被丢在这里

张干事起床了，也来到院子里。一见他，我有点吃惊，他的脸色有明显的改变，发红并爆皮了。由此可以推知我自己了。只有自带的小化妆镜可以照，我还没有仔细观察过面部皮肤的变化。还好，张干事的烧已经退了。

我提出跟战士们一起吃早饭，被婉拒，还是昨晚的四个人一起吃的。一吃早饭，我胃里又难受起来了，连带着头痛也复苏了。虽然不像昨晚那么重，但也足以使我的情绪再次下坠了。

好在，我知道，马上就要离开这里了。也许从早上一醒来，我的轻松就是由于这个缘故。

吃过早饭，我们就收拾离开。上车的时候，我看着那些脸，与昨天一样淡然。可能他们已经见惯了外人的来来去去，而且明白这些来去与他们是毫无关系的，他们依然只能在这里。也许，淡然是他们已经养成的一种自我保护。

也许从昨天晚上，我就在潜意识里催促着：尽快离去，尽快离去。确定离去，是免于绝望的前提。此前我都无暇去想他们，现在，就要离去时，看着他们，我突然觉得心酸。我们有处可逃，他们呢？我们绝尘而去的背影，对他们是否太残忍？曾经到二炮的一个基地采风，适逢某部队在那里演习，驻扎在深山老林中，下雨，就用做“蛇皮袋子”的那种“蛇皮”撑起一个棚子，在下面做饭吃饭，地上全是泥泞，“蛇皮”太大，撑不平，低洼处总有积水，过一会就要用铁锹顶一顶，把水顺走。吃完一顿混合着雨水的饭，回到有着二十四小时热水的住处时，禁不住感慨：我们是回来了，人家呢？还要在那里受罪啊。

如果是我的儿子或侄子在这里，此时此刻，我会不会有种不顾一切把他带走的冲动？我想会有的，不管我最终会不会这么做，这种冲动一定会有的。我怎么忍心把孩子丢在这儿，自己转身离去呢？我真的不能确定：我是宁愿孩子来这里，还是去深圳富士康那样的公司？写作的过程中，我有意识地问过十岁的儿子，你长大了愿不愿意当兵？他说，不愿意。我问为什么，他吃着东西，头也不抬地说，光荣能当钱用吗？我并没有跟他说过“当兵光荣”之类的话，但是显然，他知道，当兵是光荣的；但他更知道，光荣不能当钱用。我无语，觉得他比我还成熟。

车子启动的刹那，我既有解脱的轻松，又有逃跑的愧怍。不可想象，被丢在这里，车子走了……想想都怕。

那次到二炮基地采风时，参观深山老林里只有两个人常年驻守的地方，大家都问：如果叫我们在这里，会怎么样？大家又都答：读书、写作。我想起王朔曾经说过的：我知道怎么能写出好东西，把你关起来二十年，一不小心就弄部《红楼梦》出来。那不正是一个可以让王朔一不小心弄部《红楼梦》出来的地方吗？但是，展望一年又一年的时间长度，又有人补充回答：或者变疯。

现在，我又想起这个问题：如果把我长期放在这里，我会干什么呢？这里要运那么多书来都比深山老林里困难，那就看碟吧，看压缩碟，把奥斯卡影片全部看完，直看到一见影像就恶心。这里除了军网还有没有民网可上呢？我忘记问了。如果有的话，就把自己炼成佐罗那样又酷又侠义的黑客吧，天外黑客，海拔最高的黑客。

走了。无论体验多少次，写多少字，你都无法代替他们别无选择又慨然担当的现实。这样一想，所有的感触感想感慨其实都是虚妄，甚至虚伪的，经不起多少叩问。

透过车玻璃抓拍着沼泽一般的沱沱河的河床。在逆光的照片上，那愈加像是随时会有个简·爱之类的人物走出来的欧洲荒原，或者更加令人不知所之的艾略特的荒原。

项羽的青春人格与行为艺术

项羽的青春人格

年龄差距是解读项羽和刘邦行为选择、价值取向乃至人格差异的一个不可忽视的因素。刘邦生于公元前256年，项羽生于公元前232年，刘邦比项羽大24岁。公元前206年楚汉战争发生时，刘邦50岁，项羽26岁。依公元前远低于现代的人均寿命来看，刘邦可谓准老年人了；而项羽尽管已成为一统江山的西楚霸王，年龄却只有26岁，还是青年人。所以，单从生理年龄来看，楚汉战争就是一场青年人与准老年人的较量。

若从人格来看，楚汉战争更是一场青年人与老年人的对决。项羽是单纯的青春人格，年轻气盛；刘邦是标准的老年人格，老奸巨猾。民间有一句话叫“少不读《红楼》，老不读《三国》”。为什么“老不读《三国》”呢？因为《三国》中充斥着权谋之术，钩心斗角，阴险算计，人到老年，阅历已经够广了，智慧已经够多了，再去读《三国》，容易变得老奸巨猾。刘邦就属于不该再读《三国》的那种人。当然，那时也没有《三国》可读。这倒不是因为其老不老的问题，而是因为他天生符合老奸巨猾的老年人格特征。这里公然将老奸巨猾视为老年人格特征，似乎是对老年人的不敬。其实不然。我们谈论的是人格的年轻与年老，包含着诸多精神内蕴在内，而不单纯是一个年龄问题。一个少年老成的人，仍然可以具备老年人格特征；而一个老顽童式的人，照样可以具备青年人格特征。再说，青年人也都会变老的，而老年人也都曾经年轻过，青年与老年，本来就在迁延更迭之中，所谓老年，并不固指哪一些人。

民间还有一个流传不甚广的说法，叫“少不读《水浒》，老不读《三国》”。为什么“少不读《水浒》”呢？因为《水浒》讲义气，重江湖，年轻人本来就在火力旺盛的时候，读了更容易冲动。项羽就属于不该再读《水浒》的那种人。当然，那时同样也没有《水浒》可读。

谈到刘邦，人们会想起奸雄曹操之类的人物；而谈到项羽，人们想到的是英气逼人桀骜不驯的吕布、马超，而不是老成持重捻须沉吟的刘备、宋江，甚至也不是摇着鹅毛扇的诸葛亮。刘邦的故事，是凡人的故事，成人的故事；而项羽的故事，却像一个神话传说，而且是属于人类童年时期的神话传说。希腊文化源于古老的爱琴文明，和中国的商周文明略有相似之处。作为希腊文化重要组成部分的希腊神话，形成于西方文明的童年时期，包括神的故事和英雄传说两个部分。那些人神交织的英雄故事，闪射着人类童年时期的光华。英雄们具有鲜明的青春品格，充满朝气、力量和冒险精神，为在神的王国里的地位和爱情而争吵和斗争，并对凡世发生着巨大影响。项羽就具有这种半人半神的英雄品格，如希腊神话中著名的大力神、第一勇士——赫拉克勒斯。赫拉克勒斯打死九头蛇、击退不死的食人狮等，立下十二件大功；项羽则力能扛鼎，并缔造了巨鹿之战、彭城之战等战争神话。中国与《希腊神话与英雄故事》相对应的是以商周时代为历史背景的神魔小说《封神演义》，其中的哪吒、二郎神等，也具有希腊神话英雄们朝气蓬勃、勇者无惧的青春品格，项羽就是这些神话英雄在现实生活中的再现。比照现代，项羽则具有尼采的“超人”意志，以及影视作品中的数码英雄身上的超能量。在西方人眼中，项羽是唯一可以和迦太基名将汉尼拔比肩的中国古代将领，被誉为：东方汉尼拔。

项羽22岁时，便指着出巡的秦始皇说：“彼可取而代之。”这是典型的初生牛犊不怕虎。项羽24岁时，便与叔父项梁在江东起兵反秦，就此登上历史舞台。项梁是主帅，项羽是副帅。项羽战功赫赫，破釜沉舟的巨鹿之战，更是创下了战争史上的奇迹。敢于破釜沉舟，毫不考虑退路，这是年轻人勇往直前的大无畏精神；老年人会考虑周全，留出一条甚至几条退路来，以备万一，而不会采取如此果敢决绝如此冒险奇崛的战法。项羽26岁时，便成为西楚霸王——神州大地上的一号人物了。对比中国现在的八〇后提拔处级干部尚且引发争议，更该明白项羽创造的是怎样的奇迹了！对于“自古英雄出少年”一说，项羽给出了一个最强有力的证明。

梁启超在《少年中国说》中写道：红日初升，其道大光；河出伏流，一泻汪洋；潜龙腾渊，鳞爪飞扬；乳虎啸谷，百兽震惶；鹰隼试翼，风尘吸张；奇花初胎，矞矞皇皇；干将发硎，有作其芒。项羽就是梁启超所期许的那种美哉壮哉的“中国少年”。他以蔑视一切的傲岸、冲却一切的激情，以及气吞万里如虎的狂飙精神，创造了炫目的青春功业，铸就了伟丽的青春人格典范。

项羽健康阳光的人性得益于他的自由成长。项羽年少时，项梁曾先后请人教他书法、诗歌、武艺，他都是学不多久就厌倦不学了，还说：“学文不过能记住姓名，学武不过能以一抵百，我要学便学万人敌！”于是，项梁便教授他兵法，但他仍旧是学不多久就厌倦不学了，项梁只好顺着他，不再管他。可见，他是一块未经雕琢的璞玉，天生的力与勇有余，而后天的武略欠缺，文韬不足。越是缺少韬略的人，越不知韬略之重要。项羽对于计谋很不屑，认为君子坦荡荡，诡诈非大丈夫。大气的人对于伎俩，总是有着近乎洁癖的不屑。这固然是光明磊落、襟怀坦白的英雄本色，但也太极端了一点。项羽还认为，正义之师不用奇谋诡计。所以，他从来不要谋士。韩信（约公元前231—前196年）几次献计于他，都未得重用，才转投刘邦，此事成为他不善用人的一个典型口实。我倒认为，此事所体现的，不是项羽不善用人，而是不屑用计。

项羽不屑用计，防计、破计意识也淡薄，以至于屡屡中刘邦之计，刘邦的诈降、鸿门宴秘密部署等都得逞了。但是，即便被对方算计了，项羽仍然不屑，故而也不善总结经验教训，不能从“吃一堑，长一智”的老话中受益。导致项羽最后败北的“四面楚歌”，则是中了韩信的计。韩信富有军事谋略，被称为“战神”。他在军事上虽然兵不厌诈，但政治上并不诈。蒯通曾建议他背叛刘邦，自立为王，否则将来功高震主，难以见容于刘邦，但韩信拒绝了这个建议，理由是——不能“见利而忘义”！最终果如蒯通所言，韩信以谋反罪名被杀，临死才知道后悔。韩信与项羽年纪相若，虽比项羽多活了几年，但死时也不过36岁。韩信和项羽，都不是比他们年长20多岁的刘邦的对手。韩信虽非刘邦直接杀害，但吕后先斩后奏杀韩信，无疑是符合刘邦心愿的，所以，刘邦对韩信之死的态度颇为复杂：且喜且怜之。韩信与刘邦，也是青春品格与老年政治的对垒，结果当然是前者出局。搞政治需要年纪，因为，有年纪才会有阅历。年纪虽然并不必然意味着阅历，但阅历却必然需要年纪。没有一定的量变，是完不成质变的，政治智慧需要历练和积累。有了足够的年纪，方有可能深谙社会和人性中的“黑子”。之所以“姜是老的辣”，是因为老姜经历了更多时间的浓缩和外部的风化。

项羽有勇，韩信有谋，二人若能联手，定是天下无敌的神勇组合。可是，此二人恰恰不能联手。因为，项羽是一个有精神洁癖的人，他排斥善谋之人，也排斥所谓的“大丈夫能屈能伸”。那么，韩信是以能承受胯下之辱而著称的人，项羽怎么能接受呢？项羽绝对是宁折不弯宁死不屈，他容不得任何苟且。韩信对项羽也不以为然，他批评项羽遇强则霸是匹夫之勇，遇弱则怜是妇人之仁。在我看来，这不正是真英雄本色吗？如果反过来，欺软怕硬，那才是可鄙的。但韩信不这么认为。二人精神质地上的不同，决定了不能成为同道。项羽不是不善用人，而是目下无尘，鲜有人能入他法眼，所谓“阳春白雪，曲高和寡”。

项羽是年轻人的性情和意气，不懂利益至上，总以性情取人。可是，搞政治是不能凭真性情的。刘邦便深谙政治之道，他用人待人，取的都是政治利益最大化原则。项羽曾以煮掉刘邦的父亲来要挟刘邦，刘邦回答：煮好别忘了分我一碗。这件事常被用来证明刘邦没人性，我认为并不尽然，刘邦更有可能是以此为策略，来瓦解项羽的要挟，来拆项羽的招。这与其说证明了刘邦的没人性，不如说证明了刘邦令人无可奈何的泼皮无赖。刘邦不会为救父亲而妥协是肯定的，但未必会高兴父亲被煮死，之所以说这话，好像比对方还得意似的，显然是故意的，是为了消解对方一下，气对方一下。刘邦逃命时为了车子跑得快一点，竟然亲手把车上的子女推下去，这才毋庸置疑地说明了他的没人性。可是，就是这样一个刘邦，却对老百姓不错。这说明刘邦爱民如子甚至爱民胜子吗？非也，这是政治利益最大化的需要，是“得民心者得天下”的政治理念使然。正如有人指出的：

对当政者来说，“仁”，绝不仅仅是“仁爱”之情，更是“仁政”之术。“仁”是用来收买人心的，不能收买人心的“仁”就一钱不值。如果会错了意，糊里糊涂讲起“仁爱”来，就糟了。项羽的错误不在于“仁”，而在于没有把这种“仁”转化为政治上的优势，所以叫做“妇人之仁”。

这段话暗示出这样的意思：项羽的仁是“仁爱”之情，是真仁；刘邦的仁是“仁政”之术，是假仁。项羽的“妇人之仁”是本质上的仁，刘邦的政治之仁是策略上的仁。与“妇人之仁”形成意义对举的是“无毒不丈夫”，它意味着，男人就是用“毒”来定义的。项羽正是因为“仁爱”，被踢出了男人的行列。“妇人之仁”在政治上不占优势，男人的“毒”才是在政治上占优势的。但项羽的“妇人之仁”，何尝不是年轻人的“人之初性本善”，何尝不是“青春不解红尘”呢？人们怪项羽政治幼稚时，往往忽略了他的年纪，事实上，他本来就处在一个幼稚的年纪！与年长男人的老辣相比，他当然是太稚嫩，太缺乏“丈夫”之“毒”了。

可是，这样一个有着“妇人之仁”的项羽，却又被认为残暴，典型的事例就是他杀死已经投降的秦王子婴和一夜“坑秦降卒二十余万”。但我认为，项羽之所以这么做，主要是为了报仇雪恨。楚国为秦国所灭，项羽的祖父项燕率兵在保卫楚国的战斗中被秦将王翦所杀，对于秦，项羽是怀着巨大的家仇国恨的，这也是他英勇杀敌的首要动机。包括火烧阿房宫，也是为了发泄他对秦王朝的仇恨。当然，就算有仇恨，也不能那样做；仅从自身利益考虑，也不宜那样做。因为那对他不仅无益，而且有害，会引起民怨，不利于他的统治大业。刘邦就绝对不会这么做。但项羽显然不具备刘邦那种权衡利弊的政治理性。他奋力拼杀这么久，就是为了这一朝雪恨的快感！机会到了，年轻气盛的他怎能不让自己发泄个痛快！这与其说是项羽残暴，不如说是项羽冲动——年轻人的冲动。

项羽当然是有罪过的，他杀气太盛，动辄杀戮，率尔屠城，而且军纪不严，所过之处，烧杀抢掠，民怨载道，这都是他的罪过。这些罪过，也都与他的年轻有关，因为年轻，所以放纵，所以率性，所以逞勇，所以没有羁勒，所以充溢着作恶的激情。项羽军纪不严，首先因为他自己就是一个缺少自制力的人——这几乎是年轻人的通病。

项羽坑杀二十万秦军并非没有原因，他是听说降卒可能谋反，才听从部下建议坑杀的。另外，近来有人指出，一夜坑杀二十万不可能。首先，没有那么大的坑；其次，那二十万人不会束手待毙。项羽好杀戮是真的，但一夜坑杀二十万，可能是司马迁的夸大之词。其实，刘邦的残暴并不在项羽之下，杀人之众也决不在项羽之下，但刘邦杀人都是出于政治需要，所以，在大众眼里就具有了某种合理性。而项羽有时会杀一些不该杀、不必杀的人，比如降君降卒，所以就不具备这种合理性，其残暴也便格外突出，格外不能原谅了。说项羽不爱民至少不全对，正是看到楚汉相争民不聊生，心中不忍，项羽才向刘邦发出二人单挑、一决胜负，借此结束战争的倡议，但刘邦不肯。秦地的秦卒秦民在项羽看来可能首先不是人民，而是敌人，所以他才不手软。说项羽不仁也不全对，彭城之战，项羽俘虏了刘邦的父亲和妻子，作为人质来要挟刘邦，未遂，但并不杀害。

项羽一夜坑秦降卒二十万，却唯独留下了三员降将：章邯、司马欣、董翳，并信任和厚待他们。这还是他的真性情使然，他的仁慈只施与那些他认为值得的人。刘邦用人是理性的，不凭好恶，只重实际，有用之人皆为我所用，所以韩信说刘邦：不能将兵，而善将将。刘邦得韩信，果然如虎添翼。作为一个领导者，善于驾驭高人，便立于高人之上了。为了收买韩信，刘邦是关怀备至，极尽笼络之能事，以至于韩信在有可能自立为王时，却不好意思那样做，而坚持要替刘邦效命，所谓“乘人之车者载人之患，衣人之衣者怀人之忧，食人之食者死人之事”。可是，用完韩信之后杀掉韩信的，归根到底还是刘邦。刘邦此乃老百姓所谓的“哄死人不偿命”。这一点也正如有人所言：

在缺乏有效约束机制的情况下，社会的安定有赖于统治者的治国理念，推行“仁政”，不管其动机如何，对被统治者是一种让步，相对而言百姓得到的好处多一些。即使刘邦是个流氓，项羽是个贵族，落到刘邦的手里，比落到项羽的手里要好。太史公深明此理，所以人格上，他隐隐推崇项羽；可是治天下，他以为还是刘邦强点。

主观上的“仁”虽然是“真仁”，但若给老百姓带不来好处，还是没有用的。只有给老百姓带来好处的客观上的“仁”，才是老百姓所需要的，即便它是“假仁”。“仁”是可以用来作秀的，只要能保证实际效果，真假并不重要。这样的发现，不仅使我对于“求真”的意义发生怀疑，而且还使我对于刘邦和项羽的态度产生矛盾——与司马迁一样。既然我们在实际上还是会选择刘邦，既然项羽的结局必然是失败，统治世界的必然是刘邦，我们对于项羽人格的孜孜以求还有什么意义呢？探讨至此，很容易使人产生历史的虚无感。

不！茨威格在《异端的权利》中写道：

历史无暇顾及公正。历史作为不偏不倚的编年史家的工作只是记录各种各样的成功，至于这些事情的道德价值，她极少评估。……然而事实上，……道德能量的任何消耗，也不会消散长空，毫无回响。那些人虽然生不逢时，虽然被击败了，在实现永恒理想的过程中，却自有意义。……从精神方面看，

“胜利”和“失败”两个词都有了新的意义。

把这段话中的“道德”改为“人格”，我认为是一样成立的。项羽的价值，就在于这种“人格价值”“人格能量”，如果从人格方面去进行评估，项羽并没有失败，他永远向我们昭示着一种相对理想的青春人格，这就是我们探讨它的意义。

项羽的行为艺术

对于项羽，他人难免是“以成败论英雄”，这个“成败”，当然指的是结果。可是，项羽本人却未必把成功的结果看得那么重要。他的目的不仅仅是成功，而是——美，并成功。他要赢，但是要赢得漂亮，赢得有风度，赢得不失水准。不仅要赢在物质上，而且要赢在精神上，内外皆赢。他要的不仅是一件衣裳，而且是一件没有皱褶的内外考究的衣裳。他要成功的结果，他还要成功的过程，他要在过程中始终保持英雄的审美风范。难度也就在这里。

项羽相当于把获取成功当作一种行为艺术，行为艺术是不求结果的，过程就是一切，成功只是艺术过程的终点。作为行为艺术，他不要“虽然赢了，但是，赢得很丑”，于是，他的结局就成了“虽然输了，但是，输得很美”。在输得美丽和赢得丑陋之间，他宁愿选择前者。

奇特的东城快战充分证明了项羽的行为艺术追求。项羽带领仅剩的28骑到达东城的一座山上，自忖不能脱身了，便对骑兵们说：“我起兵八年，经七十余战，未尝败北，我的敌人都那么服我，现在困在这里，不是我不会打仗，而是天要亡我！今天，决一死战的时刻到了，我要为诸君痛快一战，必胜利三次，为诸君击溃包围、斩将、砍旗，让诸君知道，是天要亡我，非我不会打仗。”果然，他冲入敌阵，一人斩两将，杀近百人，然后问手下骑兵：“怎么样？”骑兵们跪倒回答：“和大王说的一样。”这一快战，已经不会影响结果了，但他仍然要漂漂亮亮地表演一次，以证明失败是天意，不是自己不会打仗。行为艺术的意义就在行为本身，而不在结果。他要输得漂亮，输得对自己、对他人有个交代，所以，并不因结局已定就仓皇折戟抱头鼠窜，而是要最后潇洒走一回。

鸿门宴放走刘邦，不是项羽愚蠢，而是项羽要脸面，不想承担不义的骂名。他要的是堂堂正正的赢，如果赢得不义，对他将是极大的耻辱。首先，楚怀王曾与诸将有约：“先破秦入咸阳者王之。”所以，尽管刘邦由于狡猾而先入咸阳，但“王之”也是情理之中事。何况，刘邦已拿出准备把咸阳原封不动移交项羽的架势，杀他更是不义。其次，他敬重樊哙的勇武和大丈夫气概，所以，樊哙带剑拥盾进入宴会厅，他不仅没有发怒，反而为之折服，这说明他是何等地英雄惜英雄；那么，由他所敬重的人指出“若杀刘邦，便是不义”，更使他的自尊没有回旋的余地。他放走刘邦，不仅因为自尊，更是因为自信。他认为，即便这次不杀刘邦，日后也有把握收拾他，而且会以正当理由，那么，留一留又何妨。可以说，他是不屑杀之。因为所向披靡，所以他自负；因为自负，所以他轻敌。鸿门宴不杀刘邦，在他的政治盟友和后人看来是优柔寡断，是窝囊，在他看来则可能是免于不义，是亮堂。毛泽东指出了项羽战败的三个错误，其中第一个就是：鸿门宴不听范增的话，放走刘邦。但项羽看重的是自己保住了名誉。毛泽东有诗云：“宜将剩勇追穷寇，不可沽名学霸王。”（《七律·人民解放军占领南京》）——直接把项羽的捍卫名誉当成了“沽名”。无疑，所有看重成功结果的人都会把这种“沽名”看得毫无意义，政治家尤甚。

杀人，项羽并不手软，但不能“师出无名”。巨鹿之战说明，该出手时，他会果断出手。项梁战死后，本来只是傀儡的楚怀王意欲趁机夺项羽军权，任命自己的亲信宋义为上将，项羽为次将，率领大军救赵。但宋义畏惧秦军强大，又图谋解除项氏政治威胁，欲在半路杀项羽并结盟齐国，所以，军队滞留46天不发，处境艰困。项羽当机立断，一剑斩杀宋义，迫使楚怀王任命他为上将军，立即挥师北上救赵，于是有了破釜沉舟、以一当十的巨鹿之战，奠定了项羽军中第一的地位。项羽杀宋义，是因为“你不仁”在先，所以，休怪“我不义”。后来杀楚怀王，则是一不做，二不休，所谓义帝，就是假皇帝，没本事，还不甘做傀儡，那么，铲除虚伪，还原真实，也罢。这非常符合项羽的风格。

一个“义”字，对项羽很重要。项羽本来已经取得绝对优势，可以灭掉刘邦，但刘邦提出划界而治，他还是大度地同意了，并依约守信，爽快地送还刘邦的父亲和妻子。项羽做出如此让步，是为了结束战争，还黎民一个安宁，这又何尝不是一个“仁”字呢？既然立约，便是君子一言；若再违约，岂非小人？对于项羽的坚守信义，毛泽东也不以为然，这就是他认为项羽战败的三个错误中的第二个：机械遵守鸿沟协定。这说明毛泽东是了解刘邦这样的人的。事实上，那的确是刘邦为了获得喘息之机、恢复自己元气而策划的假和谈，两个月后，他便背信弃义，再起争端。可以想象，假如刘邦占上风而主动提出和谈，项羽未必答应，因为那有违他的自尊和骄傲，有违他的行为艺术规则。只有刘邦这样的人才会以骗术以牺牲人格来苟求暂时的喘息之机。项羽永远不可能以刘邦式的牺牲来达到刘邦式的成功。项羽的大度，建立在高度自信的基础上。只有高度自信的人，才会敢和敢战：你要和，我就让你；你要战，我就奉陪，直到把你打怕，打到再也不敢动。他对于自己的力量是何等地自信！果然，刘邦一挑争端，又被打得落花流水，只是到最后一战——垓下之战，他才在韩信等人的帮助下赢了项羽。

项羽并非没有政治智慧和手段，否则，绝对坐不到霸王的位子上去。巨鹿之战后，项羽看到摆脱怀王称霸天下的机会到了，便先收服诸侯联军，再收服章邯，很快确立了自己的霸王地位，没有政治智慧和手段，这是做不到的。

项羽不是没有政治智慧和手段，而是他的智慧和手段太大气、太君子、太理想主义，现实适用性不够强。一个成熟的政治家不可能是一个真正的理想主义者，理想主义的游戏规则对政治家大多不适用，且尽在政治家掌握之中。而政治家是不讲游戏规则的，政治家的思维也不会为理想主义者所掌握。没有理想的政治环境，便无法坚持理想的政治人格和践行理想的政治主张，而政治环境可能永远都不会理想，所以，理想主义与政治永远是有抵牾的。刘邦是一个“泼皮无赖”，他要的是天下，而不是脸面和自尊。刘邦摸透了项羽的贵族脾气，项羽却不懂刘邦的“流氓思维”，或即便懂了，也不加重视。项羽从来不屑搞小动作，屡屡被刘邦所骗，却并不服膺刘邦，而只能更加嗤之以鼻，因为，他对于奸诈取胜向来不以为然，认为那是下作宵小的鸡鸣狗盗行径，赢也赢得可耻。而且，他认定刘邦不过是以小计获得暂时的小赢，不足挂心，而他有足够的自信站在更高处，俯瞰刘邦，并取得大赢。项羽太低估了“小”的破坏力。千里长堤，可以毁于一只蚁穴，蚂蚁的力量怎容无视！《狮子和蚊子》的寓言告诉我们，力大无穷的狮子可能战胜不了一只渺小的蚊子，因为狮子对蚊子根本使不上力。

项羽是一只英俊的狮子王，刘邦却是一只老狐狸。项羽适合速战速决，刘邦却善于拖垮对方，年轻人的冲劲往往敌不过老年人的耐性。狮子的勇猛战术对狐狸可能无效，而狐狸的狡猾却可能使自己获得机遇，狮子的威力等于被狐狸的狡猾消解了。战争日久，项羽早已按捺不住，他希望尽快结束。当楚汉两军在荥阳对峙时，项羽对刘邦说：自秦以来，天下纷争久矣，缘由皆因两人起，现我愿意单独和你决一雌雄，无论胜败，就此不要让黎民百姓跟着倒霉了。但刘邦笑曰：我肯斗智，不能斗力。项羽大怒：天下哪有这等无赖！项羽要求决斗，是典型的骑士风度，可刘邦不是骑士，他拒绝骑士的游戏规则。项羽要求决斗，一方面，是他非常倚重自己的力量，喜欢以力来解决问题；另一方面，是他有这种骑士精神。骑士决斗，是青春伟岸亮丽的行为艺术。可刘邦是一个老人，老年人胜在智，年轻人胜在力，刘邦不会拿自己之短与对方之长比拼。再说，他也不具备骑士精神。

讲求行为艺术的美感，与一个人的阅历也有关系。阅历有漂亮的，也有不漂亮的。不漂亮的阅历就是磨砺就是摔打，就是一次次从狼狈中爬起来，然后告诉自己："出水再看两腿泥"。刘邦出身草根，生命力适应力极强，如同草种子，撒在哪儿都能成活。出身草根并非必然如刘邦这般，也有《红与黑》中于连那样的自尊之人。关键在于刘邦原本就是个泼皮无赖、流氓无产者、鸡鸣狗盗之徒，他最不缺乏的就是低下生活的磨炼，他所拥有的几乎都是不漂亮的阅历，所以，没什么范儿可讲究，也没什么可丧失的，得到什么都算赚了。人没有风度尊严上的顾忌，便没有负累和障碍，更容易达到世俗上的成功。来自刘邦那种不漂亮阅历的往往是"卑鄙是卑鄙者的通行证"中的"通行证"。项羽贵族出身，没受过什么屈抑，做事有范儿，到了战场上也是纵横驰骋，身姿矫健，从来没有跌过份，从来没有在地上摸爬滚打过，缺乏不漂亮的阅历，所以讲求美感，所以目下无尘，所以至刚易折。来自项羽那种漂亮阅历的往往是"高尚是高尚者的墓志铭"中的"墓志铭"。"下下人有上上智""卑贱者聪明，高贵者愚蠢"，曾经是中国人的至理名言，也许迄今还是。

项羽的狂飙性格决定了他的暴起暴落，起如狂飙突起，落也如狂飙骤落。乌江自刎是项羽行为艺术的终点。先是韩信的四面楚歌之计成功地扰乱了项羽的心，也导致了虞姬的自杀。项羽从来不是一个文人，可是这次，他写下了悲壮的《垓下歌》：“力拔山兮气盖世，时不利兮骓不逝，骓不逝兮可奈何，虞兮虞兮奈若何。”这首诗慷慨苍凉无奈，是穿越千古的历史悲风。“霸王别姬”这最具悲剧感的历史一幕，亦已成为后世文艺经典。项羽极端而分明的性格和非凡的个人魅力使他天然具备典型文艺形象的各种特质，很容易获得真性情的文人们的青睐。何况，又有英雄美人的故事，来做了最好的花边。须知，史册都是文人书写的，何况文艺作品。在这方面，刘邦可就吃大亏了，睢景臣的《般涉调·哨遍·高祖还乡》，对刘邦极尽丑化挖苦之能事，且毫不客气地揭其老底。谁让刘邦不招文人待见呢。

末路英雄面对所爱的女人，该当何为？虞姬主动做了了结。不能保护所爱的女人，却看着她在自己眼前死去，对于一个英雄，这是何等的打击！项羽一直活在自己的青春期里，没有悲哀，没有无奈，少年不识愁滋味，就连叔叔倒下时，他也很快便顶了上去，昂然前行。可是这次，他昂扬的头颅终于呈现出“垂落之姿”（当代女诗人李轻松诗语），他终于懂得了悲哀，懂得了无奈。他的青春期结束了，他的成年期来临了。这也是他从武将到文人的人生一刻，他写出了唯一留存的那首诗。他的生命历程，却马上要在这门槛上定格了。

之后，项羽突围，东城快战重新燃起了他生存的希望，他想东渡乌江。可是，乌江亭长停船岸边的一席话却使他明白：西楚并没有失陷！那么，虞姬岂不是白白死去！乌江亭长说，渡过江东，他还是可以称王。可是，当初“与江东子弟八千人渡江而西，今无一人还，纵江东父兄怜而王我，我何面目见之？”巨大的内疚、致命的懊悔、沉重的羞愧以及自尊的折磨，一齐袭来。头天晚上他刚刚体验到的一种对他来说是崭新的情绪——悲哀，再一次占据了他的心。数年征战，为人民带来了什么？自己又得到了什么？连最心爱的女人都不能保住！我想，这一刻，他的心境定与贾宝玉大雪中告别尘缘那一刻差不多，悟了，也空了。这时候，他已经无力希图东山再起了，从不悲哀的人一旦悲哀，便比一般人悲哀得深。人人都有犯错的时候，但英雄往往不给自己犯错的权力，他们无法为一些或可避免的挫败而原谅自己。还有，项羽少年得志，一路顺畅，是一个缺少挫折历练的自负骄子，一旦出现挫败，便承受不了，便需要转嫁到某一外在因由。他为自己找到的外在因由是：天意。而一旦把失败归于天意，他的斗志便被瓦解了。乌江，是他为自己划下的一条人格线，一旦跨过这条线，便是苟活。但是，为报虞姬，为谢江东父老，为捍卫“霸王”的荣誉，他宁死留在了线的这边。

孙悟空以西天取经完成了自己的成长过程，项羽则以豪情万丈的拼杀来完成了自己的成长过程，只不过，孙悟空的终点是修成正果，项羽的终点则是世俗意义上的前功尽弃。原因在哪里呢？孙悟空有一道紧箍咒，这是他修成正果的必要保证。紧箍咒就是痛感，就是约束，项羽所缺乏的，正是痛感，正是约束，这就是他的阿喀琉斯之踵。当他终于有痛感时，终点却已经到了。如果上天假以时日，他会以一个成人的姿态，获得内外一致的成功。但这只是如果，他的命运其实早已为性格所决定。

项羽以慷慨昂扬的死，完成了一个失败英雄的行为艺术的最后一幕。这个行为艺术的主题，就是大写的人格。不管置身于怎样的悲剧之中，都要扮演好自己的角色，不让悲剧失去它的壮丽和快慰。这就是为尼采所阐释过的古希腊悲剧精神的真谛。项羽的结局符合这一真谛。项羽之死，富有美感，符合他的英雄美学，正是他想要的那种死。项羽之死，不仅是一个命运的结局，更是一个人格的结局。刘邦不会这样自杀，因为，那不是刘邦的人格结局。杜牧《题乌江亭》写道，胜败兵家事不期，包羞忍耻是男儿。江东子弟多才俊，卷土重来未可知。杜牧认为，男儿应当“包羞忍耻”“卷土重来”，这也代表了一派观点。但是，如果项羽可以为“卷土重来”而“包羞忍耻”，他还是项羽吗？他就是刘邦或勾践了。有的人认为，勾践才是真正的英雄，活着就是英雄，好死不如赖活着……但这都不是项羽的生命哲学，项羽只能是——宁可站着死，绝不跪着生！还有人认为，成为英雄不代表就能活着，没啥出息也不代表就要死去。这倒符合英雄豪杰与芸芸众生共同构成的历史的真相。

史上来看，刘邦以其成功成为善于用人的明君典范，项羽则以其人格魅力成为令人扼腕的悲剧英雄。在“成王败寇”的思维惯性中，项羽竟能打破常规，未被列入“寇”列，这实在是司马迁的功劳。司马迁以一篇“本纪”，把项羽提到了与汉朝列祖列宗平起平坐的地位。《项羽本纪》是《史记》中写得最出色最壮怀激烈的一篇。那是司马迁对项羽的一种致敬，也是司马迁本人的人格折射。司马迁为项羽作传，与罗曼·罗兰为米开朗琪罗、托尔斯泰、贝多芬三位巨人作传一样相得益彰。历代的有识之士评价项羽，往往是悲剧英雄，或者失败的英雄，总之，承认他是英雄，承认他败得很有脸面。项羽当然不完美，他有明显的性格缺陷，他的蛮勇、他的刚愎自用、他的意气用事，都为自己和他人带来不少的灾难，但是，这并不妨碍他成为英雄。西方文明一开始就认为英雄未必是完美的，希腊神话中的英雄几乎都不是诸葛亮这种足智多谋的，而是富于青春的蛮力，敢于挑战天神，同时有着自己的弱点，并常常为这蛮勇和弱点丧了性命，但他们仍然被目为英雄。项羽已经成为一种精神现象，成为失败英雄的一个精神代码，人们对他的纪念，并不在成功的刘邦之下，这就是项羽独特的不朽！

一般所谓“成败论英雄”，依据的是世俗的评价标准，若以人格价值体系来评估，项羽并没有失败。他以自己的行为艺术，向世人证明了一种值得骄傲的英雄人格的存在。孰为成败，关键看各人的评价标准。而评价标准所反映的，正是一个人的价值观和人生观。对于后人来说，项羽的英雄人格没有功利价值，只有审美价值；没有实用意义，只有理想意义。但是，当我们看到在卢武铉自杀周年祭日，韩国各地自发展开悼念活动的报道时，还是可以发现项羽那种人格价值的闪光，这就是项羽对于今天的意义！

沿着想象的路径，去看一个人

总装创作室举办一个征文活动，《神剑》伍献军主编发给我一些征文稿件，让我帮忙审读，其中有唐本奇的短篇小说《孔雀河水》。这是我第一次知道唐本奇的名字，时间是2010年5月。

《孔雀河水》是那批征文中较好的一篇，所以，这个小说名字我记住了，倒是没记住唐本奇的名字。

及至见到唐本奇，是在2010年7月初，总装创作室为这次征文举办的笔会上。到会的作者很多，等他拿着自己的小说到我房间去找我时，我才恍然对接起来：噢，你就是写《孔雀河水》的那个唐本奇。

我对他谈了我对《孔雀河水》的看法，在基本肯定的前提下，指出了不足：写实性笔法与写意性笔法之间的转换没有完成，导致主人公对父亲态度的转变显得突兀。同时，还指出一些小问题，比如，他总是“哪”和“那”不分。有两个存疑之处，我已在文章中做了标注，这时正好问他，一个是“零后”，一个是“吃了不少剂量”。我说，是不是打字错误？问归问，我实际上已经先入为主地断定那是打字错误了，只是出于谨慎再多此一问罢。他说，不是，零后和吃剂量都是他们的专业用语，零后就是爆炸之后，吃剂量就是核沾染。大概是这个意思罢，其实我到现在也没法准确地解释出它们的意思，毕竟我离那个领域太远了。

虽然唐本奇的文章前面写着单位：某基地研究所，但我此前并不知道那个某基地就是核基地。我当然也是军人，但我参军很晚，而且参军后就在教我的文学课，与军事不大沾边，所以，对于军队非常无知。而且，为了不至于出更大的丑，我从来不敢隐瞒自己的无知。经过这一交谈，我才真正明晰起来：唐本奇是搞核研究的。

因为自己上学时数理化特别差，所以，对于数理化方面的天才，尤其是女性天才，我总是特别敬畏。唐本奇虽是男性，但他所在的领域不是一般的数理化，是核研究呀，也足以令我敬畏了，如同对原子弹一样敬畏。我总觉得核工作是特别刚性的一个工作，能够从事这一工作的人，都是男人中的男人，是金字塔的塔尖。我曾经看过一篇小说中列举“理工男”的种种可取之处，而本奇他们，可是最尖端的“理工男”啊。我更要阻止本奇称我为老师了，但他还是那样称呼。唐本奇是我这辈子接触过的第一个与核有关的人，他拉近了我与核之间的距离。十几岁时看过日本电视剧《血疑》，对核辐射有着极其强烈的恐惧印象，所以，一听唐本奇说吃了多少剂量，我那反应，简直就是要跳起来了。可是，他却像说刚才弄脏了手一样平常，似乎那是人人生活中都会经常遇上的一件小事。

房间较小，本奇个子很高，后来他告诉我，一米八四，那么，他进来时，我应该鲜明地意识到他是个高个子。再次见他后，我回忆起来，似乎的确有过他一进来房间就变小了的感觉。但奇怪的是，这一次见面之后、再次见面之前，关于他，我一直没有这种很高的印象。我分析了一下，有两个可能的原因：一，他视力极差；二，他口才不是很好。一个高度近视的人，看什么都很吃力，眼睛要努力往前凑，背也不自觉地往前佝，那么，他通常是不会器宇轩昂的。相反，有些人个子虽然不高，但却神采奕奕，像一只斗鸡，也许会给人一种颇不低的感觉。可见，一个人的神气是可以把他给人的观感降低或拔高的。一个看东西和说话略显吃力的人，在身高的印象方面会被减分，我也是第一次发现。当然，我是个比较主观的人。

在我讲课的互动阶段，唐本奇还提了一个问题，像“零后”和“吃剂量”这种在他们看来习以为常的说法，写进文学作品应该怎么办？我说，肯定不是人人都懂这个说法的，像我这样的人不在少数，还是适当解释一下较好。他说，怎么解释呢？科学术语的解释出现在文学作品里好像不搭调。我说，可以用感性一点的说法，在括号里注一下。这是笔会上我跟他的另一次交流。

讲完课我就走了，此后再无联系，直到八月初的一天，《神剑》伍主编给我打电话谈稿子的事情，不知怎么引出一句：唐本奇是癌症啊。一般人肯定是不习惯把癌症跟自己刚刚见过的一个看上去好好的人联系在一起的。我的惊讶的过程就不必说了，反正最后弄清楚了：癌症并不是刚得的，我见到他时，他就已经是癌症病人了。具体查出病的时间，伍主编也不了解，但查出病的过程，伍主编了解：唐本奇去青岛疗养，按照军队疗养院的惯例，要进行体检，体检时发现他肺上有阴影，疗养院便让他赶快回去，于是，他头一天去，第二天就回了。伍主编还说，肺癌，是他们搞核的人的职业病。我立刻想起了"零后""吃剂量"这样的专业用语。

我问伍主编，笔会的时候您怎么不告诉我呢？他说，唐本奇不让说，只有极少几个人知道。在情绪的沉坠之中，我突然就为自己在笔会的时候一点都不了解这件事而纠结起来，无法释怀。了解了又会怎么样呢？我也不知道，但我知道我不会那么平常地对待他。但又能怎么样不平常呢？我还是不知道。我心里一时变得很乱。就是因为一个人得了癌症，而我见到他还那么没心没肺而自责、而纠结、而心乱？我没法回答自己的问题。人最难回答的就是自己心里的问题，何况一个有点情绪化的人。

伍主编大概不会想到这个消息会使我变得如此心乱。我也不想心乱，有太多的书还等着我去看，有太多的文章还等着我去写，这种状态是不利于做这些事的。我劝说自己赶快去做自己应该做的罢。但马上又谴责自己自私：别人的生命都发生问题了，你还在放不下小文人的那一点破事！

我找到一个应该不会打扰唐本奇休息的时间，给他打了电话。这个电话显然出乎他的意料，他很高兴。谈到他的病，他依然那么轻松，轻描淡写等闲视之的态度。好像不是我应该安慰他，而是他应该为使我受惊而抱歉似的。他说，是去年九月份儿查出来的，很快就做了手术，今年五月结束化疗，目前状况还不错。他还说，是中期。

我问他，还写东西吗？他说，笔会回来之后，把几个小说做了一下修改，其他的没再写。我说，不要写了，先恢复身体。我实际上是担心他告诉我，他还在苦写。那一刻我想起了路遥的《早晨从中午开始》。释然的同时，他的不够执着可能使我有一丝隐隐的失落？人的心理存在着奇怪的悖反，有时候你本能地去担心的，也许恰恰又是你潜意识中所希望的，你的表层意识希望他不像路遥，深层意识又希望他像路遥。毕竟，路遥是一个文学殉道者的传说，而人总是希望和等待被一些神圣传说所感动的。人的造神欲望，可能就是这样被引燃的。总是愿意把别人打造成自己想象的样子，这是许多人的通病。

他说，写还是想写，等以后看情况吧。“等以后看情况”，细细体味，这里面似乎隐含着一些危机、不祥和悲怆。

打完电话，我才想起，忘了问本奇是从什么时候开始写作的了。他写得不多，我情愿相信，他是从查出病之后开始写作的，正如有人在生命的最后找到了宗教一样，我希望他是在触探到生命的底部之后皈依了文学。那么，我就可以从现在开始，作为一个个案乃至一种现象去追踪他，考察文学是怎样给一个处于特定情境下的人送去了光和热以及力量的。也许这种光和热以及力量需要穿过苦闷黑暗的隧道才能抵达，但毕竟抵达了，这个人在微笑中看见了永恒的菩提；也许永远困在隧道中没有抵达，那就可以模仿刘恒一个小说的名字，最后长啸一声：狗日的，文学！

写到这里我才发现：我是多么乐于想象，并让想象先行！

这可真是可怕！也许我的人生就是一场想象？也许世界

原本就在我的想象之外，或者我被自己的想象隔在了世界之外？总之，想象似乎先于并大于我的现实，我现实的脚步永远跟不上想象疯长的翅膀。

我想，我之所以会想象先行，大概因为，想象的逻辑比现实的逻辑易于把握。这也可以从另一个角度理解为：我对于现实是没有把握的。

也许，唐本奇和他的写作就是我的一个一厢情愿的想象？

后来，我开始通过电子邮件和他交流。他的简历：1966年生，湖南人，武汉大学本科毕业，1987年到现在的基地研究所读研究生，同时入伍，研究生基础课程是在北大技术物理系上的，然后，回单位做实验课题，除了后来在西安交通大学读博士外，一直都在研究所做研究，现在是副研究员，硕士生导师。之所以我要特别说明他的研究生基础课程是在北大上的，是因为读他散文的过程中，这个问题曾经把我缠绕住了，搞不懂他究竟是北大的研究生还是研究所的研究生，经他解释才明白。

关于他与文学的关系，他在邮件中写道：无论工作还是学习，都离文学较远，要把两者说到一起，真不容易。本科、硕士、博士、博士后，侧重在核技术及应用；迄今为止，也一直在这方面做技术工作；发表的论文，获得的成果奖，也与此相关。文学，一直有兴趣，只是自忖性情、禀赋，相差太远，有些望而生畏；没读过几本文学书，更没有具体的写作；学生期间，每周看两场电影，通读金庸、古龙的武侠小说，勉强算是与文学的交叉吧。

他说的是事实，我在百度里搜索“唐本奇”，绝大多数条目都与他的科研论文有关，与文学有关的条目，大概只有那么三四个。他所自陈的这个与文学无关的状况，正好关联着我对他的写作动因的好奇。我常常奇怪，有些人为什么会去写作？因为他们在其他方面有着不错的成绩，而且，他们的安身立命完全与文学无关，文学对于他们，似乎是一件节外生枝甚至自寻烦恼的事情。至于我自己，则完全是因为除了讲文学和写文学之外，我不知道自己还能干什么。

这个问题，在邮件里面是谈不开的，我不再问。

关于创作历程，他写道：只是近几年，才开始真正落笔写作，零零星星，随性而为，不拘文体，也没有考虑内容，整个还在基础学习阶段；一个短篇《营院》，被评为2008年度全军优秀小说；另一个中篇《冬至的饺子》，被评为全军中短篇小说三等奖；散文《走出红山》，收录到总政编发的《强军之路·亲历中国军队重大改革与发展·第3卷》中。

我知道了，他的写作不是查出病之后的事，我的想象与他的现实无关。

我请他把他的代表性作品发给我看，他说，写的总共就不多，无所谓代表作。他发给我五篇小说：《孔雀河水》《学林轶事》《冬至的饺子》《南柯记》《两个人的哨卡》，两篇散文：《走出红山》《罗布泊上空的云》，一首诗：《马兰画展》。

本奇的电子稿有固定的特点和格式。他总是把通讯地址、电话、手机号码、邮箱醒目地写在题目前面，就像报头。甚至他的文档名中，都要缀着这一大串，跟在文章题目后面。这一串就像小孩单独乘坐飞机时胸前挂着的无人陪护牌，让你怎么都丢不了他。我的惯例是把通讯地址缀在文后，我觉得多数人都会是这样的，所以，我就在揣测本奇为什么要把“身份证”弄得如此详细如此显眼。大概，文学的海太深太大了，一个刚刚开始下海的人，不能不担心被淹没被忽视被视而不见，所以，本能地做出这样的标志和提示。本奇还有自己默认的格式，一律是：题目——新宋体，一号，加黑；名字——楷体，小四，在题目下行，右边，“右对齐”；下面空一行，一条黑线从左划到右；再下面，空一行，正文开始，也是楷体，小四。我猜想，本奇每一次开始写作前，也许都有一种仪式感，定格式就是他要履行的仪式，仪式完了，他才能真正开始进入写作状态。

本奇的作品，我不能评价太高，评价太高是虚妄的。但是，作为一个尖端科技领域的研究人员，他能写、他能写到这个份儿上，的确已经是相当不错了。关键是，他的文学感觉、他的表达都不俗，他有一般人无缘涉足的特殊的领域。这意味着他的潜质和得天独厚。这是成就一个作家的优良条件。

还有，本奇是一个高度近视的人，写东西多吃力呀，简直是自找苦吃，但他还坚持吃这种苦。他的文稿中偶尔出现的错别字，都会使我联想到他的高度近视，反而更加体谅他。

五篇小说中，我最喜欢的还是《孔雀河水》。从本奇的小说中，我发现他具有一定现实批判精神。两篇散文增加了我对他的了解。《罗布泊上空的云》中，他写基地生活的记忆，感情深沉；他还写到了师兄和导师的去世，都是癌症，深沉变成沉重了。他的师兄文生是山村教师出身，到了研究所后，压力很大又不甘人后，于是："那些年，文生异常地拼命，天天苦读，夜夜加班，24小时泡在实验室，搞设计，做试验，分析数据，废寝忘食，衣不解带。"付出就会有收获，文生果然成绩卓著，但代价是健康，文生查出肝癌时已是晚期了。本奇的导师是著名的核专家黄豹将军，黄将军严肃内敛，对于学生的关怀都是内敛的，本奇写得也严肃内敛。导师去世后，营院宿舍调整，本奇意外地住到师母楼下，成了邻居。于是，"天天见到她出门买菜打水，在阳台上做饭，牵着孙子孙女的小手，挎着书包，走向学校。看着孙子孙女一天天长高，一天天长大，欢声笑语围绕在老人的身旁，作为一名不善言辞羞于表达的学生，我也感到了幸福，感受到了欣慰，甚至于感动得流泪。”被如此的平凡感动得流泪，似乎不应该，然而我特别能理解，我觉得那里面有一种特殊的柔软，这注定了他能够去写作。这种特殊的柔软，我还怀疑与本奇写作此文时的特殊状态有关，我想这应该是他查出病来之后写的，那种深沉、沉重，不是一般人的感受。

我想起了1993年，读路遥的《早晨从中午开始》时的感受。一本薄薄的小书，是路遥的病后笔记。当时路遥是不是还活着我并不知道，但我的直感就是这个人已经不在了。因为，那是只有生命到了最后阶段的人才会写出来的文字，那是生命沉淀到最深层境地的人才会写出来的文字，是直抵生命本质的文字。那种沉重感，似乎使你读的时候都只能头颅低垂。悲怆隐含在文字背后，如地平线后面闷重的雷声。这真的是一个被文学要了命的人，如果不是写《平凡的世界》时那么拼命，即便有家族遗传病史，他应该也还能多活几年的，写作比家族遗传病更有效地缩短了他的生命。

一个人最终总得被要命。如果是自己的原因，那就只有认命；如果是被一种概率较高的职业病所要命，那就委屈一些。而我的职业是多么安全。也许这就是我的莫名的愧怍之所在。

一种沉重与崇高相交汇的东西萦绕于心，时而化为深深的叹息。人道主义会内化为一种强迫症，我看雨果的《悲惨世界》时就意识到了。

我已经知道，文学之于本奇，并不是我想象中的样子。但是，沿着内心的轨道，那种想象依然在鼓动我。想象当然接近于一个故事的格局，我为自己的想象所打动，就像渴望被吸进一个故事里去。

突然产生一个冲动：去看看本奇。

我想为他做点什么，我想让他从我的关心中获得安慰，仿佛这是我必须履行的一个道德义务。可是，打电话，发邮件，发短信，这种关心是如此平常。所以，我想去看看他，面对面地与他聊一聊。

我打电话对伍主编谈了我的想法，他很支持。几天之后，伍主编打电话给我，说跟研究所政治部张主任联系了，张主任说，唐本奇休假一年，现在不知道什么情况，先了解一下。又过了几天，伍主编再打电话来，说，张主任说了，欢迎我们去。

本奇与我联系，说单位通知他，我们要去看他，他很期待。在此之前，我没跟他说过这事。

八月份的一天，我和伍主编终于成行。我突然感到忐忑起来。伍主编是军队文学界第一个向我伸出手来的人，一向都很包容和鼓励我，对于我的想法，不管理解不理解，他一般都会支持的。而且，即便他不理解，我也不必太在意的。可是，我如何对本奇以及张主任解释我为何而去呢？尤其张主任，他可是代表组织的，这可是很严肃的一件事情；而我又不可能去写一个表扬本奇的报告文学，这绝非我所长。去的结果，一般来说，当然会写一篇东西，可这会是个什么东西呢？我一点都不知道；能不能写出来，我都拿不准。关于这一去，我实际上跟别人一样莫名其妙。

不过，越是匪夷所思的事情，越有吸引我走下去的魅力。也许，我已把自己当成一个精神分析的对象，我想看看，最终，事情的走向是怎样的，我的内心走向是怎样的，我会怎么去写。

宣传科的李干事到机场去接我的。本奇和宣传科石科长在招待所门口迎接。远远看去，我发现本奇那么高，大大高于我的印象，仿佛这两个月不到的时间，他突然长高了似的。

研究所在西安城外很远的地方，本奇原本呆在城里的家中休假，今天是妻子特意开车把他送到单位来的。他的状况看起来很好，跟我上次见到他时一样。实际上，关于上次见面的印象，我也是这次见了之后才激活起来的，此前已经模糊了。

这天是星期天，石科长和李干事损失了休息时间，在这里等我们，让我既抱歉，又感动——这是对我们的尊重，也是对本奇的重视。

我在房间安顿好，就发短信叫本奇过来聊天。

我问他，最初知道得病时，是什么感觉？是不是内心一下子倾覆了？他说，当时在青岛疗养院，做胸透，医生说有个阴影，叫我赶快回来做进一步检查，我夫人一下子就不行了，抹眼泪什么的，我没有太怎么样，她已经那样了嘛。再说，这种事在我身边已经很多，我师兄、导师、前任房主，都是。我立刻想起《罗布泊上空的云》，问他，是在查出病之后写的吧？他说，不是，那是好几年前写的。我的想象再次落空了。

我说，可是，我觉得那个文章有些沧桑的意味，你是不是有什么预感？他说，也不是预感，这样的事见得多了，自然就不那么震惊，我们单位这样的情况大家都很平静，你看，石科长，还有接你的李干事，他们看我就没什么两样，当然，去世了，那几天大家会难过一些吧。我说，你们这个领域得这个病的概率很高吗？他说，也不是很高，但比一般的人群要高些吧，只要得了严重一点的病，一般都是这个病。我说，有没有可能做到绝对安全？他说，有时候无法避免。我说，那你选择考这个专业的研究生的时候，没有考虑到这是个危险的领域吗？他说，没有，到现在也没觉得。我想起康·巴乌斯托夫斯基笔下那块立在拉脱维亚渔村旁的碑："纪念已死和将死的征服大海的人们。"可能人对于自己倾注心血的事业，总是会有一种亲切吧，无论它是多么危险的事业。

我想，即便那篇文章写在本奇查出病之前，那种可能的宿命感，可能业已蛰伏于他的潜意识中了吧？所以，文章中会有一种袭向未来的沉重气息，而这种气息又仿佛给自己做了一个心理铺垫。人很容易在各自的领域习而相忘，一对比，才会发现太多不同。如果在文艺圈子里有这么高的发病率，可能已经引起精神霍乱了，我前不久还听说过一个作家病逝前如何不能超脱的例子。当然，同样的，文艺圈子里是自杀、吸毒和精神病的几率相对高一些，这也相当于一种职业病了。

像吃了多少剂量这样的事，以文人的敏感，可能会心惊肉跳，那直接意味着生命的折损，而他们说起来，就像被烟熏了一下那么平常。他们的处之如常令我困惑。我说，你们怎么会那么平静？不感到害怕吗？本奇说，这很正常呀。我说，大概只有你们自己才会认为很正常。那一瞬我在心里感叹：学理工的人内心是多么强大呀！因为不敏感而强大。我问本奇，你们这个领域得忧郁症的人多不多？本奇说，不多，我好像没听说谁得了忧郁症。我委婉地说，可能你基本上还是一个搞理工的，不是文人。他认同我的说法。我所说的文人，指的就是百无一用的书生，指的就是像我这样的人，他们敏感脆弱，务虚，空对空，在自己的神经上奔跑，却永远也跑不出自己的神经，有时连自己都不耐烦。我这句话好像提醒了本奇似的，他终于知道怎样使我明白他们了，他说，对，你要知道，我们在谈的是一些搞物理的人，搞物理的人看待什么都是比较客观的，包括生死。这句话打开了我那一团疑惑的症结。是的，文人的负累，就在于他们活在心理和想象中，他们用第二性来代替第一性。而本奇他们是物理地对待生死的，一切当然就很简单了，不大容易有那种内心的震荡。

不过，能够发现这一点，就说明本奇不是一个纯粹搞物理的人。本奇承认这一点。我说，查出病来以后，你有没有感觉到文学对你的帮助、给你的力量？本奇说，文学给了我一种思维方式，如果我纯粹是一个搞物理的人，可能心理上就不会有那么多东西，就不会做那样的思考。

我问，对孩子有没有影响？我其实是指他的病对孩子心理上有没有影响，但本奇理解成别的了，他说，对后代的影响，以前可能有过，那时候认识不够嘛，现在基本没有了，可能会有沾染的实验环节，都是老同志上，不让没结婚或没生孩子的上。我怔了一下，说，老同志资格老呀，怎么会是他们上？按照我所了解的一般规律，似乎好事才是要礼让老同志的。本奇说，我们已经形成传统了，老同志自然会这么做，自然而然地大家都这么做，也没有人去说什么，就成惯例了。我由衷地赞叹：你们真了不起！战争年代组织敢死队和突击队，会强调，家中独子的不要上，几代单传的不要上，你们是和平年代的高尚精神。本奇反而为我的发现和赞叹而感到惊讶和好玩，憨憨地笑着说，我倒没想到这些，大家已经习惯了，很平常呀。我很认真地说，真的很高尚，只是你们已经觉不出自己的高尚了。

与现在畅销书和电视剧中的职场倾轧和攻略相比，他们简直是不可思议！好像完全生活在商业社会的规则之外。什么是典型？我觉得这就是典型。为什么放着这些足以令我们感动的朴素的闪光点不去发现，而硬要竖起一些光芒四射的典型呢？让人痛心的是：不是没有令人感动的典型，而是那些“被典型”的尺度往往超标，于是，真实的感动被遗落了，真正能够鼓舞人心的东西湮灭了。

与本奇的交谈使我深感到：豁达成为习惯，反而显得平淡了；高尚成为习惯，反而显得平凡了。

晚上跟政治部张主任一起吃饭，按张主任的说法，是为我们接风。

在跟他们的接触中，由一些细节和言谈可以看出，研究所对科技干部比较重视。作为一名文职干部，我对此是有足够敏感的。下午本奇已经跟我说过，所里对他的治疗很积极，找最好的医生在最短的时间内为他动了手术，超过报销标准的药，所里也都给报了。

说起陈怀国、彭继超等本系统的作家，张主任都比较熟悉的样子。看得出，他对于文学是有敬意的，尽管他自称不懂文学。——谈到酒，我说，给我喝好酒是浪费，因为我一点都喝不出酒的好坏，世界上的酒在我喝来就是四种口味：白酒味、红酒味、黄酒味、啤酒味，再也没有其他区别了。张主任说，我看文章也是这样呀，小说散文什么的，在我看来都一个样。把大家都逗笑了。

把视线逆转一下，试着用他们的眼光来看我们，会怎么样呢？这一下，我就看出自己的许多匪夷所思来了。不同类别的人之间的隔膜，其实是相互的。这种隔膜，倒也造就了一些异趣，这个世界因此才多元，才可爱。

张主任说，唐博士十几年前写的东西就在二炮的刊物上发了。这个连本奇都没对我说过，他居然了解这么细。

说起下午跟本奇的聊天，我由衷地表达了那种平凡真实的高尚给我的感动。张主任也表示，他们身在其中，习以为常，反而感觉不到了。这使我更想去写出这种平凡平淡的、非典型的、与慷慨悲壮无关的高尚，仿佛我此行的目的又发生了演变。我发现自己在不停地修正或增加对于此行的解释，反正解释权在我。

本奇一贯话不多，饭桌上也是这样，总是面带憨厚的笑容听别人说话，好像忘记了这一切均因他而存在。

晚饭后我们在研究所院子里散步。研究所虽地处偏远，相对封闭，但自成一体，从容自足。院子里有满足各种生活和文化娱乐需要的设施，网球场免费开放，礼堂可供各单位自己搞活动，唱唱歌，跳跳舞，调剂生活。健身器材区聚集了休闲纳凉的老老少少，笑语喧哗，其乐融融。两个女孩手一拉，练起交谊舞中的转圈。房子可是当今大问题，他们的经济适用房都是就近盖的，足够分配，一个属于自己的完备的世界彻底营造起来了。散步者皆稳泰自适，看起来每一步都走得踏实，他们脸上，没有一点在快节奏的都市街头经常看见的那种躁动惶遽的表情。只要没有太多的欲望，这里可真是一个安居乐业、适合搞研究的世外桃源。

他们当然经济上是宽裕的，有核补助。不过，给再多补助，有些人恐怕还是不愿意做这个“冒险”的工作。他们对于核事业的热爱，绝不会是因为核补助。

他们虽然不缺钱，但并不会享受生活。除了有小孩的人家必须请保姆外，院子里几乎没有请人帮忙做家务的，一切都是自己来，包括院士们。本奇说，德高望重的老院士，搬什么东西随便跟哪个学生说说都成，但他们就是要自己干，结果把腰伤了，一躺好久。享受生活是一种意识和习惯，他们习惯了自己动手，不麻烦人。他们质朴得简直不像这个时代的人，现在有多少“成功人士”都要以分钟来计算自己的价值了，才不会把宝贵时间花费在可以由小时工来代替的事情上呢，而且还要请个助理、经纪人什么的。他们每分钟的价值不会比某些“成功人士”低，但他们好像意识不到似的，俗事俗务全都自己来，全然不把自己当块宝。

第二天上午，我们参观了所史馆，因为涉密，这是要经过所领导批准的。

进门看见一个柜子，跟超市、图书馆和微机室的存包存鞋柜一样的“格式”，但是每一“格”的规模小很多。我感到有点蹊跷，如果是放鞋放包用的，那根本放不下；如果不是，又是干什么的呢？陪同的宣传科程干事说：“是放手机的，有时候有会议，需要保密，人进来时就先把手机存在这里面。”程干事和本奇说：“搞文学的就是不一样，观察得真仔细，这个柜子在这里几年了，我们每次来都看到，从来没觉得它有什么不一样。”这又是一个“我们看他们”以及

“他们看我们”。

关于核的常识，伍主编差不多都懂得，他以前还拍过纪录片。而我几乎是一无所知，所以，处处都新鲜。有一些模拟演示，包括原子弹爆炸的，看得我惊叹不已，自以为大长见识。爆炸完了，会有洗消车开进现场去洗消，这个都可以在沙盘上演示出来的。尽管工作人员包裹得严严实实，我看着还是骨头缝都飕飕的，想想核辐射正在从四面八方集结到身体上来，乃至把身体穿透不知多少回，我就觉得每个细胞都在嗞嗞作响。核辐射在我的想象中就是这个样子的。在这个广袤深邃的无知的领域，我是用心理来代替物理，用想象来代替实际的。想象的可怕往往大于实际，无知加重了内心的恐惧，以至于那个无知的对象完全被妖魔化，比洪水猛兽还恐怖。

但是，他们说，有一次，原子弹不知道怎么掉到地上碎裂了，邓稼先前辈居然跑上前去看，所以，他后来得病了。天哪！连我都知道隔着很远都有辐射的，他是专家呀，怎么会……他们说，倾尽心血搞出来的东西，居然就这么一下……可能他太想知道个究竟了吧，就顾不得了。

我想，这就是对事业的“痴”吧？

有一种试验模式叫“平洞试验”，我自以为是地当成“屏动试验”，于是，不明白这“屏”是怎么“动”的。而他们又不知道我是把“平洞”弄成“屏动”了，七岔八岔，这个解释一通那个解释一通，都解释不到点上去，最后还是本奇发现了我的症结，总算解决了我的疑问。

经过初级的核启蒙，我的好奇心和求知欲反而更强烈了，很想看看他们的实验室，那在我心目中比百慕大还神秘。无奈，密级太高，只好作罢。

看来，我只能跟本奇坐在房间里谈文学了。唉！

坐在房间里谈文学，这样的景象对我这样的人好讽刺啊。

还好，大家又在招待所大厅坐着聊了会儿天。这一聊我才知道，他们并不像我昨晚散步时看到的那样无忧无虑，一个最大的难题，就是子女的教育问题。研究所从新疆基地搬到西安后好一些了，原来在基地的时候，教育条件非常薄弱，只好把孩子放在内地的父母家里，隔代教育毕竟不行，一些人都是院士啊，可是孩子连个中专都考不上，甚至还有更可悲的……这是老一代心里的痛。

我听得心里沉沉的。我觉得自己对于这个世界以及这个世界的明暗与悲欢都了解得太少了，想当然的东西太多了。跟他们谈话，我就像海绵吸水一样地在增加大脑的内存，关于我看不见的世界另外一面的内存。

下午，航天四所几位伍主编认识的作者带我们到山里去“农家乐”。

西安到处是历史，那段山路就有好几个历史出处，但使我们快乐的不是历史，而是自然。想起张爱玲的话：有一天我们的文明，不论是升华还是浮华，都要成为过去。……然而现在还是清如水、明如镜的秋天，我应当是快乐的。

走走谈谈，呼吸着绿色的空气，本奇看起来也惬意和轻松。想到山里的空气对肺的好处，我更为本奇感到舒心。

来西安之前，我对于生病的本奇还怀着某种敏感或禁忌感。当一个人成为病人的时候，他似乎就成了一种病的化身，我们跟他的接触似乎就不再是跟一个人的接触，而是跟一种病的接触。健康的人比之生病的人，就相当于岸上的人比之水里的人，当然有义务在交往的过程中当心一些，不要以无形中的健康的优越而刺痛对方。可是，真的见到本奇，尤其跟他接触多了之后，这种感觉完全消失了，我差不多已经忘记了他的病。当然，因为本奇患病的特殊，我才来的。可是，我又不愿意把他当作一个特殊的人来对待，仿佛任何另眼相看都会把他打入另类，都会使他受伤或不自在，都会照出我内心的不坦然。此时此刻，在山路上，在山野的空气里，我觉得自己完全做到了。尤其看到本奇那么快乐，完全放下了自己的病，我感到心里特别熨帖。

其实本奇一直就看不出把自己的病放在心上的样子。我觉得是乐观的信念帮助了他，这种乐观的信念如同向光性，为他带来了光。他跟我说过，最难受的就是化疗的那段时间，那是真的痛苦，身体的痛苦带动内心的痛苦，其他都还好。他一直说，手术很成功，情况还好。我看他也的确如此。他的镇定平稳让别人也心宽。

我告诉他周扬的例子。这是我知道本奇的病后特意记住的，就等着告诉他。周扬1965年57岁时查出肺癌，仍然又活了24年，活到81岁高龄。

我还建议他去看路遥的《早晨从中午开始》。

再次谈到文学，我问他，怎么想起来写小说？他说，整理一下自己吧。工作到一定程度，有些事可以交给年轻同志去做了，腾出了一点精力，有一点写作的可能了，就去写了，毕竟是业余，工作还是不少，写不了多少，一年写一两篇，发也是一两篇，2004年开始写，2006年开始发。我问，有没有想过将来写得多了，可以去专门从事写作？他说，没想过，我是参加了总政和总装的笔会之后，才知道军队文学创作还有组织，有哪些人在写作，那也是我参加过的仅有的两个文学活动。

我问他在文学方面跟周围人有没有什么交流，他说，没有，交流都是工作上的，专业方面的，这个领域的人离文学很远，写作和写材料，在他们眼里大概是一回事。

情报间谍系统够保密的，现在也用谍战小说反映出来了，核领域有没有可能呢？目前来看，以纪实的形式去反映这个领域的多，以小说的形式去反映的少。而前者当然会是歌颂。唐本奇的小说写得不多，也不能说已经很成熟，但是，在讴歌之外，他写出了一点压抑和困惑。

一场历时十几分钟的“白毛雨”，使我们的“农家乐”的后半场变成了喜剧。走累了，刚刚要从一个村口往回返，雨点就开始零落，如果这时我们转身回到村子里去避雨，还是来得及的。可是，人总是存着侥幸心理的，以为这就是“两三点雨山前”罢了，很快就会落完了，所以，继续往前走。雨开始是渐渐大，然后就没有耐心了，哗一下直接变成了暴雨。我们没有任何雨具。两位相对年轻的男士当机立断跑回去开车，我们在山路边的树下等候。包、能脱下来的上衣，甚至报纸，都成了我们遮在头顶的雨具。唐本奇头顶着他的包，我两手撑着自己的披肩，伍主编撑着一叠报纸，虽螳臂当车，也聊胜于无。过后想想很滑稽很狼狈，也很难忘。当时一面说笑和怨天，一面祈盼雨快停，简直都要撑不住了，我尤其担心本奇。把我们淋透了，雨就停了。而那时我们的车子也开来了，雨几乎是在我们躲进“诺亚方车”的同时停的。这专门跟我们捣蛋的“白毛雨”。“白毛雨”，就是山里那种来得快去得也快的雨，当地人这么叫，但我连“白毛”二字是不是这么写都拿不准，权且这么写吧。

一群落汤鸡回到之前停车并订好了一只山鸡的农家，就开始换衣服，善良的老大娘把自己和儿媳的最好的衣服包括还没下过水的新衣服都贡献给我们了。几位女士把衣服一换，山里媳妇便新鲜出炉了，不过，“软件”不像，那就算从城里拐来的罢。披肩保护有利，我身上的衣服湿得不厉害，就坚持没换，只披了一件“大娘服”。最出戏的是那几位男士，他们的身材都算高大，可山里大爷的衣服都很瘦小，而且多为半个世纪前的“干部服”，学生蓝，四个兜，上兜如果再插上一支我记得当年是卖两毛七的圆珠笔，那就是村长了。本奇穿的那件“大爷服”虽然小，使他看上去就像衣服跟不上个儿长的孩子，其他还好。伍主编就可爱得该收费参观了，一件比他身体小两号的“干部服”缩在他身上，怎么拽，扣子都离扣眼一拃远，整个一副大傻的样儿，而且是自己不觉傻的那种大傻，赵本山及其电视剧里的任何一个形象都没这“典型”。我都不敢看他，一看就笑得上不来气，后来我号召，照相照相。于是，大家纷纷去跟“干部”合影，伍主编变成了景点那种几块钱照一次的道具。遗憾的是，这照片后来我没有得到。

几位女士就把大娘家里的煤球炉子挪过来，撑开衣服在上面烤，贤惠得就像那沂蒙山里的红嫂。

山鸡炖好了，热气腾腾一大盆端上来。怕着凉，可以喝一点山里的白酒。不能喝白酒的就喝姜汤。看起来，不亦乐乎的“农家乐”开场了。

我几次问本奇，怎么样？身上还冷不冷？他总是说，还好还好。

回到研究所分手时我反复嘱咐本奇：回家一定要吃感冒药。

第二天早上一见到本奇，我就紧张地问，有没有感冒？本奇说，没有，一点感觉都没有。他还给我们带来了感冒药。说起昨天的“白毛雨”与“农家乐”，本奇说，挺有意思的，这雨反倒增添了一些趣味。我笑说，只要你没感冒，那就可以算有趣。如果我们来看本奇反倒引发他一场病，那可就……谢天谢地，他没感冒我们就放心了。

不能总在房间里说话，上午我和本奇准备去看兵马俑，中午再到城里跟伍老师他们汇合。兵马俑十年前我看过，一点兴趣都没有，我想，那是因为我十年前还没文化。这次，为了证明自己有文化了，我想再去试看一次。结果再次证明，我还是没文化。我酷爱旅游，但对于历史文化遗迹却永远无精打采，我酷爱的是之外的那些。

最大的意义，就是这次我是跟本奇一起看兵马俑的，我们在给未来留下一些记忆。还有，虽然只要跟本奇在一起，我就是在了解他，但在哪里还是有关系的，因为，谈话的触点不一样。跟本奇浏览着那些兵俑，历史和历史感使我恍惚，他们两千年前也是人呀，都是照着活生生的人造出来的。现在是我们在看他们，“侬今葬花人笑痴，他年葬侬知是谁？”

看完兵马俑就赶往城里，伍主编的同学罗将军中午请吃饭。

我们客队有五个人，四男，一女，即我，但这四男不是要开车就是身体不允许，于是，这喝酒的任务眼看着就要往我身上落了，其实我身体也不允许，我也想躲开，但罗将军有办法。他说，一杯，一杯总行吧？但这一杯行了之后，他又说，哪有喝一杯的。又喝了一杯之后，他说，女人，只要敢端杯，那酒量就不用说了……

却不过别人的热情，是我人性的弱点之一。

我来看本奇，应该是一件很庄重的事情，可是，我居然阴差阳错毫无预期地喝了这么多酒，而本奇在旁边看着我笑……我在迷离之中还能感觉到某种荒诞意味。这其实已经特别接近于人生的本相了。

中午喝完酒肯定特别想睡一觉，但热情的罗将军又要请我们唱歌。本奇说我唱得很投入，我也觉得自己好像一会深情地、一会激情地……唱了好几首。我不能算经典的醉，至少不比客队的酒代表更醉，但我也晕晕乎乎了，头发沉，就想找个地方靠一靠。而且，我是特别害怕歌房里那种不透气、缺氧和震耳欲聋的，我不是歌房的常客。我逃到楼下，看到主队的司机在，就叫他打开车门，进去舒舒服服地靠着了。迷迷糊糊，并未睡着，没多长时间，有人找到了我。原来这段时间伍主编和本奇很着急，以为我喝醉了怎么着了。

晚上是军队作家、四医大某系政委钟法权请吃饭，他说还请了陈忠实老师。

见到陈忠实老师很高兴，他还是像老树根一样。向陈老师介绍本奇时，我说，他是一位像蒋筑英、罗健夫那样的知识分子。我只是想把本奇介绍得非凡一点，但后来想起来，又觉得未必妥当。本奇说，读了陈老师的《白鹿原》，才知道什么是小说。

有陈老师保护，晚上我没怎么喝酒，但中午的酒加下午的歌依然让我头痛。

本奇酒当然是不能喝了，但歌也不唱，甚至话也不说。他总是温温糯糯地坐在那里，像一个慈祥的长者，又像一个害羞的孩子，很好脾气地看着别人。要说他是笑看人生似乎也行。他的深度近视眼镜使他的眼睛看起来就像躲在层层光圈的深处，在深处默默聚着光，那光又似乎亮得让他自己都睁不开眼了。

回来的路上本奇说，陈老师是他非常仰慕的作家，《白鹿原》他仔仔细细地看了三遍。本奇还说，从来没有想过，有一天会见到陈老师。我为给他提供了这样的机会而欣幸。本奇当着陈老师的面好像没说这些，他是一个尤其不善表达激动之情的人。

明天就要走了。想想这几天，似乎很平常。我之所以来，是希望把对本奇的关心变得不平常，结果也还只是平常。

第二天早上到餐厅吃饭时，路过一个小包厢门口，看见里面有两个平常的老者，正在讲什么。到了我们的小包厢，本奇说，刚才那两个是院士，有一个也是老癌症了。

我愣了一下，说，吓了我一跳。本奇误会我的意思了，说，癌症没那么可怕，可能他们不愿意别人把他们当特殊人群来对待，我还好，不大在意这个。我赶紧解释，我是听说他们是院士很吃惊，随便一个小饭桌旁就两个院士，这还得了啊。关键是，他们看起来那么普通，跟大街上那些为人父的七十岁左右的老年男人没什么两样，不仅形象和装束，就连气质和说话都是的。我这辈子就没接触过院士，从电视上看到杨振宁，就以为那就是院士形象的总代表，没想到还有如此朴素的院士。

本奇荣获过军队科技进步一等奖和三等奖，他将来也应该会成为院士吧？

伍主编忙别的去了，我要去西宁。本奇送我去机场。路上谈起来，他说，夫人并不希望他写作，怕他累坏了身体。这两天伍主编和我一直想见见本奇夫人，本奇说她工作忙，又不爱说话，替她推辞了。

文学的海很大，多几个或少几个写作的人真的没有人在乎，但是，“这条小鱼在乎”。也许最终，文学只是跟本奇擦了一下肩而已。但是，有没有文学，对他不一样。所以，还是支持他在不影响健康的前提下写下去吧。

一个人如果能在一种疾病之中变得宽广，那他就真正修炼到家了，他的文字也修炼到家了。

在机场告别，也没有更多的话，一切都很平常。我们都是平凡的人，还能怎样不平常呢？

离开西安时，我以为此行很快就会结束。可是，到了西宁之后，我就完全出乎预料地，在青藏高原上越走越远，走到格尔木，走到五道梁，走到沱沱河，最后走到拉萨才打住。

本奇每每发短信问我，到哪里了？身体怎么样？还不忘告诉我天气情况。有一个短信，我是这样回的：本奇，我在海拔四千六的三江之源沱沱河兵站向你问好！今天，我经过了海拔四千八的昆仑山口和五千多的风火山。还好，反应不大。

当我在自己的豪情中狂飙的时候，有点忽略了他的感受。我记得他说过，他喜欢一个人旅行。当他夸我身体好，高原反应都不成问题的时候，我才考虑到他身体的无奈，才感到自己的健康似乎都是对他的不公，才感到自己健康得有愧。

每次问他的身体，他都是说，还好，在恢复。

打算写这篇文章前，我打电话给他，他说，身体状况最近不太好。内心的某种跌落感使我顿住，也许我的语言还在前行，但我的心滞后了，至少在几秒钟之后才跟上我的语言。

问他这两个月是怎么过的，他说，看一些书，想写个东西。非虚构的吧。刚查出来和化疗时，想了一些平时想不到的东西，打算写下来。虽然也目睹了一些别人的，但降临到自己头上还是不一样。

我建议他看看周国平的《妞妞——一个父亲的札记》。

我记得里面有一句话：面对女儿的病，那种痛苦是任何深奥的哲学都无法超越的。本奇深有感触地说，的确，很难。

我打的是他的手机，手机辐射对他的影响都让我担心，所以没有多说。

文章动笔时，我又打电话给他，他说，他正住在医院里，前段时间头晕，妻子害怕是转移了，让他住院查了一下，还好，是与此无关的一个小毛病。

我放心了。放心地开始写这篇文章。

我去看他，意义究竟何在？就是写这么一篇无关痛痒的东西？

我不知道，更深一步的痛点在哪里？还能怎样去表达？原本，这就是糊里糊涂的关心。

我又看了我们在山里、在兵马俑馆的照片。希望白发苍苍的时候，我们还能一起看这些照片。

研究生楼

住在研究生楼里，你几乎不用看表。

早上被一阵焦干的女高音惊醒，那就是快八点了，清扫楼道的大婶们来了。她们一天的话，好像都要攒在这走廊里说，免得她们洒扫的声音成为缺少伴奏的清唱。她们的对白，似乎从失真的麦克风里传出来，又似乎清晨的林噪，是一片片，一串串地响，你永远也没本事分开她们的音节，尽管这声音能把耳朵灌得格外满，有时还能产生共鸣。

清脆的敲木鱼一般的声音响起来的时候，就是快九点了，老年人开始在楼后的门球场打门球。透过窗玻璃，你可以给他们当裁判。你还能听见他们的吵闹声，老比小，真是不错，认真着呢，一点不相让。有时为了一个球，他们能争红老脸，实在争不出结果来，便有人自告奋勇回去拿书，查门球规则。其他的人，则老老实实在那等着，一副遵守纪律的学生模样，真是可爱。

一会学累了，你本能地打个呵欠，那手臂却突然在半空定了格，原来正有惊人的吼唱从楼梯处传来。听明白那老熟人的“你这样一个女人”或“妹妹你大胆地往前走”，差点跳出来的心又落回胸膛，敛神定气，嘴巴张得更大一点，手臂伸得更长一点，把那个长长的呵欠保质保量地打完。

这是楼下的男生上来邀女朋友共进午餐了，十一点整。

午饭后是长长的午睡时分，一直持续到前院欢腾的声音频传耳畔，那是莘莘学子在为革命的本钱作打算了。现代人，苦巴巴做学问的少了，大家都注意强身健体，调剂生活，所以，我们研究生院，既有羽毛球场地，又有乒乓球台，羽毛球拍都直接发到各宿舍。

当此时，北京时间四点，距吃晚饭还有一个小时。

晚饭后，是聊天的最好时光，拿杯水，随处串，这时的门户大都是开放的，当然在院子里站谈的也不乏其人。谈起来，文科的总爱“你们理科的……”，理科的总爱“你们文科的……”，看来异性有点相斥。不过男学子千万不要卖弄花架子，免得羞煞自己。现在的女学子，不那么好糊弄，研究生是干什么的，搞研究的，什么不能研究，你那点花哨，在这些人眼里可是一览无余。你一不小心，就扮演了丑陋的中国人。

这段时间，也有听收音机，看报和继续打球的，院里的报栏那儿站满了人，乒乓球台四周也不乏观众。这种活动进行到七八点钟，研究生们就开始各种研究了。全楼静下来时，一定是十一点。一会又听见拖鞋的啪嗒声，那就是快午夜一点了，学子们总要在临睡前解除后顾之忧。当然，到一点的也有，到两点三点甚至天亮的也有，研究生楼的夜永远不会是漆黑一片的，总有一扇或几扇明亮的窗。

研究生楼的时间不是分天，而是分单元的，我说给你的就是一个时间的单元，跟昨天一样。

研究生楼的生活，身处其间，也许觉不出什么特别的韵味来，但是，多少年后的一个黄昏，我们也许会在一个宁静的阳台上，向内心深处眺望这些温馨的日子吧？那时候，你因苍老而温柔。

1995年

一只女性主义的蝙蝠之所见所闻所感

在中国，“女权主义”迄今还笼罩着某种贬义色彩。不管感受或印象具体来自何方，总之，当今许多男性（特别是知识男性）最重要的人生教训之一就是：千万不要激怒女权主义者！或者，千万不要惹上这群娘们！是他者把女权主义者妖魔化了？还是女权主义者把自己妖魔化了？女权主义和女性主义其实是同一个词feminism翻译过来的，但不同的译法，却代表着不同的阶段，当女权主义的译法被自觉地以女性主义取代时，说明中国的女性意识走到了一个怀柔的阶段，或者代表着女性斗争策略的调整。无疑，这是比横冲直撞声嘶力竭聪明的选择，一定程度上可以避免被妖魔化的危险。但女权主义的印象短期内不会消除，女权主义的姿态也并未全部消泯。

女性主义，基本可以理解为平和的女权主义，我只能说，我是一个女性主义者。曾经有一次，听杜维明教授讲全球范围内的儒学，对于他把儒学当作救世的理想来宣扬有点不以为然——任何被夸成一朵花的主义和理想之类都让我不以为然，不惟儒学。为了表达这种不以为然，我指出了他言说的软肋——儒家对待女性的态度。他略微踌躇地说，当然，这个可能是有问题的。他还感慨地举了自己去韩国朋友家做客的例子来说明问题，他说，吃饭时，朋友的母亲不上餐桌，他觉得老人家不上餐桌过意不去，反复去请，老人家坚决地说，她不能上桌，否则就坏了规矩。但是最后他表示，这是一个小的方面，意思是瑕不掩瑜。我说，女性占了人类的二分之一，关系到二分之一人类的问题，怎么能说是小问题呢？杜维明是一位可敬的绅士，大夏天还西服衬衣领带加身，本来就在不停地擦汗，这时候更要擦了。我为自己为难了这样一位儒家的绅士感到不好意思。这时候我发现，女性主义是可以当作表达某种反对的武器来使用的，或者说，女性主义可以是一种态度、一种情绪的表达，一个说事儿的借口。因为，我其实没有任何要为女性代言的意图。这时候我发现，我是一名不折不扣的女权主义者，虽然我其实没有任何要做女权主义者的愿望。

然而，面对真正的女权主义者，我又成了旁观者，甚至没底气自认是一个女性主义者。我不知道，做一个女性主义者应该自豪，还是做一个非女性主义者应该自豪？

这源自我的两次与“女权主义”打交道的经历。

多年前到某地开某会，发现多数与会者是用英语发言的，颇感悻悻。悻悻之余又欣喜地发现，另一个女性主义的会议也在同一地点召开，于是，就移师到女性主义会场去了。这个会场洋溢着非常浓烈的姐妹情谊，相信每一个人都被带入了。会场还弥漫着信徒对教主的崇拜，主讲老师很有教主范儿，跷着二郎腿坐在讲桌上布道。我坐在前排，她的没穿袜子且很不细腻的脚就戳在我面前，但我用刚刚感受到的姐妹情谊笑纳了这只脚的存在。所讲的具体内容已经忘记了，主题反正就是人类社会对女性的不公平，或者说，人类对女性犯下的罪恶。不知受到了怎样的触动，一位女性突然哭泣了起来，是痛哭流涕、浑身颤抖的那种哭泣，她旁边的姐妹拥抱着她，安慰着她，和她一起流着泪。顷刻之间，许多的手放到了她的身上，许多的眼睛含上了泪水。我好像进入了一个姐妹乌托邦，进入了一个女性的大同世界，在这里，一个人的痛就是所有人的痛，所有人的心都是一颗心。我愕然又惭愧，为自己融入不了这种感动。晚上在房间里，我对参加某会的一位姐姐说起这一幕，一面自责自己不能被带入，一面又渲染着自己的感动，潜意识里是希望她被带入。她诧异地看着我，说，你已经被带入了。作为对她的不以为然的反馈，我的表情肯定是：这种情感，你不会懂得的。我在女性主义会场总感觉自己被排除在了某种高尚情感之外，很自卑，现在，角色发生了置换，我把这种感觉一厢情愿地转嫁了。那位姐姐也去了一下女性主义会场，她说，我完全不能被感染，我觉得一点意思都没有。她没再去。我坚持去，仿佛不能错过某种高尚或者丢掉某种道义似的。

不知道是因为我的不自觉的旁观者的眼神和表情，还是因为我是个陌生人——其他参会者之间都有很深的渊源，都有归属感、“我们”感了——我感觉到隐隐地被排斥。从别人的眼神和表情里，我读出“你是他者”“你不属于这里”的意味，这使我紧张和压抑。一种看不见的对峙隐隐存在于空气中，我用她们的眼光打量着自己，感觉我的气息以及穿着，都有不够女性主义的嫌疑，或许被怀疑为无脑的花瓶。我坚持着。

那一次讨论到了《阴道独白》，我是第一次听说此剧，这种讨论对我也是一个极大的突破。那时候我还年轻。一个主旨，就是要为阴道正名，要使阴道能够庄重地大白于天下，能够堂而皇之地被说，与说手口足一样自然。教主把当时的女性主义形势打油了一下：某某（当年女性主义者声援的一位女性的名字）走向世界，阴道也要独白。说完她先不无戏谑地笑了，也许还有点自我解嘲的意思。这是与她们所反对的男性喜欢黄段子的趣味相接近的，会不会使其斗争性变得暧昧不清起来呢？如果是一位男性在此不庄重地言说，我想，问题一定是相当严重的。当我听到一位女性说“你（男人）不就是长了一根××嘛，你有什么了不起”的时候，我感到了两性斗争的残酷性。

会后与某会的几位男士一起散步，说到我们的女性会议时，我立刻就对她们有了“我们”感，即便面对质疑的惭愧，也是“我们”的惭愧，而几位男士当然是“他们”。也不完全是“我们”，“我们”感只是相对于我在女性主义会场上的“他者”感而言的。准确地说，我成了蝙蝠，在“他们”和“她们”之间。当我与“他们”的嘲讽合流时，我同时是在尴尬地自嘲。我不能放弃我的女性主义立场，我也不能不强调自己与女性主义会场之间的界限。也许，我只是不想被“他们”看成一位亢进的女权主义者。我是一个讪讪胆怯、无所适从的女性主义者。

一位男士说，你们还敢独白，我们连对白都不敢。另一位男士说，要是我们来个独白，哪轮得上文化部门来理论，早被公安局当流氓给抓起来了。我说，那是因为，你们一直拥有话语霸权。又一位男士看着另两位男士说，就是，你们独白、对白都没闲着，别装没事人儿。然后，他们哈哈大笑。我边笑边说，这是一个严肃的问题！如果你们敢在女性主义会场这样戏谑地讲，会给万箭穿心的。此时我当然想起了那位打油的女教主，但我知道，此亦一是非，彼亦一是非，和尚摸得，阿Q摸不得，这是当然的。

因为我的蛊惑，有两位男士也有意参加女性主义会议，但真正到会场的，只有一位。那一场是看《阴道独白》录像。已经来了不少人，录像带还没拿来，一时有点疑惑，我问，今天下午是不是要放那个什么独白？有人不以为然地瞥了我一眼，质问：你为什么说阴道不能像说手和脚一样自然呢？她的言下之意还包括：如果你不能，你就不配出现在这里。她的眼神，仿佛要榨出我皮肤下面的非女性主义来。我顿时有点讪讪。我确实不能，我不习惯，而且，我也看不到把阴道说得像手脚一样自然的意义和必要性。女性主义者认为，坦然地把阴道这个词说出来，可以去除人类不该附加在阴道之上的羞耻感。但是我想，羞和耻是可以分开来看的，不说，不一定是因为耻，也许是因为羞。有的人因为害羞，因为珍重，所以不轻易讲，所以保持一点神秘美，有何不可？

我联想到了另一位女权主义者兼性学专家的“无差别论”。此人是福柯的信徒。福柯这样描述强奸：它仅仅是攻击行为而已，从原则上讲，在用拳头打一个人的脸或用阴茎插入一个人的生殖器之间没有什么区别。福柯的理论是：在任何情况下性都不应当以任何理由成为法律惩罚的对象。强奸或奸淫幼女的犯罪应当以暴力伤害的名义受到惩罚，而不应当以性的名义受惩罚。此人这样力挺福柯：这个问题的关键在于性器官是否比身体的其他器官具有更重大的意义。我们的确拿不出性器官比头部或其他身体器官更重要的证据。事实上，对性器官的特殊对待和对侵犯性器官的特殊处罚应当被视为一种文化积淀。在这种文化积淀的影响下，我们在人体的各个器官中特别看重性器官，为它赋予了特殊的重要意义。长期以来，人们已经习惯于针对性行为的惩罚性法律，认为它是天经地义的。在此基础上，此人展开了对中国当代性立法的批判，认为强奸罪应被视同于身体伤害罪，而不是性犯罪，性与法律无关。

“……把强奸作为一种性犯罪来处罚是有问题的，因为那等于在说：性在身体中占有更重要的地位，性器官同手、头发或鼻子的重要性不一样。因此在任何情况下立法都必须对它加以保护，围绕着它，关注着它，不可将它等同于身体的其他部位……”有人听到这里，抬头问：都一样？那她的丈夫经常跟她的手、头发和鼻子发生性行为吗？还有人反驳说：“性器官和其他人体器官可以等同看待”这一观点仅从生理的角度将人的各种器官均质化，忽略了人体各器官在文化上、心理上、历史上具有的丰富的、复杂的、特殊的含义。性学上有“露阴癖”之说，但却不可能说“露脸癖”。我还想补充一句，日常告别时，人们会握手，却不会握别的部位。这就是文化的约定俗成。即便性器官的重要性可以否认，其特殊性难道是可以否认的吗？如果抹杀性器官的私密性和性行为的神秘性，性这件事本身差不多也就被消解了，人能像动物一样享受当众交配的快感吗？此人把人们对性器官的特别看重归咎于文化，认为假如去除这种文化心理，障碍就消失了。可是，人难道不正是由文化属性和自然属性共同规定的吗？如果去除文化规定性，人还成其为人吗？她貌似在自由选择，实则在将人连根拔起、彻底否定，把人从人类社会退回伊甸园去。归咎于传统的贻害恰恰是自命现代者的“传统”思维，她说，人们对福柯的思想感到惊骇和意外，完全是来自这种传统的思维方式，是受传统的性话语影响的结果。这当然是嘲笑庸人们落后老土的意思，可是，宁愿做一个落后老土的庸人，也不能做一个非人。

我曾经听过此人的演讲，她举了一个例子：一个19岁的女孩伙同其他男孩女孩把一个18岁的男孩绑在床上，玩弄生殖器达两个多小时，因而获罪。此人认为法院作出的有罪判决“十分荒唐”，她用拳头捶着桌子表示愤慨和不解：同志们，我们这是在中世纪吗？！即使是中世纪宗教裁判所的严酷判官，也不一定会制裁这种天真幼稚的活动。如果这伙年轻人在一起玩弄的不是生殖器，而是头部或脚部，大约不至于获罪，为什么玩弄一下生殖器官就要获罪呢？

我对于她的不解更加不解：如果不是装傻充愣作怪相，难道她是刚生下来吗？未免太赤子了吧？都不明白生殖器和头脚被玩弄的不同，那该如何下手启蒙她呢？实在令人发愁！按她的理解，这个18岁的男孩应该很享受这件事，可是，这不是做游戏，而是被绑起来，且这个男孩并未被证明是一位性虐爱好者。如果她有儿子，她会觉得儿子给人绑起来玩弄生殖器不成问题吗？她很自信儿子不会因此留下心理障碍吗？如果她有女儿，她会教导女儿说，一个男人摸了你的手和摸了你的生殖器没有什么区别，你尽可以给他摸吗？她会鼓励女儿说，哦，宝贝，你应该享受这件事儿吗？蓦然想到，她是没有子女的，所以，她不用为子女负责，她可以用理论来活着，她可以洒脱，她可以连设身处地都免了。她甚至也不必设身处地想象一下强奸发生在自己身上的情形。也许，问题的症结就在这里。

如果不考虑性伤害的特殊性，如果不考虑强奸所包含的心理伤害，而纯粹以生理伤害和普通的暴力伤害来论处，那无疑就是在提醒强奸者：你只要从技术层面上注意一下，不留下伤痕就行了；只要以不弄伤身体为前提，强奸就可以是无罪的，尽管放心做。对强奸者可真够体贴的！世界上值得同情的人太多了，她为什么非要把同情的目光固执地投放到强奸者身上呢？以至于突破了应有的文化底线！如果她是执业律师，估计会被许多强奸者列为辩护律师的首选。毕竟，性侵害不同于一般的暴力，它不是以身体上伤害对方为目的，它甚至可能没什么伤痕，那受伤程度如何来判定？被强奸本来就是很难举证的事情，对于那些没什么伤痕的痛苦的受害者，她又会怎么说呢？亲爱的，他没有弄伤你的身体，你不该痛苦，你应该享受这件事吗？

早在亚当和夏娃还在伊甸园时，人类就知道了生殖器官与头手口足的不同，经历了这么漫长的进化之后，要明白这种不同，在今天的有些人那里似乎又成了一件难上加难的事情，难道人类是倒着进化的吗？

女权主义者也不是铁板一块，在强奸这件事上，她们的态度就是有参差的。女人强奸不了男人，这是某些女权主义者对上帝特别耿耿于怀的一件事情。绝大多数女权主义者是同仇敌忾地反抗针对妇女的性暴力的：在情人节这天上演《阴道独白》，是各国妇女反抗针对妇女性暴力的重要活动之一；美国女权主义斗士安珠娅·多克音是反对性暴力，尤其是强奸行为的理论家和行动家。但是，我们看到了，也有女权主义者从性学的角度出发，对强奸持如此宽松的态度。

回到女性主义会场。人越来越多，录像带还不来，好多人在喊着：找阴道，找阴道。她们也是不无嬉笑地说的，似乎并不那么尊重阴道。

《阴道独白》录像放完，开始讨论环节。先由唯一一位真正参会的男性上台宣称：我是一位女性主义者。效果当然相当好。他是一名研究生，跟着导师来开会的。被我蛊惑来的某会的那位男士被盯上了，一位教主热情跟他交流，给他鼓励，希望他上台发言，这个会场太需要男性的参与和男性的声援了！但他始终没有上去，并因招架不住，提前退场了。

在这个无法拒绝的气场里，你会不自觉地检点自己，生怕说错什么、做错什么吃罪不起。你会老老实实地坐在那里，绝不敢轻言妄动。仅仅因为你没有表现出相应的热情，仅仅是心里持有异见，身处其间都会感到压抑，如果再说出来，定然相当不轻松。如果一部分人的情绪高涨造成了另一部分人的紧张，那么，对于后者来说，沉默就是最好的回应，吾知子之所以拒我也，吾不言。但是，当非女权主义者选择了缄默或退场，女权主义者也就只剩下自说自话了，最终，还是没有赢家。这个会场就是女性主义整体现状的一个缩影。

现场又剩下了女性及其主义的狂欢，气场无比热烈强大。如果此时一位非女性主义者误入，怕是还没懵过来就给气浪掀翻了。如果只是想看看姐妹们可以狂欢到什么程度，这个目的达到了，可是，出了这个女性主义的会场呢？如果只是证明自己可以开戒，可以比男人还放言无羁地谈性，可以像男人谈女人那样地谈男人，这个目的也达到了，可是，女人变得像男人一样粗鲁，两性就平等了吗？

我的观念一向是：女性可以为悦己容，也可以为悦己者容。但那两天我被灌输了一种观念：女性打扮自己，就有讨好男性、丧失女性主体之嫌；充斥在各种画面中的妆容漂亮的女人，会给社会留下女性就该如此漂亮的刻板印象，必须反对，反对这种刻板印象，就是保护我们自己，使我们即使不美丽也心安理得。所以，当我听见一位教主居然会在电梯里谈起她刚买的一件衣服时，颇感诧异。我尽量装作不经意地问一个人，她有婚姻吗？此人立刻反问："为什么问这个问题？"我还是遇到了在极力避免的反诘。与女权主义者对话，反问句是常见句式。对于极端自卫者，一点轻微的刺激，都会导致剧烈的反弹。那人接着说，她的婚姻很幸福。我更读出其眼中的内容："你以为女权主义者就该不结婚不生孩子不……就该是古怪的老处女吗？不，我告诉你，她的婚姻很幸福！让你很失望吧？"我讪讪落败，以庸俗的八卦分子的面目，弱弱地说了一句：我只是好奇。或许这样投其所好地说，对我会比较有利：不，我正是想打破庸人们对于女权主义者的刻板印象。

我揣想，面对自己时，有些人也许不是女权主义者，可是，一旦面对男性或者捕捉到什么敏感的东西，她们马上会进入了角色。许多女性主义者将这种姿态视为斗争的需要，由激进到亢进。还有一些人，是出于做学问的需要而成了女权主义者，女权主义是“稻粱谋”的一种方式。

因为有着对女性主义会场的这种印象，后来参加一次女性文学会议时，我做好了谨言慎行小心翼翼的心理准备。到会上却发现，女性文学会场与女性主义会场气氛完全不同。女性文学研究者多是安分守己的女学者，正常得近乎传统的贤妻良母。女性文学会议参加者也是以女性居多，但没有达到几乎清一色的地步。女性文学批评的涵义是女性文学的批评，而非女性的文学批评，所以也有一些男性学者做女性文学批评。做女性文学批评的不一定是女性主义者。女性主义与文学离得很近，许多女性主义者是或曾经是文学研究者或创作者。女性主义文学批评的涵义既可以是女性主义的文学批评，也可以是女性主义文学的批评，综合两个涵义，做女性主义文学批评的多半会是女性主义者，很少会有非女性主义者对女性主义文学感兴趣，或者长期以批判的姿态介入女性主义文学。这就是女性文学会议比较温和的原因。

文学创作领域也是一样，有些作家是女性作家，有些作家是女性主义作家。那些尖叫的狂欢的玩颠覆的当然是女性主义作家，她们的精神资源是女性主义。而除此之外的家常一点的就是“非女性主义”的女性作家，她们的精神资源充其量是与女性文学会议同源的——之所以说充其量，是因为其中一些女作家根本不愿意被称为女作家，也不认可所谓“女性文学”的存在。

这次女性文学会议让我对以女性为关键词的会议放松了许多，所以，我后来又参加了一次女性会议。那次会议的主题是讨论一本书，一本弘扬不激烈、不愤怒、人人能读懂的女权主义的书。据称，读了这本书，大多数人就不会再拒绝女权主义，不会再认为女权主义是令人恐惧和厌恶的洪水猛兽了，而是会勇敢积极快乐地拥抱它！直接打动我并促使我参加会议的就是这些话语。这本书本身是否起到了以上宣称的作用我不知道，可以肯定的是，这次会议给我的感觉与书的主旨是背道而驰的，它使我更加远离了女权主义。

首先必须肯定，这次会议使我获得了不少有价值的思想。

有人讲道：如果说女性问题是人权问题，女权就是人权，那么，女性问题在中国就不是唯一的，也不是最基本最迫切的问题。比如男性民工，他们几乎都是女人的丈夫，如果他们的人权不能保证，间接地，就是女人的人权不能保证，因为女人也无法向她们的男人索求自己的人权了。接触现实，就会发现女权主义教义的遥远无力。光启蒙女性没用，要启蒙男性，这是女权主义的社会现实基础。许多女性不听你这一套，是因为摆明了不现实，男人肯定不干，离开男人才能实现的女权主义，对女人的吸引力绝没有那么大。女人是很现实的，光理解有什么用？没用，理解它干吗？必须考虑女权主义的现实针对性和可能性，让女性看到实际意义。白白在思想上女权起来，只能使自己像个怪物或异类。当然，可以不惧怕成为异类，只要对女性有益。关键还是，女权主义究竟能给普通女人带来什么？很大程度上，就是我们女人自己在搞女权主义，自说自话，自卫自慰。给社会的印象，女权主义总像一群不太正常的女人搞的，原因就在这里。

有人讲道：有没有感到与男性沟通很困难？他们很防范。你是不顾一切地去推销自己的理念，当然会遭到抵触。听者首先要知道，你在哪点上能吸引我？说者却认为，你应该自觉地去改造自己成为一个女权主义者，你需要别人去吸引是不对的，是缺乏公民道德素质的，甚至是低级堕落的表现。错位就在这里。

这样的发言使我震动，她们对女权主义的反思是深刻、理性、无回护的。女权主义源自西方，走到现在，如何本土化？如何与中国国情相结合，走向理性、务实，而不再是狂欢的活闹剧、亢奋的作怪？是应该思考的时候了。女权主义者的一厢情愿使她们与其说是女性主义者，不如说是女性个人主义者，她们使用的是女性这个语词，但对于这个语词所涵盖的主体到底有多大意义，实在需要打个问号。

我特别欣赏发言的一位女性，尽管她的上衣的垫肩太宽了，宽到让我暗自调侃：你让自己的肩膀那么宽干什么？给男人依靠吗？她感慨着自己认识的某些男人的状况：结了离，又结又离，男人都像孩子。她无奈又宽容地笑笑，摇摇头。我欣赏她的母性、女性与理性力量的混合。

本来，我很庆幸自己没有错过这样一次会议。转折是在一位男士发言时出现的。他提出了几个包含着答案的问题：中国的女权主义为什么边缘？为什么不像美国那样占据学术主流？中国语境下，女权主义是否可以被代替？被人权理论和阶级理论所代替？在此基础上，他指出：中国的人的发展问题，首先不是性别问题，女权主义不是中国的东西。

发言是按座位顺序来的，可是，在我还不确定这位男士的发言是否已经结束时，本应在末尾发言的一位女士果断发声：她已经按捺不住了，她必须现在发言。她用排山倒海的反诘，激烈地抨击和驳斥那位男士无视了中国迫在眉睫刻不容缓的女性问题，只差没说“瞎了狗眼”了。她发完言之后，怒气尚未平息，挨着她的另一位女士说，她也按捺不住了。于是，她又接过来继续痛批那位男士。

双方的观点如何且不说，单说今天会议的主旨，不是弘扬不激烈、不愤怒的女权主义吗？怎么又成了一种愤怒的自我燃烧？那位男士说，没想到我会成为第一个被攻击的对象。我感觉这两位女士的愤怒，恰恰又使女权主义失陷于某种不利于自己的定见了，她们又把自己狠狠地摔到了一堵墙上，而女权主义需要的不是一堵墙，而是对话，有男性参与进来的对话。为什么不能用包容的倾听和对话，来代替斩钉截铁的插话？我想说，你有一千个理由愤怒，但仍然不如不愤怒。这位男士一开始说过，回顾了一下，他参加女权主义会议的频率是十年一次。现在，我想，他可能一辈子都不会再参加了。

如果不是沙龙女主人的亲和力，我可能起身离去了。轮到我发言的时候，我发现由于过分的抑制，自己的声音在发抖，我说，我感到紧张，也许紧张的不只是我一个人，如果一个女性主义会议让参加者感到紧张，它本身就是失败的。要允许别人不唯女权主义是举。要提倡平和、理性的女权主义。女权主义者为什么会有挫折感？因为对方的文化态度不包容？还是因为自身的姿态有问题？

对付咄咄逼人，敬而远之是最简单的策略。即便不被妖魔化，只是敬而远之，就足以使女权主义的一切努力化为乌有。把自己弄成一个燃烧的火球，越想靠近别人、拥抱别人，越会导致别人的避之不及。把别人当成一把沙子，攥得越用力，漏得越多越快。当女权主义的姿态因强悍而被拒绝时，结果只能是越强悍，越脆弱。当所有的用力都构成了对自我力量的消解时，结果只能是越用力，越无力。女权主义陷入了自我打转的一个怪圈。女权主义者的挫败来源于哪里？也许正是来源于自己。女权主义者的敌人是谁？也许不排除自己。

女性解放的极端斗士安珠娅·多克音在美国公众知识分子中是一个有争议的人物。"她的决不妥协立场，很多时候被女权主义者本身拒绝，认为太极端。""一个作者写到，多克音的真正遗产是使女性解放运动倒退了二十年，因为多克音使女权主义成了一个负面的名词，让人们觉得女权主义者都是仇恨男人的或根本找不到男人的怨妇。"

我喜欢撒切尔夫人，并非因为她是纯粹的铁娘子，而是因为她懂得以柔克刚，能够在关键时刻用女性的笑容去赢得男性的政治支持。撒切尔夫人代表了更有效更具行动意义的女权主义的方向。作为一名女性主义的蝙蝠，我希望看到更多的撒切尔夫人，而不是更多的安珠娅·多克音。

有人爱你备受摧残的容颜

女人之所以恐惧红颜老去，除因自身在意外，更因男人在意。女人会在揣摩男人之后把那份在意加倍地反馈给自己。成年之后，年岁的增长对于女人比对于男人更残酷，因为女人理所当然地承担着人类更多的审美功能，或者用女性主义的表达——女性更多的是“被看”。

一位女作家死去活来折腾了二十年，终于跟那个比她大二十岁的男人结了婚，可是有一天，那个男人却在她换衣服的时候看着她松弛的身体说，想不到有一天你也会老成这样。任何一个在意自己的女人，都不可能不为这句话而愤怒。首先，你不能要求一个上了年纪的女人身体不松弛；其次，不要忘了，这个男人比女作家还老上二十岁呢。这话所隐含的霸权思想是：男人再老也对得起女人，女人却老不得，一老就对不起男人。男人这样说，似乎是在悲悯女作家，实际上是因为年老而自卑，所以故意打击她的自信来求得心理平衡。——那就是阴毒了。

张爱玲早就残酷地指出：没有几个女人是因为灵魂的美而被爱的。这粉碎了多少试图以人格和精神来取胜的女性幻想呀。女人一旦不遭男人待见，也就很难真正遭自己待见了。可男人向来是不完善的，有多少人愿意爱你备受摧残的容颜呢？于是，女权主义就产生了。女权主义者往往年纪较大，而且年纪越大越激进，原因就在这里。因为，年轻时还有希望。由此观之，女权主义接近于一种焦灼和绝望的表达。

恋爱当然是女人最好的养颜剂，但反过来，如果有人爱你备受摧残的容颜，你还用担心自己变老吗？女人会永远感动于杜拉斯《情人》那个著名的开篇：

我已经老了，有一天，在一处公共场所的大厅里，有一个男人向我走来。他主动介绍自己，他对我说："我认识你，永远记得你。那时候，你还很年轻，人人都说你美，现在，我是特地来告诉你，对我来说，我觉得现在你比年轻的时候更美，那时你是年轻女人，与你那时的面貌相比，我更爱你现在备受摧残的面容。

当你还是如花美眷，当然不需要倾听这样的语言。可是，当你老了，就需要经常重温这样的话了。而他正是在她

"已经老了"的时候走过来对她说的。这样的爱，是人类的大善，是女人的福音。有一首歌唱道：我能想到最浪漫的事，就是和你一起慢慢变老。我觉得不可靠，因为这是年轻时候想到的，能不能浪漫下去，真的很难说，没准唱完就分手了呢。

叶芝的《当你老了》也是女人们乐于传诵的诗句：

当你老了，头白了，睡思昏沉
炉火旁打盹，请取下这部诗歌
慢慢读，回想你过去眼神的柔和，
回想它们昔日浓重的阴影

多少人爱你青春欢畅的时辰
爱慕你的美丽，假意或真心
只有一个人爱你那朝圣者的灵魂
爱你衰老了的脸上痛苦的皱纹
……

总觉得就为这首诗，女人也值得去嫁给叶芝了，可事实并非如此。那个为叶芝所爱的女人毛德·岗，即便在已经离婚之后，叶芝又多次向她求婚的情况下，依然不同意嫁给他。到了晚年，叶芝又向其女儿求婚，同样未果。这事可真令人伤心，叶芝白写这首好诗了。不管他如何热爱这个女人备受摧残的容颜，这个女人还是不愿意跟他一起慢慢变老，就算这个女人变老了，也还是一样不稀罕他。这简直如女人的年纪一样无奈。

不待我老到那个份上，谁把这首诗献给我都只能引起轻轻的感动，但等我足够老了，效果就不一样了。如果已经有人在生命的末端等着爱我备受摧残的容颜，我将从容地走过去，不再惧怕衰老。

但是，会有人爱我备受摧残的容颜吗？——这个问号可以属于每一个女人。

在朋友家过年

今年春节是在朋友家过的，这也是我平生第一次在别人家过年。是不是最后一次我不知道，因为，通过这次实践，我已经获得了一种过年新思维。

年前到朋友家就和她十八岁的女儿踏着积雪去逛街，因为对她的家还要有一个短暂的适应过程。商店是女人最好的精神家园，无论到一个多么陌生的地方，只要一逛街，立马就能找到宾至如归的感觉。用的是自己的信用卡，每一分都是自己的钱，所以刷得理直气壮，毫不商量，心里有侠女一般的痛快。逛完街回家就上网，跟朋友的女儿一起找电影看。网络是全世界最共通的东西，在网络里我们都是世界公民，只要一上网，就会感觉四海之内哪都一样，就会找到在所有地方所有生活中都一样熟悉、一样如鱼得水的感觉。

我的朋友是在大学里教政治的，但从来没有跟我谈过什么政治，她做人最大的政治就是包容，我几乎没见过比她更为包容的女性了，这也是我到她家过年的理由。她比我年长不了几岁，女儿却比我儿子大好多，是我看着长大的，小时候开玩笑叫我干妈，然后我俩一起恶作剧地管她妈妈叫“咱姐姐”，现在已经成了我的好朋友，这叫“多年母女成姐妹”。跟一个十八岁的女孩一起逛街上网真是好，她对于时尚和网络的掌握都比我前瞻和丰富，仿佛进入了一片属于她的水域，她可以游刃有余地带我游。我老是说，要是我有一个这么大的女儿就好了。女孩对我的欣赏也胜过对她妈妈。朋友说，那你们俩做母女吧。我就笑，叶公好龙啊，真要到一起，还不打死了，争风吃醋，还要抢夺漂亮衣服，恐怕谁也不会让谁的。更重要的是，谁来做饭吃？

谁来做饭吃？我和女孩给出同一答案：请人做。可是，大过年的，没人给你请。于是，我们又模糊而坚定地认为：总会有办法的，叫外卖或者到亲戚朋友家去吃，再不行买净菜自己做，也很简单。然后我们又进一步美好地反问：还怕没有人请我们吃饭？这一说，我们好像就看见自己总是打扮停当包拎在手上一副马上要出门吃饭的样子了。我们俩简直就是一部《欲望都市》。朋友的亲戚正好从加拿大带回一套COVET送她，她根本不可能用的，我和女孩每次看电影前便在耳后或脉搏处喷一点，让浓郁的COVET的香气伴随我们在电影里畅游，我们喜欢这种很臭美的自我感觉。COVET据说是《欲望都市》的女主角创立的品牌，翻译为“欲望拜金女”，听听，多么赤裸裸。其实是修辞夸大了我的放肆和叛逆，我对《欲望都市》并不了解多少，谈不上喜欢，更不具备人家的精神骨髓，生活中的我也根本达不到人家的放恣飞扬。我已经烦透了那种总是把做饭问题摆在第一位的生活思维，做饭好像成了我们生活中的宪法似的，我就不信所有的生活首先都会在做饭问题上绊倒，只有对生活最没有力量感的笨蛋才会那样认为。女孩给了我芬芳有力的精神鼓舞，哪怕是靠不住的，我也乐意接受。

三个女人，心态的格局有点像张艾嘉的《女人20、30、40》。朋友的女儿在家里是大小姐，我就顺势成了二小姐，美美地享受着我的好脾气的朋友的爱心，“直把杭州作汴州”了。我和女孩之间的默契度超过我和朋友、她和妈妈之间，但我们俩若成母女，可能就是一场灾难。我们俩在房间里开着空调兴味十足地看电影，我的朋友就在厨房里忙活着弄吃的，不停地过来请我们点菜，却常常得不到积极的回应，于是再自己回到厨房琢磨去。我们在房间里的幸福，其实都是由厨房里忙活着的那个人来托底的。而我这样的妈妈，却做不了这样的生活托盘，偶一为之尚可，长期坚持没门。

朋友把自己老家（南方）、女儿父亲老家（北方）以及目前所在城市（更南方）三地过年的规矩集结到一起，创造了自家过年的规矩。年夜饭我们吃了：生菜——生财；水芹——因为中空并多关节，寓意路路通；豌豆苗——本地发音叫“安豆头”，谐音“安到头”；白菜豆腐——保平安；粉丝——钱串子；肉圆——大团圆；蛋饺——金元宝；红辣椒——状元红，朋友的女儿今年高考；煮全鸡——大吉大利。本来还要有鲇鱼，寓意年年有余，朋友没买到，便用带鱼来“瓜菜代”了，自己解释曰：代代有余。主食为鸭肉丁煮饭，鸭含着财押在箱底不动的意思，所以这饭不能吃完。后来我的朋友又特意打电话告诉我，前鱼（余）后鸭（押），是不能吃完的，尤其鸭头鸭脚（压头压脚），必须保留到初一，她是图省事，把鸭肉和同样不能吃完的米饭煮到一起了。原来她的规矩部分为山寨版，怕谬误流传，所以赶快向我纠正。我说，你自创一个门派，充当鼻祖母，不也很好吗？新年钟声敲响的时候，朋友又去煮来水饺，这是女儿爸爸老家的规矩。我是北方人，第一次知道南方人年夜也可以吃米饭的，并不一定要吃饺子。

我也是第一次吃到如此地道如此寓意深刻的年夜饭，每一筷子都有讲究，都有文化。饭菜过于丰盛的结果就是初一我们吃了一天剩菜剩饭。初二早上，朋友煮的是面条，刚吃完，她的女儿从网上看到：初一饺子初二面。我大喊：又吃了一顿正确的饭！那两天，规矩成了我的思维定势，几乎喝一口水都要问一下有什么规矩，我成了一个活得非常讲究的人。

也好，规矩越多，越像过年的，我对于年的文化印象好像从来没有这么鲜明过。也许年就是由这些规矩制造出来的，所有的形式都给了我们一种关于年的暗示，给了我们一种不同于寻常日子的滋味。我知道以我为家庭主妇的年为什么没有年味了，因为我几乎什么规矩都不懂，什么讲究都没有。这些规矩和讲究就是文化，决定了我们过的是春节而不是圣诞。不按规矩就等于没有文化，以后我还是少提移风易俗之类的话吧。后辈人越来越不重视本土传统，中国年的意味也就被消解了，从电视上看到，唐人街上反倒每年都有人在舞龙舞狮。我唯物得很彻底，因而也很无趣，老说年怎么过怎么好，其实是怎么也没怎么。明年起，我将敬天畏神，供奉列祖列宗，吃正确的年夜饭，做一个会过年的人。

朋友找了一个倒上开水就变颜色唱歌的杯子给我喝水，我和她女儿争相喜爱，可这杯子很不识趣，后来居然倒不倒开水都不停地唱，没办法，只好把它关在零下六度的窗外。我独自睡在朋友女儿房间的榻榻米上，盖着崭新的羊毛被，睡得很安泰。夜里突然被音乐声惊醒，顿了顿才反应过来那个杯子又在窗外唱歌了。蒙着耳朵继续睡，梦里都是魔鬼在拉小提琴。早上在榻榻米上拉开窗帘，天哪，整扇窗户大开。我等于半露天睡了一夜，零下六度且就睡在窗根哪，跟边防战士差不多了，我真自豪。赶紧向朋友报告：我以亲身试验证明了你的羊毛被不是次品。后来朋友执意要把这床羊毛被送给我，我幸福地笑纳了，因为它给我一种庇护神的感觉。

这个年，我在朋友家过得特别放松，最重要的原因就是这里没有我要看的书，没有与我谈文学文章文坛的人。我的儿子已经怕了文学，一向乐于出去吃饭的他，有一次居然一听吃饭就恐惧地大叫："我不去，你们老谈什么文学文学的，我受不了啦！"我一直以为自己是个不谈文学的人呢，没承想已经让儿子患上了文学恐惧症。都说文学式微，可要找一个不被文学沾染的地方，还挺难的。这反证了文学的存在，可让文坛聊以自慰了。

只有脱出平日的环境氛围，才能彻头彻尾放松。在朋友家过年期间，我看了所有一直想看而又找不到的电影，是朋友的女儿帮我在网上找的。我们躲在温暖的小房间里，让一堆零食包围，过着幸福并"堕落"的宅女生活。我第一次发现小房间的好处，一种特殊的温馨，尤其在寒冷的冬天里。为了让自己幸福和"堕落"得更充分，我们还叫了外卖。外卖是宅生活的标志性符号，我们可不想错过。我们原本只是想吃冰淇淋，几乎当冰淇淋这个词一从嘴里蹦出，我们的舌尖便跃跃欲试地要触碰到它了。立马打电话，可冰淇淋不能外送，我们便选了蛋挞等甜品。二十分钟后，一个高大帅气的小伙子穿着长筒雪靴把冒着热气的甜品送上门了，像派发礼物的圣诞公公。虽然不是冰淇淋，我们一样吃得开开心心，窗外的雪助长了我们温暖的快乐。我发现，我是如此乐意鼓动自己“堕落”，那些极其小资的“非常罪、非常美”“像罪一样的醉”等等语词对我极具诱惑力，使我非常渴望体验一把。可我并不是一个活得多么拘谨压抑的人呀，可能女人血管里多少都流动着一点酒一样的东西吧。其实，如此卖力地学习小资，恰恰说明我并非小资。“堕落”也没有那么容易，“我”总是把自己管束太严。

我买了一直想买的某一类型的裤子，同一品牌一下买了三条。可能因为平日里找不到如此纯粹的逛街心情，而一旦在外，就意味着生活脱出日常轨道，可以心无旁骛地扑到平日不能从容去做的事情上去了。王安忆说，物欲可以抵抗虚无主义。说得太对了，这句话改变了我对她一向的看法。

接下来，我们三个一起去歌房飙歌。说实话，这是我第一次真正自主地进歌房，以前要么不是在歌房，要么是被簇拥去的。我一直想去唱一次歌，已经把那些想唱的歌记在手机里了，可又一直觉得那是非常特别的一件事情，不能随便发生的，于是一直等到现在。我边唱边想，难道独自一人不可以去歌房唱歌吗？我为什么要一直等到现在？以后，我将独自一个人去唱歌。我以前有一个误区，就是老选自己喜欢听的唱，结果不一定唱好。后来悟到，大家一起唱歌，只能选你有把握唱好的，是不是喜欢听在其次。要是自己唱歌，当然可以什么都唱唱看了。

我还陪我的朋友去烧了香。每次许愿时，我总是不知该怎么想，通常我是想保佑谁就让谁的脸在我脑海浮现，可过后又会遗憾地发现漏掉了谁。这次我就想，其实最终，我就是希望自己一年有个好心情，那么，与我心情有关的人一个个从脑子里过吧。好心情需要条件，所以，要为与自己生活密切相关的人祈福。他们不幸福，我也不会幸福的。

虽然乐不思蜀，当家人从老家返回时，我还是回家了。路上给我的朋友及女儿发短信：谢谢你们的陪伴，我们在一起度过了一个幸福的新年。年纪越大，越觉得女朋友比男朋友重要，特别是这种终生的朋友，我为有你们而庆幸。

曾经看过一篇小文，叫《女朋友》：

一个女子结婚的时候，她的妈妈对她说："不要忘记你的女朋友们，当你渐渐变老的时候，她们会变得越来越重要。无论你多爱你的丈夫，无论你多爱你将来的孩子，你将依旧需要你的女朋友们。记得经常跟她们出门，和她们结伴干点什么，记得女朋友们不但是你的朋友，还是你的家人。”

她听从了母亲的话。随着岁月流逝，她慢慢地领悟到女朋友们其实是她生命的中流砥柱。爱褪色了，婚姻失败了，心碎了，职业生涯停滞了，孩子长大了，父母去世了。男人们不再打来电话，但女朋友们永远在身边，当需要帮助的时候，只有她们会毫无保留甚至毫无原则地支持她。

当你不得不独自在寂寞的山谷里行走，你的女朋友们会在山谷的边上，鼓舞你，为你祈祷，拉你一把，并在终点向你伸开双臂。如果没有她们，你的世界会完全不同。

眼睛突然湿了，也许在我弥留之际，还会想起这个新年。我究竟也不知道，朋友的女儿是不是真想要一个我这样的妈妈。其实选妈妈跟选恋人一样，也是要在功利和唯美之间徘徊的。但我知道我要这样的朋友，永远。

莎菲也会老的

丁玲的晚年风光在许多人眼里并不美丽。综观丁玲晚年，延安时期与男权制文化的冲突早已淡化，五十年代与政治文化语境的冲突业已随她的“政治化”而化解，但她自身固有的情绪化、尖刻等因素与老年固有的弱点相结合，为她的晚年形象带来的负面影响是不容忽视的。尽管我在一些文章里充分解析了历史问题和宗派对立如何影响了“晚年丁玲”，但仍必须承认，丁玲自身的原因也占了很大的比重，她应该为自己的晚年形象负责。如果说，历史问题的受挫和宗派对立是生成丁玲晚年形象的客观原因，性情与老年的弱点就是生成丁玲晚年形象的主观原因。

1979年2月21日，丁玲在北京友谊医院体检时的日记中写道：“萧（应指萧三）诗人住二楼。昨晚亦来，已经属老人。耳聋甚，步履须人扶持，对事态感觉迟缓。希望我能慢点到他的境况，是一毫无有所作为的人了。”可见，丁玲是多么不服老。尤其在当时，平反未成身先老，她不甘。

1979年丁玲刚回北京时，在友谊宾馆吃饭时见到沈从文夫妇，“丁玲感觉他们已经是‘龙钟老态’了”。当她这样去感觉别人时，似乎完全没有意识到自身的衰老。

可是，丁玲毕竟老了。尚侠写道：

途中，你的情绪却突然低落了下来，一改以往相见时的平易亲切、谈笑风生。问你什么时，回答得也很有些勉强，甚至还为了一件小事，批评了增如同志几句。当时，外面天气阴晦，凄凄雨丝抽打着车窗，我望着你凝重的面容，第一次从你身上感觉到了自然法则的严酷与冷峻。……你会在遽然之间，为了别人的劝慰吃药而如此烦躁不安起来，是我始料不及的。这举止已经不仅属于病态中的老人，而且是一种老人的病态了。看起来，即便是你，于此也是未能幸免的。

这是尚侠的直接观察，对一个老人的情绪化感受颇深。

只要不是患上抑郁症，老年人的首要特点就是话多，爱絮叨，丁玲也不例外。

她自己在四次文代会发言中说：

我回到北京以后（注：指1979年从山西回到北京，即“复出”），有些老熟人，不是文学界的，是搞政治的，好多年没来往了，看到我，给我一个忠告。他说，你这次回来，第一不要写文章；开文代会，不是老早就要开的么？你开幕的时候去一趟，以后就不要去了；也不要讲话，也不要会朋友，最不要见的就是记者。你要不听我的话呀，你还要倒霉。你现在呀，落后，你不懂这个社会，现在比你倒霉时的那个社会复杂多了，你应付不了。你还是老老实实，请求党，把你的历史作个结论，给你两间房子，和陈明住下来，养老，算了。这是老朋友的忠告。……还有人跟我说，看破红尘吧，看破红尘吧，关起门来自己修行吧！

但她表示：她不能这么做，"看破红尘的人，是世界上最自私的人。"

她在延安演讲中也说："一九七九年，我又出来了。有朋友劝我不要写了，不要活动了，和陈明找个房子住下来安度晚年，躲开是非。但我不能按朋友希望去做。一开会，我就得发言。人家客气，说你讲几分钟吧？我就来了，几分钟从来不够用！"

倚老卖老是典型的老年心态，丁玲似乎已经陷入了一种"说"的惯性，不管儿孙们听不听得进去，反正就是要唠叨。演讲太多，又往往是不能随便说话的场合，就重复一套话语，自然成了陈词滥调，为自己赢得了"马列老太太"的称号。演讲太多，又不令人信服，结果就是不仅没有赢得威望和爱戴，反而失去了人们对她早年的好感。固执地把老生常谈芹献于人，却自以为不是老生常谈，而是为别人好，这是老年人的放纵和不自知。

说得太多，丁玲把自己“说”成了一个话题人物，而且是一个非文学的话题。林贤治指出，现在对于丁玲，“人们更多地评说的是她的行状，而不是她的文学事业本身。”这“行状”，就是传言，就是似是而非的印象观点。丁玲并不是一个思想家型的人，演讲太多，思想库存又不足，势必导致根本不能为自己的发言负责。对丁玲的发言首先是要去伪存真。丁玲晚年的所谓“文艺观”，许多并非由衷之言，而是受情绪、情势和利益驱使的功利性话语，甚至根本不能叫“文艺观”，所以，大多不值得认真对待，能否作为“文艺观”来研究都是个问题。

丁玲1982年10月回家乡临澧，走的那天，应临澧县委的邀请对县直机关干部发表了讲话。中午的告别宴会上，她和陈明同志双双走下席来与家乡的亲人频频碰杯，她说：“感谢同志们把我的故乡建设得这样好。我是人民的儿女，我将来还要回来……”午宴过后，她顾不上休息，用自己浓厚的乡音给家乡人民录下了一篇热情洋溢的广播讲话。她深情地对家乡人民说：当我满怀兴奋、喜悦，欢呼这些崭新的、翻天覆地的变化的时候，我感激领导中国人民革命一步一步走向胜利的中国共产党，缅怀为夺取革命胜利，作出重大贡献和不惜牺牲自己生命的老一辈无产阶级革命家。同时，我也敬重那更多年轻的在各条战线、各个岗位上正在为建设社会主义而呕心沥血的同志们。……在即将离开你们的时刻，我希望你们，祝福你们，团结一致、同心同德，努力发展生产，建设社会主义精神文明，把澧水两岸，把我们的家乡建设得更加兴旺、繁荣，让她成为芙蓉王国里一朵更加美丽鲜艳的花朵。

另一处记录丁玲的话是："感谢同志们把我的故乡建设得这样好，我是人民的儿子，我将来还要回来……"不知是不是笔误。

小平同志说：我是人民的儿子。小平同志是政治家，这样说是有意义的。丁玲作为一个作家，有必要用这样的口径吗？她似乎过分进入政治角色，导致作为作家的自我的迷失，这些花儿一样美丽的语言，与她作为作家的妙笔生花，效果毕竟不同。当然，家乡政府的盛意，可能也是冲着丁玲的副部级去的。如果她仅仅是一个名作家而没有副部级，也许就不是这样的规格。

"说"这个动作本身，对于丁玲来说似乎就意味着一种话语权，显示着她的存在，给她一种满足感。她的"说"里面，包含着与周扬争夺话语权的意思。正如陈登科劝她“少管事”时，她说的：“那谁管呢，那叫坏人来管吗？”她把自己苦口婆心的“说”解释为责任感、使命感、无私精神，而实际上，可能只是一个老年人的不甘寂寞、不愿退出话语中心而已。

有人用斯德哥尔摩情结来阐释丁玲晚年，有不确切之处，斯德哥尔摩情结是因为恐惧而臣服并热爱，丁玲却是因为历史问题的现实需要。但是，丁玲的种种发言，确实反映着她在政治上的不安全感所带来的焦虑。她用不停地言说，来克服这种焦虑；只有说着，才能让她感觉安全。

丁玲不喜欢写伤痕，不喜欢提“走麦城”的经历，但是，二十年的屈辱，自尊上的伤害，已经给她的内心种下不少的毒，那些发泄性的言辞，实际上也是排毒，是啮咬她心灵的隐痛的释放。

弗洛姆在《逃避自由》中说：“假如生命的意义已存疑义，假如一个人与人与己的关系不能使他觉得安全，那名誉就是抑压一个人怀疑的手段。名誉与埃及金字塔、基督教信仰灵魂不朽具有异曲同工之妙。他可以使一个人虽时时处于被限制、受干扰，却还感到万事如意。假如一个人的名字在同代人中已无人不晓，并且还有望流芳百世，那么他的生命藉着别人对他的仰慕，也获得了意义。” “发言”“讲话”，这种蕴含着话语权和荣耀感的象征性行为，对于丁玲所产生的正是弗洛姆所谓的“名誉”的意义。

言说是双刃剑，在荣耀、满足、补偿、发泄的同时，必定也会产生副作用，损蚀她的晚年形象。

更现实的是，丁玲的“说”直接影响了她的“写”，晚年她说得太多，写得相对较少。《丁玲全集》总共430万字，整个第8卷约36万字，都是丁玲晚年的讲话和受访记录，大约占了终生所能留下的文字的百分之八。能不能不朽，不在于谁说得多，而在于谁说的留存得久。写也是一样。——当然，丁玲可能考虑不到不朽的问题，她的目光更多停留于眼前。

她对自己的状况也很清楚：

> 这几年文章写了不少，一年十来万字，只是小说少，有点散文，更多的是比较短、比杂文长的东西，算是书面的发言吧。小说太慢了，太含蓄了，不能及时表示我的态度。我急于要说我心中的话。有话便直讲。

她1980年6月给友人宋谋瑒的信中说：“两年多来，尽写些不得已的小文章，实在不过只是自己在读者中平平反，亮亮相。好在现已发誓除实在不得已而外，不写短文。人家打人家的仗，我写我自己的文章。……现在只就文艺来说局势复杂得迷人，简直叫人摸不清。因此，只有不管它，自己按自己的认识写文章。我就坚持不入伙……”但她实际上并没有做到，不打仗不入伙只写自己的文章没有做到，不写短文也没有做到。

别人也为她写得少而遗憾，李锐说，希望她在晚年集中余力，多写一些东西，尤其是回忆录。可是在生命的最后日月，她却以一种只有年轻人才有的狂热着手创刊《中国》文学杂志的工作。

杨桂欣对这一遗憾做了具体分析：

这个最大的遗憾，我以为主要是由丁玲自己造成的。首先，她缺乏全面描写自己以表现时代的创作意识。“我自己毕竟不重要”，这种说法，貌似正统和正确，而其实是错误的。丁玲若能“表现自我”，那就决不会是什么一己的自我，社会内容不丰富不复杂的自我。我在《记老作家丁玲》一文中，对于她决心利用劫后余生写活在她脑子里的老百姓而不写自己，曾加以肯定和赞扬，当然也是不妥的，错误的。其次，丁玲复出以后不言老，更不谈死，这种精神境界，固然有积极的一面，但是应该面对现实，老与死是自然界的客观规律，谁也抗拒不了。丁玲复出之际已经进入75周岁高龄，应该珍惜健康，争取多活一些时日；更应该精打细算，把所剩不多的劫后余生，用到最该用的处所。可惜，丁玲没有这样做。她复出以后干了不少不该她干的事，最突出的是创办文学期刊《中国》。……《中国》创刊号刚刚问世，内部矛盾便爆发了，而且来势颇猛，不易解决。……

其次，时文写得太多、太杂。……实在应该把有限的劫后余生用到争取传世的创作中去。即使不集中力量写自己的一生，也应该千方百计完成《在严寒的日子里》。……天不假年，徒唤奈何！

杨桂欣所说的“时文”，与丁玲自言的“比较短、比杂文长的东西”的“书面的发言”大体是一致的，占了她晚年写作的较大的比重，虽然她曾“发誓除实在不得已而外，不写短文”。而她晚年写作的三大愿望——已经断续写了二三十年的长篇小说《在严寒的日子里》，两部长篇回忆录《魍魉世界》《风雪人间》——最终都是未完稿，成了三大遗憾。她在讲话中也经常提到这三大愿望，然而，就是在她抱怨这三大愿望没有时间去完成的时候，可以去完成这三大愿望的时间流走了。虽然她并不服老，但长篇小说对于一个老年人来说确实是勉为其难了。其实，丁玲的《在严寒的日子里》写不出来并没什么好遗憾的。可想而知，写出来也不会是什么优秀之作，不会比《杜晚香》好到哪里去，她之所以一而再再而三地写不出来，真正的原因也许就在这里。丁玲本人就是一部革命文艺运动史或曰文坛政治史、一部二十世纪文学史，她的回忆录应该是颇有价值、值得期待的。丁玲晚年留下的作品中，真正有价值的也是回忆录。所以，没有留下更多的回忆录，这是她真正的遗憾。

李锐和杨桂欣不赞成丁玲办《中国》，是从影响她创作的角度而言的。但办《中国》毕竟是一件有价值的事情，是她晚年的亮点，算不得浪费和多余。真正浪费和多余的是她晚年的大量发言。从她解决历史问题的实际诉求而言，有些发言显然是有必要的。作为德高望重者，有些表态、讲话也是不可避免的。但她还有太多没必要的、徒令人诟病的发言。言多必失，何况很多是张口即来的、未经认真思考准备的发言。“你有权保持沉默，否则你的话将作为法庭上的证供。”把“法庭”改为“文坛”或“文学史”，这话一样成立。说得多，留下的“罪证”就多。矜尊地住口，晚年的丁玲会可敬得多。最后她说自己“成佛了”，“以后什么事都不管了，只写我的文章，这还不是成佛吗？”大概也是意识到自己说的太多了。

丁玲有过清醒的时候：“我不愿意谈个人问题，不愿谈恩怨。什么恩，什么怨，没有什么个人的恩怨，也不是某一个人就能把我打倒的。也许有人背地里怀疑，丁玲是什么人什么人打倒的。不是，不是哪一个人，是一个社会问题。”但她还是陷入了过去恩怨的泥潭。

丁玲晚年过多纠缠与周扬的恩怨，念兹在兹，似乎是为对手活着的，就说明她过不去、放不下，不能向前看，没有未来了。一个有未来的人是不会如此的。如果她专心写自己的小说和回忆录，做自己的事，超脱一点，文坛是非恩怨按下不表，淡定一点，任尔东西南北风，她的晚年将有价值得多，历史问题也未必不能解决。丁玲的历史问题，如果上层要解决，周扬也是挡不住的，那么，她就谋求于上层好了，何必非要夹枪带棒，把对周扬的敌意提在口上，让无关的他人也皱眉和嫌避呢？她总是牢骚太盛，总觉得自己是受害者，当然要不平则鸣，其实也可以不鸣，至少用不着鸣个没完。丁玲咬定：不是我不和解，是人家不和解；是你不仁，我才不义的。这就为自己介入“文坛政治”找到了一个合理的借口。丁玲的斗争思维一向是：你把我当敌人，我更把你当敌人。她是情绪写在脸上的人，不会示弱，更不会若无其事或以柔克刚来化解矛盾，矛盾在她那里容易被放大。

其实，和解甚至都没有必要了，就当他不存在，最大的骄傲就是当他不存在。王蒙说得对，周扬“视对于他的个人攻击如无物”，证明他是“大人物”。王蒙指的就是丁玲对周扬的攻击。这些攻击根本撼动和损毁不了对手，反而有损于自己的形象。说得越多越丢分，徒增困扰，真不如缄口自重。周扬是不会把与丁玲的恩怨提在口上的，那显示出对敌手的重视，反而太抬举了对方，降低了自己。真正有杀伤力的是行动，而不是口舌之功，周扬是个行动主义者。丁玲真的打定主意要报一箭之仇，聪明的做法应该也是去“实干”，而不是满城风雨地去“费话”。

学者王尧评价邓拓：“邓拓是位书生本色的政治家，这样的角色冲突和与此相关的心灵冲突始终缠绕着他，尤其当政治和政治文化处于异常状态时。”对比之下，丁玲似乎更可悲，其可悲在于：她虽然被政治缠绕了大半生，但她根本算不上什么政治家，而只是一个误落政治迷局且为政治所贻误的作家。丁玲晚年在政治上的那些表现，不要说政治智慧，就连政治世故都算不上，有政治智慧或世故的人都不会那样说和做。周扬晚年的“倒霉”不是因为丁玲，但丁玲与周扬一上一下同时，在无形的对比之中就使人感觉构成了因果关系。丁玲似乎是胜了，但胜得不尽是快慰，代价可观。丁玲如果不是关于周扬说得太多，带来旁观者的不以为然，也不至于付出这种类似于“触犯众怒”的代价。

《多余的话》是瞿秋白最后的话，在生命的最后——也算“晚年”——文学家的瞿秋白否定了政治家的瞿秋白，但他绝不提政治对手和恩怨，而是让他人、后人去补白。如果瞿秋白也活到真正的晚年，也被反复改造过，还有没有可能写一个《多余的话》呢？丁玲以无比的坦白，写出过《不算情书》，也以无比的率真，写出过《“三八”节有感》，然而，经历了一茬又一茬改造和血泪教训的丁玲，到晚年却写不出一个《多余的话》了。瞿秋白的勇敢和坦诚，在于他明白地写出了革命者的哀衷。丁玲比瞿秋白桀骜，即便有血泪，也绝不以哀示人，然而丁玲也硬撑到了虚假的程度，把自我丧失了。

丁玲第一次读《多余的话》是在延安，当时还有人怀疑它是伪造，丁玲一读就“完全相信这篇文章是他自己写的”，因为她“读着文章仿佛看见了秋白本人”，那样的真实坦白，是不容易伪造的。她说：我读着这篇文章非常难过，非常同情他，非常理解他，尊重他那时的坦荡胸怀。我也自问过：何必写这些“多余的话”呢？我认为其中有些话是一般人不易理解的，而且会被某些思想简单的人、浅薄的人据为话柄，发生误解或曲解。

丁玲认为瞿秋白最后留下的话多余，是心疼他；同时，经过了延安的革命历练，她已然明白，有些话是只能想而不能说的。此时的丁玲看已经就义的瞿秋白，如同一个有阅历的姐姐看不谙世事的弟弟。

1980年写《我所认识的瞿秋白同志》时，丁玲重读了《多余的话》，经过了更多磨难的她当然又有了更深的认识：我想补充一点我的感觉。我觉得我们当今这个世界是不够健全的，一个革命者，想做点好事，总会碰到许多阻逆和困难。革命者要熬得过、斗得赢这些妖魔横逆是不容易的，各人的遭遇和思想也是不一样的。比如秋白在文学与政治上的矛盾，本来是容易理解的，但这种矛盾的心境，在实际上是不容易得到理解、同情或支持的。

丁玲的意思是：这些话之所以多余，不是它们本身多余，而是环境使它们变成多余；谬误不在于瞿秋白，而在于不健全的社会和时代。丁玲的更深一层的领悟就是：那些并不多余的真话是危险的，真正多余的废话、假话反而安全。丁玲晚年说了那么多真正的"多余的话"，是不是源于这种领悟呢?

张凤珠曾经表达过这样的遗憾："丁玲的晚年，却因为太多的干扰，影响了她有更多作品问世。"这些干扰，历史问题的困扰当然是首要的，发言太多、内在能量消耗太多也是一个方面，还有一个重要的方面，就是她是非太多。她的是非多，与她的处境有关，也与她的性情有关，她的争强好胜、意气用事、不甘寂寞，到了晚年更发展到了一个新强度。铜豌豆似的好斗，出现在一个老太太身上，本来就容易被描述为死缠烂打，何况她的言语确实有把自己妖魔化的危险。

她标榜：“人家打人家的仗，我写我自己的文章。我对于内战是不想参加的。……我就坚持不入伙，免得学别人倒来倒去，演笑剧。”实际上，她标榜不做的，正是她所做的，她从反面把自己说中了。她不忘嘱咐：“我的意见，只是一管之见，望勿扩散。到钱明达为止。全国都有耳，小报告四处飞，我惹不起人。”从这一嘱咐可以看出，她自己正是一个很有是非意识的人，而不是像她标榜的那样一尘不染不谙世事。也许，她以为或希望自己是那样的人，但实际上却做不到。“来说是非者，便是是非人”，这是规避是非的态度。丁玲却责备自己五十年代的秘书张凤珠什么也不告诉她了，以至于让张凤珠很难过。可见，她与是非贴得太紧了，唯恐被边缘化。

玩不玩得好是能力问题，想不想玩是意愿问题，玩不好就说自己不想玩，那是不诚实的。自从与周扬搅进矛盾的漩涡，丁玲几乎就没有偃旗息鼓过。只有自己明显处于弱势时，她曾想不玩了，比如五十年代反右前夕，结果却已经晚了，退不出来了。她平反的过程中，也许曾想过再也不玩了，结果是周扬在历史问题上不放过她，于是她又奉陪到底。周扬之所以不放过她，是否正是看透了她不会真的收住呢？

丁玲的“太政治”“钩心斗角”，其实都是“非政治家”的“小政治”、不入流的“小把戏”。丁玲吃亏就吃在不是政治家，却貌似政治家；没有政治家的战斗力，却给人当政治家来对付。所以，过多地从政治上去评价她，本身就是不合适的。王蒙的问题在于，一面指出丁玲不是一个政治家，一面又以政治眼光去评判她。这也是很多论者的问题。以不适应的政治标杆来衡量别人，政治眼光和人际关系眼光交互运用，或把政治完全等同于人际关系，恰恰折射出论者本身浓厚的政治意识。丁玲的灵魂始终是“非政治”的，把她当政治家来分析难免“下药太重”。

冰心给人的感觉一向是平和冲淡，晚年姿态更是如此。孙犁一向是回避是非，远离政治，晚年依然出于避祸心理而与文坛保持适当的间离。丁玲之所以老得不够可爱，就是因为她缺乏这种淡定平和、宁静致远的东西。莎菲时代结束以后，丁玲本来就不再是一个优雅的人，老了，更与优雅无关了。老人要放下，她放不下，主客观都决定了她放不下，所以姿态如此。假如她晚年淡泊隐忍一点，潜心写作中耐心等待，也许历史问题仍然有机会解决，同时也没有浪费心力和才华。

人到了晚年，往往容易向传统回归，趋向保守。丁玲虽然不服老，但老年毕竟是老年，逃不脱的必然律，她对美国贷款买房的不以为然就体现出保守心态。历经坎坷的人，晚年的道路走得尤其小心翼翼，觉得自己再也不能经受新的折腾了。丁玲晚年向传统的回归，其实就是一种与世界和解的姿态。事实上，因为家族经济纠纷，她年少时是跟母亲怀着恨意离开临澧的，从此再也没有回去过。正如她自己所说："六十年前，我怀着对封建家族的不满和嫌弃，离开了风光秀丽的临澧，辞别了生我养我的临澧人民。"可如今，她与临澧"和解"了。不仅是时间，更是老年，使丁玲达成了这种和解。

老人的善念，就是宁愿相信一切都好，安稳幸福。1982年她给一个读者的回信中说："难道老一代人就认为我们现实社会一切都好，好得不得了吗？我们的思想里就再也不会偶尔也产生一丝消极和失望的感触吗？我们不过是因为年龄大了一些，经验丰富了一些……"这也是她老年心理倾向的一个自陈。

老年人喜欢圆满、吉庆、祥和，喜欢大团圆式的喜乐，不想揭盖子，不喜欢批判和悲观，不愿触及社会弊端，这就很容易走向"卫道"。丁玲晚年做"顺民"，为了历史问题的解决，为了政治上的安全，也为了老有所养。所以，她放弃了知识分子批判的义务，不想让自己反思更多、否定更多。

学者王尧这样评价邵燕祥："邵燕祥是作家中少数几个不讳言自己疮疤的人。这么多年来，邵燕祥由诗人而成为杂文家，他对鲁迅先生杂文精神的继承、他在写作中体现出的知识分子的批判精神，已经为大家熟知。这样一个大的变化，显然是在发生了深刻的精神裂变之后。"主客观条件限制，使这种"深刻的精神裂变"与丁玲无缘了。

苦尽甘来的人，更不愿提过去的倒霉，而宁愿多看到眼前的福气。她晚年不喜欢写灰暗，也不喜欢别人写灰暗，她对"伤痕文学"的态度就是如此。

法国传记作家安德烈·莫洛亚评价马尔罗：他的生平就是他的代表作。这句话同样适用于丁玲，她这一生的"情节"太曲折了，尤其这个出人意料的"结尾"。丁玲晚年是喜剧还是悲剧？无法做出单一判断，也许可以说，喜剧背后是悲剧。历史地看，丁玲晚年的亮点有二：写了自己和他人的有价值的回忆录、办《中国》。丁玲晚年最肯定的是自己哪些作品？她从未给出过统一答案，因为，她本身对此就是矛盾的。

这里有过一个女孩么?

下午快要下班的时候，我正在值班室里看书，有个大约二十三四岁的男孩出现在门口，踟蹰着不知道该不该进的样子。我问，有什么事吗？他胆怯地说，请问你们这里有个叫梅青青的女孩吗？

梅青青？我正要好好想一想，他又急忙地补充，是这样的，她大约六七年前在你们这里进修过，我想知道她毕业后去了哪里。六七年前，我到这里才不过一年多呢！怎么可能知道。大概看出来我没有帮他的意思了，他又急急地说，我是从辽宁来这里出差的，今天晚上就要回去了，只有几个小时的时间，但是我非常想知道梅青青在哪里，拜托您帮我问一下。他用了很强调的语气来让我明白他的迫切。我说，六七年了，怎么现在才想起来找她？你们是朋友还是什么？他说，我们是从小一起长大的，我们两家都很熟，后来她家搬到南京来了，我们曾经联系过，她到这里来进修以后中断了，我现在想再跟她取得联系。我说，你有什么事吗？他说，我，我有急事，请帮帮忙，拜托了。

其实他有什么事，我大致已经明白了。就是青梅竹马嘛，然后分开了，长大了，然后稀里糊涂地谈了一些恋爱，但一直找不到感觉，然后突然在一个半醉半醒的晚上，想起了童年的阿娇——梅青青，然后就找来了。想象一下，就很为这种美好的纯情而感动和心醉，我决定帮他了，虽然很麻烦，要找好多好多的人，查好多好多的档案。

我带他去找了，几乎每一个人都把我刚才的问话又问了一遍，每问一遍，他都谦恭地把刚才的回答再重复一遍，带着一点受宠若惊的局促和感激。大家可能都如我一样一听便心知肚明，有的还说点暧昧的话，当然并无恶意，只是有些调侃的意味。他都唯唯诺诺地红着脸答应着，汗都出来了。

把他交给最后一个管事的人，我就回来了。大家问我，是你什么人？这么热心。我说我跟大家一样根本就不认识他。大家一听都有点那个。我知道，如果不是看在我的面子上，不会有人愿意找这个麻烦的。一时间我们都在议论这个梅青青的故事。“都这么多年了，还想什么好事，还做纯情少年的梦呢！”说这话的是男人。“多痴情的男孩，你不觉得这个故事很让人感动吗？纯情不好吗？”说这话的是女人。但不管男人还是女人，用的都是戏谑的语气，包括我。因为我们都是成年人了，当然不可能用真诚兮兮的语气来谈论这等幼稚的事情。谈论了一会，就到下班时间了，大家马上买菜的买菜，接孩子的接孩子，各人忙各人的去了，梅青青的故事当然被抛到了九霄云外。

往家赶的路上，我又想起了这个男孩，心里突然惆怅起来。这个黄昏和这个梅青青的故事让我意识到，生命中的一种感觉已经失落了，失落在青春的尾声，永远难再。是的，我们正在离年轻的傻越来越远，我们成熟了实际了，不会再去犯傻，可是，这难道是一件值得自豪和欣慰的事情吗？其实，不会犯傻也是一种遗憾，而一切为爱而犯的傻都是可爱的。

这个痴情的傻男孩找到梅青青了吗？虽然遗憾是永远的美丽，永远不见，会使人拥有永远不会失落的、因而也是永远没有危险的美，但我还是希望他能够找到她，哪怕日后梅青青也会变得凡庸如我，也会渐渐褪色，但毕竟青春和爱情曾经相遇过，毕竟年轻的花曾经纯纯地开过，毕竟有个男孩曾经在某个黄昏找来过，问，这里有过一个女孩么？

美丽的忧伤和肤浅的快乐都要有过，生命才算不虚。祈望，世界上的每一个女人都有一个男人为她拷贝一份最美丽的记忆，把她的诗意和美好存储在他那里。哪怕你已经变蠢变胖，哪怕你已经枯萎凋零，哪怕你正挠头散发于柴米油盐之间你们的一切都不会有结果你最终还是要跟“孩子他爹”过日子尽管你和他已经不谈爱情你们现在只有亲情一般的夫妻情，哪怕……你的心灵也还是会在瞬间被照亮，变得年轻而美丽，你也还是会在瞬间还原成那个头戴花环，跑在开满黄花的山坡上的女孩——只要在一个黄昏，有个男孩长成男人后找来了，问：这里有过一个女孩么？

1999年

中山陵的台阶

南京的景点可谓多矣，最使我不能忘怀的，是中山陵的392级台阶。

走过那些平常的石板路时，心里还有点释然的疲乏，那种感觉太熟悉了，到泰山，到黄山，不都是这样的吗？也许天下的景致原本出于一般，只是人的想望每每是新奇的，才不厌其烦地来走过这些相同的路，来温习这些相同的感觉吧？

然而，当那石级铺就的阳坡像巨轴一样哗一下在眼前抖开的时候，好像有一张巨脸在眼前豁然绽放灿烂的笑容，我的心禁不住一阵跳荡，人好像一下被拥入了一个宽阔而温暖的怀抱。太阳的视线，含着笑意慈祥地看着这山坡和这山坡上的人们，好像母亲在低头注视怀中的孩子。它的坡度是那样地和缓，宽度又是那样地壮阔，身处其上，你会感到安全，感到放心，感到一种暖意，感到一种融入其中的欲望。它让你淡忘，让你升华，让你冥想。它有一种诱人索解的力量，像浮士德一样在引导着你通向真理，通向历史，最后融入永恒的美。

在这个坡前，你的感觉和在蒙娜丽莎的微笑面前的感觉是一样的，身外的世界正化作溶溶一片，在宇宙间氤氲着、弥散着、荡漾着，一种人类的和平与永恒，历史的宁穆与深邃，像正午的阳光下慵懒流淌的河水，温厚地包围了你，使你渴望永无止境地沉没、沉没进去，与宇宙合而为一。

中山陵整个的布局，多么像这位伟人正无限舒适地躺在这里，青山的阳坡是他的胸膛，高处的墓室是他的头颅，而他的脚正平稳地安放在大地之上，一切都恰到好处。他躺得踏实，躺得安适，躺得放松和熨帖，一切都在显示着，这个占尽历史风水的伟人，已经属于永恒。这种耗尽匠心的建构，也算对这位伟人一生顿挫的一种补偿吧！

他躺在这里，与太阳面对面进行着娓娓无尽的对话。他躺在这里，带着面对生者的超脱与安宁，以及面对死者的优游与自在，向人们昭示着生死的无界。有一种理想的境界，属于生，也属于死，属于人，也属于自然，而中山陵，正体现着这种九九归一的境界。面对中山陵，你才会感到，死并不是一桩可怕的事情，死是一种温馨的休息，死就是到宇宙温暖的河流中去徜徉和酣游。

包容和接纳也许正是中山陵的美学精髓，正符合了先生生前的博爱胸怀。它的风格就是简单，而它的和谐、古朴、富有暖意的美，也正蕴含在这份简单当中。看了中山陵，再去看不远处的孝陵卫，那就是曾经沧海难为水了，中山陵的大气，绝不是其它陵卫可以比拟的。

也许多少年以后，人们将不再因中山先生而记住中山陵，而是因中山陵而记住中山先生了吧？也未可知。

别人需要你的信任吗？

曾经有过一个年轻的老师，比我大不了几岁，很随和，从不在学生面前摆师尊的架子，我很愿意和他侃。虽然有时候也觉出来他是以一种哄我玩的长者心态来对我的，但兴之所至，还是不管不顾，全没有身份之感。我们已有感情固定的恋爱对象，彼此清楚，所以没有什么微妙的感觉，放得开。就浅层而言，我们的胡说八道很智慧很精彩，丝毫不比现在的谈话节目逊色。但若触及深处，他就回避，或闪烁其词或笼统带过。或许因为他觉得对我说也没用，或许因为他想保住一个男人和老师在女学生面前起码的城府和尊严。但我知道他当时是很苦闷的，因为他的女朋友回了家乡。

对他的有意保留，我并不在意。他抽着烟喝着茶，我喝着咖啡，我们聊啊聊。穿过一城人的夜梦，我们享受着夜空广袤的深沉和亲切，尽情地聊着。他是一个很好的聊伴，他的善解人意，无形当中在鼓励着我，不知不觉，我几乎把自己聊完了。

经过一次次长聊，我把他理所当然地归入了我最好的朋友之列。我认为毫无疑问他以后会以兄长般的胸怀来包容我，并无条件地帮助我的。从此，有什么事我就去告诉他，跟他商量。在他面前，我感到自己是个灿然的女孩子，童言无忌，一派坦白。我对他有时候甚至很放肆，他总是很无奈地摇头而笑，因为总不好跟一个恃宠而骄的女孩子一般见识吧！我则想，我这么信任他，对他无设防，他理应感动，哪能对我生烦呢？

后来，我陷入了一个很大的困境，在我脑子里出现的第一个可以求助的人，就是他。于是，我一次次地去找他，不管他的条件是否允许他帮助我，也不管他是否合适接待我。我当时的想法是：即使他不能从实质上帮助我，至少也可以听我诉说，安慰和指点我呀！在此地，我再没有像信任他这样毫无保留地信任过一个人，那么，他以同等的肝胆相照来对我，难道不是应该的吗？在我需要支撑的时候，难道他可以拒绝我吗？再说，虽然目前是我有求于他，但若有一天他有求于我，我也会全心全意地帮他呀！所以，目前他理所当然要帮我。于是，我仍然不思收敛。

渐渐地，我发现了他的敷衍和不欢迎。我心冷了，我以为自己已经看透了世人之心，从此不再去找他，也不再看他是朋友。

那艰难的一年过后，我长大了许多，许多事，能够以平常心去冷静地看待了。当以事过境迁的心态回望过去的时候，我又想起了他——我那个年轻的老师，于是，心里突然有了一种清醒的了悟和平静的理解——我是因为加给信任太多的负荷，才失去了他这样一个亲密的师友。

一厢情愿地信任一个人，就要他以义无反顾来回报你，那么，这种信任对他人来说，实际上就是一种灾难，一种压力，一种责任，一种强求。他必须拿出很大的心力，来当得起你这份信任，唯恐有一点当不起，就会被你斥作不够义气，冠冕堂皇大义凛然地押上万劫不复的友情审判台。这样，他实际上就是被你的信任给赖住了，你的信任变成了一种让人唯恐避之不及的霸道的抛出物，你企图用它来讨回加倍的报偿——凭你所坚持的一种看似无可挑剔的义气哲学。如此一来，你这种一本万利的信任，将给你的朋友造成无尽的心理亏欠和压力，而且还让人难以自辩，其实质已经并非善意。你的要求建立在一个假设的前提之下："假如有一天他有求于我，我会义无反顾，所以，他现在就应该对我义无反顾。"但是，你没有想到，使你心安理得的这种假设并不存在，因为他可能永远都不会以你有求于他的方式来有求于你的。他并没有对你承诺什么，自然也就无所谓辜负什么，一切都是你一厢情愿。由此可见，对他人的信任并不总是一件令人感激的事情，信任也得有个原则和分寸，不能事先存有“投之以桃，报之以李”的无形期望，否则，它会跟瞒和骗同样地不受欢迎。如果你的爱没有引起另一份爱，如果你的信任没有引起另一份信任，就是失败的，只能招致敷衍甚至冷酷的不耐烦。不要再把信任进一步变成一种依赖，真理逾度即成谬误。

两年以后，我又见到了这位老师。我们仍然侃得投机，但我的神情举止当中，肯定已经有了一种成人态度。分别时，他说：“你变了，成熟多了，从前我很想对你说，人都在社会中生活，常常自顾不暇，要别人把你的事当作自己的来做，太困难了，也不公平。如果那个人自己尚且无从安身立命，又如何能为他人来一份设身处地呢？所以每个人应该最大限度地在自我范围内承担起自己，最大限度地把信任留给自己。”我淡淡地笑了笑，对他说：“我知道，我想我早就领悟您的意思了。”

1996年

图书在版编目（CIP）数据

李美皆散文集：爱你备受摧残的容颜 / 李美皆著 .
-- 北京：高等教育出版社，2016.8
ISBN 978-7-04-045904-3

Ⅰ . ①李… Ⅱ . ①李… Ⅲ . ①散文集－中国－当代
Ⅳ . ① I267

中国版本图书馆 CIP 数据核字（2016）第 156201 号

Li Meijie Sanwen Ji：Ai Ni Beishou Cuican De Rongyan

策划编辑　游　滨　　责任编辑　王馨毓　　项目统筹　王冰怿　于　嘉
版式设计　张　珺　　封面设计　宋双成　　责任印制　赵义民

出版发行　高等教育出版社
社　　址　北京市西城区德外大街 4 号
邮政编码　100120
印　　刷　大厂回族自治县正兴印务有限公司
开　　本　787mm × 960mm　1/16
印　　张　24
字　　数　300 千字
购书热线　010-58581118
咨询电话　400-810-0598
网　　址　http://www.hep.edu.cn
　　　　　http://www.hep.com.cn
网上订购　http://www.hepmall.com
　　　　　http://www.hepmall.com.cn
版　　次　2016 年 8 月第 1 版
印　　次　2016 年 8 月第 1 次印刷
定　　价　29.80 元

物 料 号　45904-00